研学旅行实务

主　编　刘春玲　张瑞星　殷向飞
副主编　陶　芬　付长玉　刘伟东
　　　　段　磊
参　编　刘浩日娃　苏鹏飞　宝音图
　　　　刘曼曼

北京理工大学出版社
BEIJING INSTITUTE OF TECHNOLOGY PRESS

内 容 提 要

本书是一本能够体现现代职业教育特色的理实一体、数字化活页教材，有利于实施线上、线下混合式教学，有助于促进"三教"改革。本书参照研学旅行行业的岗位任职标准，结合各级教育部门和行业协会举办的研学旅行相关职业技能大赛标准，形成研学旅行认知、研学旅行活动策划、研学旅行课程设计和研学旅行指导师服务四个项目。各项目旨在促进"岗课赛证"融通，并包含任务导学和拓展学习的视频、图片和文本资源，具有直观易学、使用方便、通俗易懂、可操作性强、职业适应性强等特点。

本书可作为高等职业院校旅游类相关专业，如研学旅行管理与服务、旅游管理、导游、旅行社经营与管理、定制旅行管理与服务、酒店管理与数字化运营等专业的配套教材或实操手册，也可作为相关从业者的培训教材或参考资料。

图书在版编目（CIP）数据

研学旅行实务 / 刘春玲，张瑞星，殷向飞主编 .--
北京：北京理工大学出版社，2024.5
ISBN 978-7-5763-3235-3

Ⅰ.①研… Ⅱ.①刘… ②张… ③殷… Ⅲ.①教育旅
游－高等学校－教材 Ⅳ.① F590.75

中国国家版本馆 CIP 数据核字（2023）第 244382 号

责任编辑：王梦春		文案编辑：杜　枝	
责任校对：周瑞红		责任印制：王美丽	

出版发行 / 北京理工大学出版社有限责任公司

社　　址 / 北京市丰台区四合庄路 6 号

邮　　编 / 100070

电　　话 / (010) 68914026（教材售后服务热线）
　　　　　 (010) 68944437（课件资源服务热线）

网　　址 / http://www.bitpress.com.cn

版 印 次 / 2024 年 5 月第 1 版第 1 次印刷

印　　刷 / 河北鑫彩博图印刷有限公司

开　　本 / 787 mm × 1092 mm　1/16

印　　张 / 19.5

字　　数 / 546 千字

定　　价 / 89.00 元

前　言

本书以习近平新时代中国特色社会主义思想为指导，深入贯彻落实党的二十大精神和全国职业教育大会及全国教材工作会议精神，遵循《职业院校教材管理办法》，面向现代服务业，突出"立德树人""三全育人"、校企"双元育人"和"岗课赛证"融通等理念，旨在适应我国研学旅行行业的快速与高质量发展，培养研学旅行行业急需的高素质、技能型、复合型、创新型专业人才。

本书编写组主动适应研学旅行行业发展趋势，立足培养研学旅行活动策划人员、研学旅行课程设计人员和研学旅行指导师等行业紧缺人才，开发了研学旅行认知、研学旅行活动策划、研学旅行课程设计和研学旅行指导师服务四个项目，并以岗位工作过程为主线，依据岗位任职标准，开发了十六个典型工作任务。

本书主要具备以下几个特点。

1. 立德树人，思政育人

本书以"立德树人"为宗旨，在每个工作任务中都设置"素养目标"和"阅读与思考"，体现了教材思政育人的特色，进而促进学生德智体美劳全面发展。

2. 校企合作，双元育人

校企合作共同分析研学旅行人才的核心能力和核心素养，共同研讨、确定和编写典型工作任务，在任务操作过程中引入企业评价，有利于学生更好地掌握典型工作任务，提升双元育人效果。

3. 选取灵活，过程可录

按照项目引导、任务驱动模式，项目和任务既可独立成体系，又可选择某个项目进行单独学习，也可根据实际教学和岗位任职需求进行灵活拆解和组合。同时，通过设计系列"任务操作单"可以将"教"和"学"全过程进行立体化记录。

4. 资源丰富，简单直观

弱化"教学材料"的特征，强化"学习资料"的功能，开发了大量学习素材和学习资源。学生只需用手机扫描二维码即可观看到文本、图片、动画等形式丰富的资源，简单直观。

5.学生主体，理实结合

教材充分发挥教师的主导作用和学生的主体地位，强调"理实一体化"和"教学做一体化"，能够调动和激发学生的学习兴趣；丰富课堂教学和实践教学，构建素质和技能双培养框架，促进教学效果和学习效果的双提升。

6.岗课衔接，岗课赛证

在分析研学旅行从业岗位及岗位任职标准的基础上，教学内容不仅体现了"岗课衔接"，还对接教育部"1+X"证书制度和全国职业技能大赛（研学旅行）赛项等证赛标准，充分体现了"岗课赛证"融通。

本书具体分工为：陶芬编写任务二和任务三；张瑞星编写项目二；殷向飞编写项目三；刘春玲编写任务一、项目四，并增补各项目部分内容；付长玉编写【阅读与思考】内容；刘浩日娃负责审稿，并编写部分情境导入及表格内容；段磊编写项目四【情境导入】和【岗课赛证】；刘伟东、苏鹏飞负责分析研学岗位知识、能力和素质，并协助开发编写体例；宝音图、刘曼曼负责相关文本资源和图片资源的收集和开发。本书编写过程中得到呼和浩特市相关研学旅游企业和呼和浩特职业学院的大力支持和帮助，在此表示衷心的感谢。

由于编者水平有限，书中难免存在疏漏及不妥之处，敬请各位读者批评指正。

编　者

二维码目录

目　录

项目一　研学旅行认知

项目描述

　　项目主要介绍了研学旅行概念、政策文件、规范、标准，研学旅行服务企业机构、岗位设置及岗位任职标准和研学旅行基地（营地）评审标准等三个模块的理论知识与实践技能。学习者在熟悉和掌握上述理论知识与实践技能的基础上，完成举办研学旅行知识竞赛、制定研学旅行企业人才招聘方案和模拟评审研学旅行基地（营地）等工作任务，以提高自身对研学旅行及研学旅行行业的认知水平。

学习导图

🎯 学习目标

总目标	1.掌握研学旅行相关知识，能正确辨识研学旅行活动，避免在实际工作中出现概念混淆或认知错误；掌握研学旅行相关政策、规范、标准，并能够遵守和践行。 2.学会运用六步法，即准备、计划、决策、实施、检查、评估等步骤完成典型工作任务。 3.学会自主学习和小组合作学习；形成团队合作能力和项目执行能力；养成基本的职业素养和职业道德
知识目标	1.能识记和复述研学旅行及研学旅行相关政策。 2.能复述研学旅行服务企业人才招聘相关知识。 3.能复述研学旅行基地（营地）相关知识。 4.能论证研学旅行与"立德树人""素质教育"的关系；能分析研学旅行的意义和基本要素
能力目标	1.能辨别研学旅行活动，区分不同类型的研学旅行活动。 2.能根据研学旅行服务企业岗位设置及人才任职标准，制定人才招聘方案，组织人才招聘会。 3.能根据研学旅行基地（营地）创建与申报标准，进行自评。 4.具备文案撰写、项目执行、成果汇报等能力
素养目标	1.树立"立德树人"的教育理念。 2.树立"安全第一"的职业意识。 3.具备真诚热情、平等友善、谦虚谨慎的职业素养。 4.具备善于沟通、善于化解矛盾、善于采纳意见、善于创新创造的职业能力。 5.具备爱岗敬业、精益求精、耐心专注、执着创新的职业精神

1.1 动画解读：六步法

任务一　举办研学旅行知识竞赛

▍任务描述

在熟悉《研学旅行服务规范》（LB/T 054—2016）、《关于推进中小学生研学旅行的意见》《中小学综合实践活动课程指导纲要》《大中小学劳动教育指导纲要（试行）》等文件内容以及掌握研学旅行的概念、本质、特征、目标、原则、意义等相关理论知识的基础上，举办一场关于研学旅行知识的竞赛活动，并对竞赛全过程进行信息采集，编制图文并茂的竞赛简报。

1.1.1　任务导学

▍任务要求

任务名称	举办研学旅行知识竞赛		
学时建议	4～6学时		
情境导入	举办校园或研学旅行服务企业内部的研学旅行知识竞赛		
实施场地	校内实训室或校外实训基地		
任务目标	知识目标：能够复述当前关于研学旅行服务规范及政策等重要内容，尤其是涉及研学旅行的定义、本质、特征、目标、原则、意义等相关知识		
	能力目标：具备一定的赛事策划、文案编写能力，项目执行能力		
	素质目标：养成团队合作意识、创新思维、分析和解决问题的能力		
典型工作过程描述	制定研学旅行知识竞赛活动方案→编制研学旅行竞赛规程→编制研学旅行知识竞赛题库→邀请研学旅行知识竞赛裁判→召开研学旅行知识竞赛赛前会→知识竞赛开赛		
学习要求	学习内容及过程		
	准备	确定学习方式（学习小组）；课前预习；能力与素质准备；场地和条件准备	
	计划	制订研学旅行知识竞赛实施计划	
	决策	论证和修改研学旅行知识竞赛实施计划	
	实施	模拟举办或举办研学旅行知识竞赛	
	检查	对研学旅行知识竞赛的基本流程、实施效果复盘，分析难点与不足，并进行总结	
	评价	对研学旅行知识竞赛的完成度、规范性、创新性、时效性、成果质量、总结情况做出评价	

▍情境导入

假设你是研学旅行企业的部门负责人，为提高员工的知识水平和业务能力，围绕研学旅行"应知应会"，策划和组织一场企业员工全员参与的知识竞赛。你该如何做好竞赛的动员宣传工作？如何制定切实可行的竞赛方案？如何协调人员、经费、场地、设施？

▍理论准备

一、研学旅行的概念

"研学旅行"在国外被称为修学旅行、修学旅游、教育旅游、游学等。在我国，"研学旅行"一词于2013年2月国务院办公厅印发的《国民旅游休闲纲要》首次提出。研学旅行在教育领域中是发展素质教育的要求，在旅游领域是产业不断融合的结果。因此，我国的研学旅行是教育和旅游两个领域不断融合而产生的一种新事物。

关于研学旅行的定义还没有统一的说法，我国目前采用的是文化和旅游部以及教育部颁布的文件中的定义，被业界称为广义和狭义两种。

（一）广义概念（文化和旅游部提出）

原国家旅游局（现文化和旅游部）2016 年发布《研学旅行服务规范》（LB/T 054—2016）提出："研学旅行是以中小学生为主体对象，以集体旅行生活为载体，以提升学生素质为教学目的，依托旅游吸引物等社会资源，进行体验式教育和研究性学习的一种教育旅游活动。"该定义指出：研学旅行是一种教育旅游活动，"中小学生"是研学旅行的主体对象，但不是唯一对象。

1.1.2 《研学旅行服务规范》（LB/T 054—2016）

（二）狭义概念（教育部提出）

教育部等 11 部门 2016 年发布的《关于推进中小学生研学旅行的意见》（以下简称《意见》）中明确提出："中小学研学旅行是由教育部门和学校有计划地组织安排，通过集体旅行、集中食宿的方式开展的研究性学习和旅行体验相结合的校外教育活动，是学校教育和校外教育衔接的创新形式，是教育教学的重要内容，是综合实践育人的有效途径。"该定义指出：研学旅行是一种校外教育活动，是教育教学的重要内容，研学旅行的对象是唯一的，就是"中小学生"。

此后，教育部关于研学旅行的论述进一步充实和完善。2017 年 8 月教育部《中小学德育工作指南》中指出：研学旅行是实践育人的优先途径，要把研学旅行纳入学校的教育教学计划，要促进研学旅行与学校课程、德育体验实践锻炼有机融合。同年 9 月教育部发布《中小学综合实践活动课程指导纲要》明确：研学旅行作为综合实践活动课程的具体实施方向和细则规范了实践育人的课程设置和教学行为，更加提升了综合实践活动课程在学校的地位。至此，研学旅行完全实现了以课程化方式嵌入学校教育。

1.1.3 《关于推进中小学生研学旅行的意见》

二、研学旅行的本质

根据教育界的相关定义，可以发现：研学旅行作为校外综合实践活动的重要组成部分，是一种群体性的校外教育活动，即其本质上是教育。根据文化和旅游（简称"文旅"）界的相关定义，可以发现：研学旅行是一种体验式教育和研究性学习的教育旅游活动。也就是说研学旅行是具有教育功能的旅游活动。综合以上，研学旅行是教育和旅游融合的新事物，本质上具有教育和旅游的双重属性。

三、研学旅行的特征

从教育和旅游两个层面上看，研学旅行主要具有教育性、集体性、实践性、普及性、计划性等特征。利用这些特征，可以分辨出哪些是真正意义上的研学旅行活动，也能够引导研学旅行行业沿着既定的目标健康发展。

（一）教育性

研学旅行具有教育和旅游的双重属性。狭义上来说是一种校外教育活动。广义上来说是一种教育旅游活动。因此，教育性是研学旅行的根本性特征，也是研学旅行的基本原则。这样要求研学旅行不能"只游不学"。例如，郊游、春游、秋游等活动因缺少研学旅行活动课程的支撑而不能实现校外教育功能，因此不是研学旅行。

（二）集体性

研学旅行是通过集体旅行、集中食宿方式开展的校外教育活动。学生通过集体生活和集体活动，学会做人做事，学会团队合作，学会与他人相处，进而形成家国情怀和社会责任感等。例如，亲子游、家庭游等，没有同学集体生活带来的体验，因此严格说不是研学旅行。

（三）实践性

研学旅行通过参与校外研学实践活动，强调走出校门、走进自然、走向社会，接受不同于校内教育的学习方式，即通过研究性学习与旅行体验（或体验式教育）相结合的方式获得真知和能力。正所谓"读万卷书，行万里路"。例如，校内兴趣小组实验、校园俱乐部活动、校内体育活动、校园文化活动等，都不属于研学旅行的范畴。

（四）普及性

研学旅行的对象是以中小学生为主体的。因此，研学旅行具有普及性的特点，也就是说研学旅行是以班级、年级乃至学校为单位而进行的全员参与性的集体活动。例如，夏令营、冬令营、国际游学等活动，一般不是以班级、年级乃至学校为单位进行的，而是学生自愿参加，没有强制性和义务性，且费用比较贵。因此，从普及性上来说这类活动不是研学旅行。

（五）计划性

研学旅行是有计划组织安排的。从狭义上来讲，教育主管部门和学校应该根据教学安排，把研学旅行纳入教学计划、算入学时学分体系，并事前做好研学旅行计划。从广义上来讲，相关旅游企业也需要事前做好研学旅行活动计划，以确保研学旅行安全、高效地进行。

（六）跨界性

研学旅行本质上是教育和旅游跨界融合的产物。研学旅行的实施需要学校、培训机构、旅行社、基地（营地）以及相关服务机构等多个行业的跨界合作。研学旅行的核心要素之一——研学旅行课程也不是单一学科的课程，而是多学科跨界融合的课程。例如，目前各类博物馆、农业示范区、科技园区、工矿厂区、旅游景区、国家公园等，纷纷尝试建设研学旅行基地或营地，并且很多取得了成功。可以说，这也是研学旅行市场迅速发展所带来的跨界融合的必然结果。

（七）联动性

研学旅行是一个系统工程，客观上需要国家、学校、行业、企业、专业服务保障机构等各方面的联动和合作，以此形成国家政策支持、政府及教育部门统筹协调、社会多方支持、各行各业协同联动的良性机制。只有这样研学旅行才能健康发展，才能实现研学旅行的目标和任务。

（八）多样性

多样性是指研学旅行产品越来越多样化和多元化。除了文化和旅游部门提出的知识科普型、自然观赏型、体验考察型、励志拓展型、文化康乐型和教育部门提出的自然类、历史类、地理类、科技类、人文类、体验类等主题研学旅行产品之外，还出现了探秘类、体育类、影视类、动漫类等各种主题研学旅行活动。随着研学旅行市场的发展，未来还将开发出更多符合时代背景的主题性研学旅行产品。

四、研学旅行的目标

教育部等 11 部门《关于推进中小学生研学旅行的意见》提出：以立德树人、培养人才为根本目的，以预防为重、确保安全为基本前提，以深化改革、完善政策为着力点，以统筹协调、整合资源为突破口，因地制宜开展研学旅行。同时，《意见》还明确指出，研学旅行的目标是：让广大中小学生在研学旅行中感受祖国大好河山，感受中华传统美德，感受革命光荣历史，感受改革开放伟大成就，增强对坚定"四个自信"的理解与认同；同时学会动手动脑，学会生存生活，学会做人做事，促进身心健康、体魄强健、意志坚强，促进形成正确的世界观、人生观、价值观，培养他们成为德智体美全面发展的社会主义建设者和接班人。

从文旅层面上来讲，《研学旅行服务规范》（LB/T 054—2016）中提到：研学旅行活动应寓教于游，着力培养学生的综合素质能力。可见不论是教育层面还是文旅层面上，研学旅行的根本目的就是解决如何"育人"的问题，其核心目标就是立德树人，促进学生形成正确的"三观"，提升学生的社会责任感、实践能力和创新能力。

五、研学旅行的原则

根据教育部等11部门发布的《意见》要求，并结合研学旅行的本质和特点，研学旅行活动应遵守以下原则。

（一）教育性原则

研学旅行的目的是教育，手段是旅游，教育体现在研学旅行的全过程中。因此，研学旅行活动与旅游活动和学校教育活动有着本质的区别。研学旅行要结合学生身心特点、接受能力和实际需要，注重系统性、知识性、科学性和趣味性，为学生全面发展提供良好的成长空间。只游不学、只学不游都不是真正意义上的研学旅行。

（二）实践性原则

研学旅行是一种校外实践教育活动，重视体验和实践，强调要与学校课程、德育体验、实践锻炼有机融合，要以综合实践活动课程（包括考察探究、社会服务、设计制作、职业体验等）的方式嵌入学校教育。因此，研学旅行应因地制宜，呈现地域特色，引导学生走出校园，在与日常生活不同的环境中拓宽视野、丰富知识、了解社会、亲近自然、参与体验。

（三）安全性原则

安全是开展研学旅行活动的基本前提，没有安全，研学旅行等于零。因此，研学旅行要坚持安全第一，建立安全保障机制，明确安全保障责任，落实安全保障措施，确保学生安全。

（四）公益性原则

狭义上的研学旅行是针对中小学生而言的，是由教育部门和学校有计划地组织安排的。这就要求：研学旅行不得开展以营利为目的的经营性创收，对贫困家庭学生要减免费用。例如，内蒙古自治区要求各研学基地免费项目的数量不少于总项目数的50%。实现公益性的办法是政府拨一点、学校贴一点、承办机构减免一点、社会赞助一点、家庭支付一点。

六、研学旅行的意义

（一）教育视野下研学旅行的意义

教育部等11部门发布的《意见》明确指出，开展研学旅行活动的意义有如下几点：

（1）有利于促进学生培育和践行社会主义核心价值观，激发学生对党、对国家、对人民的热爱之情。

（2）有利于推动全面实施素质教育，创新人才培养模式，引导学生主动适应社会，促进书本知识和生活经验的深度融合。

（3）有利于加快提高人民生活质量，满足学生日益增长的旅游需求，从小培养学生文明旅游意识，养成文明旅行行为习惯。

这三个"有利于"也反映出开展研学旅行的重要意义：是落实立德树人、全面育人教育目标的重要形式；是加强社会主义核心价值观教育、增强爱党爱国和人民至上情怀的重要载体；是实施素质教育、推动基础教育改革发展的重要途径；是解决新时期社会主要矛盾的重要体现；是培养文明旅游行为习惯的重要手段。

（二）文旅视野下研学旅行的意义

研学旅行是文化旅游与教育相融合的产物，广义上来讲是一种新的文化旅游业态。具体来讲，广义的研学旅行意义主要表现为以下几点：

（1）拉动内需、增加文旅产业收入。研学旅行的大力实施不仅可以拉动消费市场，还能直接增加旅游产业收入，带动文化旅游及相关产业的发展，进而实现文化旅游产业的综合效益。

（2）丰富业态、促进文旅高质量发展。研学旅行的大力实施，孕育了新的文化旅游市场，丰富了文化旅游业态，进而推动文旅产业不断调整产业结构、大力实施供给侧结构性改革，走向可持续发展和高质量发展。

（3）升级产品、创新文旅发展模式。研学旅行市场发展的核心要素之一就是研学旅行产品。随着研学旅行市场的不断发展和成熟，研学旅行产品的研发、优化和升级势必成为市场竞争的关键。研学旅行产品的研发、优化、升级，也将激发文化旅游发展模式的创新。

（4）挖掘资源、促进产业融合发展。发展研学旅行的前提是根据研学旅行市场的需求，不断挖掘和整合各类文化旅游资源以及相关的产业资源，这无疑会促进更深层次的产业融合与发展，使产业结构更加优化，更有益于解决人民日益增长的美好生活需求和不平衡不充分的发展之间的矛盾。

（5）提升形象、促进文化交流与传播。研学旅行往往带有一定的区域性，发展研学旅行能够提升某些区域的文化旅游形象。此外，研学旅行的发展，不仅有利于促进区域文化的保护和传承，还能促进区域之间文化的交流和传播。

七、研学旅行的分类

根据文旅部门和教育部门的相关规定以及研学旅行资源特点和研学旅行主题的不同，可以将研学旅行做如下分类。

（一）按照研学旅行资源划分

文旅部门发布的《研学旅行服务规范》（LB/T 054—2016）中，将研学旅行产品按照资源类型分为知识科普型、自然观赏型、体验考察型、励志拓展型、文化康乐型五种。

（1）知识科普型：是指主要以各种类型的博物馆、科技馆、主题展览、动物园、植物园、历史文化遗产、工业项目、科研场所等资源为依托而开展的研学旅行。

（2）自然观赏型：是指主要以山川、江、湖、海、草原、沙漠等资源为依托而开展的研学旅行。

（3）体验考察型：是指主要以农庄、实践基地、夏令营营地或团队拓展基地等资源为依托而开展的研学旅行。

（4）励志拓展型：是指主要以红色教育基地、大学校园、国防教育基地、军营等资源为依托而开展的研学旅行。

（5）文化康乐型：是指主要以各类主题公园、演艺影视城等资源为依托而开展的研学旅行。

（二）按照研学旅行主题划分

教育部等 11 部门《关于推进中小学生研学旅行的意见》中，从研学基地的角度明确：各基地要将研学旅行作为理想信念教育、爱国主义教育、革命传统教育、国情教育的重要载体，突出祖国大好风光、民族悠久历史、优良革命传统和现代化建设成就，根据小学、初中、高中不同学段的研学旅行目标，有针对性地开发自然类、历史类、地理类、科技类、人文类、体验类等多种类型的活动课程。因此，可以将研学旅行分为以下六种类型。

1. 优秀传统文化类

依托旅游服务功能完善的文物保护单位、古籍保护单位、博物馆、非遗场所、优秀传统文化教育基地等单位开展的研学旅行，目的是引导学生传承中华优秀传统文化核心思想理念、中华传统美德、中华人文精神，坚定学生的文化自觉和文化自信。

2. 革命传统类

依托爱国主义教育基地、革命历史类纪念设施遗址等单位开展的研学旅行，目的是引导学生了解革命历史，增长革命斗争知识，学习革命斗争精神，培育新的时代精神。

3. 国情教育类

依托体现基本国情和改革开放成就的美丽乡村、传统村落、特色小镇、大型知名企业、大型公共设施、重大工程等单位开展的研学旅行，目的是引导学生了解基本国情及中国特色社会主义建设成就，激发学生爱党爱国之情。

4. 国防科工类

依托国家安全教育基地、国防教育基地、海洋意识教育基地、科技馆、科普教育基地、科技创新基地、高等学校、科研院所等单位开展的研学旅行，目的是引导学生学习科学知识、培养科学兴趣、掌握科学方法、增强科学精神，树立总体国家安全观，树立国家安全意识和国防意识。

5. 自然生态类

依托自然景区、城镇公园、植物园、动物园、风景名胜区、世界自然遗产地、世界文化遗产地、国家海洋公园、示范性农业基地、生态保护区、野生动物保护基地等单位开展的研学旅行，目的是引导学生感受祖国大好河山，树立爱护自然、保护生态的意识。

6. 劳动实践类

依托工业、农业、商业或服务业的生产基地或产业园等资源单位开展的研学旅行，目的是教育引导学生树立正确的劳动观，养成尊重劳动的情感，形成热爱劳动的习惯，学习基本的劳动技能。

（三）按照地理范围分类

旅游学中按旅游者到达目的地的地理范围不同，将旅游活动分为国际旅游和国内旅游。因此，可将研学旅行分为国际研学旅行和国内研学旅行。这是从广义的角度来对研学旅行进行分类。

（1）国际研学旅行：是指跨越国境进行的研学旅行活动，可分为入境研学旅行和境外研学旅行，如短期留学、访问友好学校、冬令营、夏令营等。

（2）国内研学旅行：是指在国内进行的研学旅行活动，如冬令营、夏令营、游学、中小学生研学旅行等。

1.1.4 《大中小学劳动教育指导纲要（试行）》

八、研学旅行行业发展的现状与趋势

（一）研学旅行相关政策支持

自 2013 年国务院首次提出"研学旅行"以来，中国研学游行业相关政策持续颁布，各地文旅、教育部门进一步推进研学旅行和劳动实践，研学教育内容、研学基地评定以及相关人才培养正逐渐融合与加强，研学旅游主题和教育内容不断丰富。

目前，研学旅行相关的政策红利仍在持续释放。从国家层面看，更多部门关注并支持研学旅行，随着更高层次的政策不断出台，在研学旅行的时间、空间和资源方面有更多支持，总体上前瞻性和指导性更强。从省级层面看，研学旅行、劳动实践等成为各地文旅、教育等领域推进"十四五"规划的重要内容；相关职能部门在基地（营地）评定、研学课程建设、指导师培养等方面的融合、联动、协同正在加强；省级政策的力度更细更小。值得关注的是，四川、湖北等省份在进一步推进研学旅行的专项政策建设方面有创新突破。

近年来，研学旅行目的地的竞争变得前所未有的激烈，更加复杂更加综合。相关举措既包括支持鼓励政策、交通补贴，也包括目的地要素建设奖励、组织接待人次奖励，还包括招商引资举措以及营商环境的优化等。

研学旅行的公益性是教育的需要，也是政策的要求。从中央到地方，从政府到企业，从公益金到基金会等相关主体在研学实践、公益研学、门票减免、人才培养等方面推出系列专项奖补政策、专项"惠生"活动。

（二）研学旅行市场发展规模

随着素质教育理念的深入和旅游产业跨界融合，研学旅行市场需求不断释放，研学旅行行业规模和市场空间广阔。特别是随着研学旅行成为在校学生的刚需，未来 3～5 年研学旅行的学校渗透率会迅速提升。加上成年人和老年群体的研学旅行需求，市场规模将进一步扩大。

从世界旅游市场来看，研学旅行是一个重要市场。我国研学旅行发展较晚，然而发展速度很快。有数据显示，2022 年我国研学旅行行业市场规模达 909 亿元。预计 2026 年，我国研学游行业整体市场规模将达 2 422 亿元，市场发展空间广阔。从我国目前的教育体系来看，幼儿园至高三年级阶段人口为 1.8 亿。其中研学、夏令营比例在 5% 左右，约 1 000 万人。

据中国旅游研究院调查，四分之三的受访者表示了解研学旅行，80% 左右的受访者表示对研学旅行很感兴趣，60% 左右的受访者参加过研学旅行。其中，70% 左右的受访者通过学校和教育机构参与研学旅行。从参加研学旅行的意愿看，70% 的受访者期望旅行时长是 6～10 天，88% 的受访者能接受人均花费在 3 000～10 000 元。北京、上海、成都、西安等热门旅游城市受访者中，愿意参与研学旅行的达 70% 以上。

（三）研学旅行市场发展趋势

研学旅行作为一种"旅游＋教育"的新型旅游业态，初步形成了具有自身特点的研学旅行产业链，分为上、中、下游三段。上、中游属于供给侧，下游属于需求侧。根据 2016 年原国家旅游局发布的《研学旅行服务规范》（LBT/T 054—2016），研学游行业应包括主办方、承办方、供应方。主办方对应行业上游，是有明确研学游主题和教育目的的组织方，如大学、研学基地（营地）、公益事业单位等；承办方和供应方对应行业中游，是负责提供教育旅游、交通、住宿、餐饮等服务的企业；下游则直达消费者，如中小学生、学校、家长等。

面对庞大的研学旅行市场规模和发展潜力，各个不同的旅行组织、教育中介组织以及不同的社会组织纷纷介入研学旅行市场。作为研学旅行的核心承载空间，全国研学基地（营地）的建设处于"跑马圈地"式的扩张生长中，体育、文博、工业等领域的主题营地增长明显。有数据显示，全国中小学生研学实践教育基地超过 1 600 个，全国中小学生研学实践教育营地有 177 个。但是相比较于其他国家来讲，未来还有广大的空间。例如，美国目前营地比较多途径，数量有 15 000 个，俄罗斯的营地数量则高达 55 000 个。

目前市场上的研学产品按照活动形式主要分为游学类研学和营地类研学。游学类研学旅行以参观、学习和交流为目的，以"游"为核心，注重体验；营地类研学旅行包括各类人文艺术、科技文化以及军事体育等主题式营地教育产品。这两类产品主要由学校主导。随着新政策的落实，学生有了更多空闲时间，家长们会寻找替代"补习"的产品，寓教于乐的研学产品需求将大大上升，以家庭亲子为主体的研学旅行市场规模将进一步扩容。

在乡村振兴、研学旅行不断发展的背景下，乡村研学旅行在提升学生劳动素养、文化综合素养以及加强乡土乡情、爱国主义情怀教育等方面发挥重要作用，同时能够美化乡村环境，促进乡村全面振兴。乡村研学主要以农事教育为主题、以体现乡土文化为特色、以中小学生为主要对象，形成了"农事体验型""文化熏陶型""自然（户外）教育型""红色教育型"等多种发展模式。

研学旅行目的地的本地内需释放是目的地建设的基本盘。本地研学频次高、数量大、易激活、深度体验的特点能有效促进研学旅行各主体、各环节的联动互动，推动研学课程的迭代升级，专业人才的能力进阶，从而形成高品质的研学供给。

研学旅行服务商在中长距离、串点成线的研学旅行中的作用是不可替代的。对于本地研学、周边研学而言，研学服务商也在不断地提高产品研发能力，同时以专业技术、渠道合作、投资入股等方式延伸至研学基地（营地）的运营业务。

当前研学旅行的理念不断深化，未来诸如科技、制造、能源、互联网等领域的佼佼者也将进入这个庞大的市场，开发出丰富多样的跨界融合研学产品。

（四）研学旅行指导师职业发展

2016年12月发布的《研学旅行服务规范》（LB/T 054—2016）提出"应至少为每个研学旅行团队配置一名研学旅行指导师"。2019年，中国旅行社协会发布《研学旅行指导师（中小学）专业标准》（T/CATS 001—2019），其中明确指出，"研学旅行指导师是指策划、制定或实施研学旅行课程方案，在研学旅行过程中组织和指导中小学学生开展各类研究学习和体验活动的专业人员"，并对研学旅行指导师的专业知识、专业标准等做出了具体规定。2022年9月，中国人力资源社会保障部发布《中华人民共和国职业分类大典（2022年版）》，在新增的158个职业中，研学旅行指导师位列其中，并将其定义为策划、制订、实施研学旅行方案，组织、指导开展研学体验活动的人员。这意味着研学旅行指导师有了国家认证的职业身份，对于研学旅行领域的人力资源开发、就业岗位拓展及整个行业的健康持续发展，都有着重大意义。

按照每20名学生配备一名研学旅行指导师的标准，行业发展需要一支由数十万名研学旅行指导师组成的人才队伍作支撑。专家指出，效果较好的研学旅行是一名研学旅行指导师带领3到5名学生，按此标准，缺口更大。《中国研学旅行发展报告2022—2023》显示，2022年全国93家高职院校开设"研学旅行管理与服务"专业。但是，目前看来，研学旅行指导师的数量仍难以满足行业快速发展的需要。其原因之一就是：研学旅行指导师是跨越教育、旅游、文化等领域的复合型人才，需要具备多方面的知识和素养。因此在相关专业人才培养上更要和产业实践相结合，了解产业的需求与难点。

任务操作

　　按照准备、计划、决策、实施、检查和评估六步法的要求，与学习小组共同完成"举办研学旅行知识竞赛"系列任务操作单（表1-1-1～表1-1-6）。

表1-1-1　任务准备单

任务名称	举办研学旅行知识竞赛		
典型工作过程描述	制定研学旅行知识竞赛活动方案→编制研学旅行竞赛规程→编制研学旅行知识竞赛题库→邀请研学旅行知识竞赛裁判→召开研学旅行知识竞赛赛前会→知识竞赛开赛		
学习小组	组长		成员
	分工		
准备内容及操作标准	准备内容	操作标准描述（请在相关括号内勾选或填写）	
	组建学习小组	小组组建方式：教师随机分配（　　），自愿组合（　　），其他方式（　　）；是否进行分工合理性论证（　　）；是否建立小组内部合作机制（　　）	
	课前预习	教材知识学习方法：小组学习（　　），自学（　　）； 其他学习资讯（资料）获取方法：网络（　　），图书（　　），采访调研（　　），小组座谈（　　），通信咨询（　　），其他（　　） 相关资讯描述（列出主要咨询的名称、内容及类型。其中，类型是指文本资源、音频资源、视频资源、图片资源等。） 建议学习《研学旅行服务规范》（LB/T 054—2016）《关于推进中小学生研学旅行的意见》《中小学综合实践活动课程指导纲要》《大中小学劳动教育指导纲要（试行）》等文件	
	能力与素质	赛事策划能力（　　）；组织协调能力（　　）；团队合作能力（　　）；文案创作与编写能力（　　）	
	场地与条件	选择的模拟演示场地为（　　）； 用到的相关设施设备有（　　），是否熟练操作（　　）； 其他相关场地与条件需求（　　）	
准备评价	评价内容及标准	评价结果	
	1. 小组分工合理； 2. 预习具有深度、广度及资料丰度、准度、效度等； 3. 能力与素质准备充分； 4. 场地与条件准备完善	学生或小组自查评语： 学生或组长签字：　　　　　　　　　日期：　年　月　日	
		教师或企业专家评语： 教师或企业专家签字：　　　　　　　日期：　年　月　日	

表 1-1-2　任务计划单

任务名称	举办研学旅行知识竞赛	
典型工作过程描述	制定研学旅行知识竞赛活动方案→编制研学旅行竞赛规程→编制研学旅行知识竞赛题库→邀请研学旅行知识竞赛裁判→召开研学旅行知识竞赛赛前会→知识竞赛开赛	
学习小组	组长　　　　　　　　成员	
	分工	
	计划步骤或内容	操作标准描述
计划步骤或内容及操作标准	制定研学旅行知识竞赛活动方案	（1）确定竞赛口号、竞赛目的、竞赛时间、竞赛地点、参赛对象、竞赛方式（团队赛还是个人赛）。 （2）确定竞赛内容、主要流程。 （3）确定竞赛所需要设施设备及相关保障条件。 （4）确定是否选择赞助单位以及赞助形式。 （5）确定赛事组织与策划的工作小组以及人员分工。 （6）形成研学旅行知识竞赛活动方案初稿
	编制研学旅行竞赛规程	（1）主要内容应包括：赛项名称、竞赛目的、竞赛内容、竞赛方式、竞赛流程（含日程表）、竞赛试题样例、裁判数量及资质要求、评分方法、评分标准、奖项设置、竞赛预案、赛场环境（如赛场设备、场地条件等，可制图）、参赛须知、申诉与仲裁等。 （2）形成研学旅行竞赛规程初稿
	编制研学旅行知识竞赛题库	（1）确定竞赛题库范围，应涵盖《研学旅行服务规范》（LB/T 054—2016）《关于推进中小学生研学旅行的意见》《中小学综合实践活动课程指导纲要》《大中小学劳动教育指导纲要（试行）》等文件以及相关研学旅行知识。 （2）确定竞赛题库数量和难度，数量应充足、难度应适宜，以便最大限度普及研学旅行相关知识。 （3）确定竞赛题库题型，可包含单选题、多选题、判断题、实践操作题等，可包含笔试和现场测试两部分
	邀请研学旅行知识竞赛裁判	按照赛项规程中对裁判数量及资质的要求，邀请符合规定的裁判，形成裁判邀请函初稿
	召开研学旅行知识竞赛赛前会	（1）会议内容应包括重申竞赛内容、主要流程、评分方法、参赛须知、互动答疑等。 （2）形成会议议程初稿
	研学旅行知识竞赛开赛	（1）竞赛彩排，应包括开赛仪式、竞赛过程、颁奖仪式、评委点评、赛项闭幕、合影留念等环节的模拟演示。 （2）形成竞赛彩排流程初稿
计划描述		
	评价内容及标准	评价结果
计划评价	1. 计划或方案全面、具体，步骤清晰； 2. 计划描述或设计方案等符合操作标准	学生或小组自查评语： 学生或组长签字：　　　　　　　日期：　年　月　日
		教师或企业专家评语： 教师或企业专家签字：　　　　　　日期：　年　月　日

表 1-1-3　任务决策单

任务名称	举办研学旅行知识竞赛	
典型工作过程描述	制定研学旅行知识竞赛活动方案→编制知识竞赛赛项指南及赛项规程→组建和发布知识竞赛题库→邀请竞赛评委→召开知识竞赛赛前会→知识竞赛开赛	
学习小组	组长	成员
	分工	
决策内容及操作标准	**决策内容**	**操作标准描述**
	制定研学旅行知识竞赛活动方案	（1）竞赛的活动口号响亮，且具有一定特色。 （2）竞赛活动目的、活动时间、活动地点、活动对象合理，具有落地性。 （3）竞赛形式的选择符合实际情况，能有效实现竞赛的目的。 （4）竞赛的主要内容涵盖全面，能够让参赛对象深入了解和掌握研学旅行知识。 （5）竞赛的主要流程符合逻辑，具有可操作性。 （6）竞赛所需要设施设备及相关保障条件全面、到位。 （7）如果想选择赞助单位并确定了赞助形式，那么需要论证其可行性。 （8）赛事组织与策划的工作小组以及人员分工科学、合理。 （9）研学旅行知识竞赛的活动方案初稿文字通顺、条理清晰、通俗易懂
	编制研学旅行竞赛规程	（1）赛项名称、竞赛目的、竞赛内容、竞赛方式、竞赛流程（含日程表）等具有科学性和合理性。 （2）竞赛试题样例涵盖题库题型。 （3）裁判数量及资质要求、评分方法、评分标准科学合理，具有可操作性。 （4）奖项设置、竞赛预案、赛场环境、参赛须知、申诉与仲裁等环节考虑周全。 （5）研学旅行竞赛规程初稿文字通顺、条理清晰、通俗易懂
	编制研学旅行知识竞赛题库	（1）竞赛题库覆盖面全面，重点、难点突出。 （2）竞赛题库数量充足、难度适宜，题型科学合理，能最大限度普及研学旅行相关知识
	邀请研学旅行知识竞赛裁判	裁判数量及资质的要求符合相关规定，裁判邀请函彰显诚意、文明有礼
	召开研学旅行知识竞赛赛前会	会议议程体现高效、简明原则，会议主要内容涵盖竞赛内容、主要流程、评分方法、参赛须知、互动答疑等环节
	研学旅行知识竞赛开赛	竞赛彩排环节周全、过程流畅；制作新闻与简报工作人员准备全面
决策记录		
决策评价	**评价内容及标准**	**评价结果**
	1.研学旅行知识竞赛活动方案、研学旅行竞赛规程的合理性、可行性及改进和完善； 2.研学旅行知识竞赛题库覆盖面全、重点难点突出； 3.研学旅行知识竞赛裁判符合相关要求； 4.研学旅行知识竞赛前会议过程简明、高效； 5.研学旅行知识竞赛赛前准备及彩排到位	学生或小组自查评语： 学生或组长签字：　　　　　日期：　年　月　日 教师或企业专家评语： 教师或企业专家签字：　　　　日期：　年　月　日

表 1-1-4　任务实施单

任务名称	举办研学旅行知识竞赛		
典型工作过程描述	制定研学旅行知识竞赛活动方案→编制研学旅行竞赛规程→编制研学旅行知识竞赛题库→邀请研学旅行知识竞赛裁判→召开研学旅行知识竞赛赛前会→知识竞赛开赛		
学习小组	组长		成员
	分工		
实施流程及操作标准	实施流程		实施操作标准描述
	制定研学旅行知识竞赛活动方案		形成符合要求的研学旅行知识竞赛活动方案
	编制研学旅行竞赛规程		形成符合要求的研学旅行竞赛规程
	编制研学旅行知识竞赛题库		完成研学旅行知识竞赛题库组建
	邀请研学旅行知识竞赛裁判		完成邀请研学旅行知识竞赛裁判工作，并形成裁判名单、裁判简介（包含照片）
	召开研学旅行知识竞赛赛前会		召开研学旅行知识竞赛赛前会
	研学旅行知识竞赛开赛		研学旅行知识竞赛开赛、组织颁奖仪式、评委点评；成果整理与收集，形成简报及音视频资料
实施效果及相关作品	（包括研学旅行知识竞赛的活动方案、竞赛规程、题库文本、竞赛实况等相关文本、图片及音视频等相关成果）		
实施评价	评价内容及标准		评价结果
	1. 实施操作符合相关流程和标准要求； 2. 实施难易程度适当； 3. 实施安全、顺利，具有一定的经济性、环保性等； 4. 彰显团队合作能力		学生或小组自查评语： 学生或组长签字：　　　　　　　　日期：　　年　　月　　日
			教师或企业专家评语： 教师或企业专家签字：　　　　　　　日期：　　年　　月　　日

表 1-1-5 任务检查单

任务名称	举办研学旅行知识竞赛		
典型工作过程描述	制定研学旅行知识竞赛活动方案→编制研学旅行竞赛规程→编制研学旅行知识竞赛题库→邀请研学旅行知识竞赛裁判→召开研学旅行知识竞赛赛前会→知识竞赛开赛		
学习小组	组长		成员	
	分工			
检查内容及检查标准	检查内容	检查标准描述		
	操作检查	流程复盘，检查知识竞赛操作流程和操作标准		
	效果分析	横、纵向对比分析，检查知识竞赛优缺点、难点、不足等		
	完善改进	提出知识竞赛的完善和改进措施		
检查记录				
检查评价	评价内容及标准	评价结果		
	1. 复盘检查到位； 2. 对比分析全面、深刻； 3. 完善和改进措施具有合理性、可行性、可操作性	学生或小组自查评语：		
		学生或组长签字：	日期： 年 月 日	
		教师或企业专家评语：		
		教师或企业专家签字：	日期： 年 月 日	

表 1-1-6　任务评估单

任务名称	举办研学旅行知识竞赛			
典型工作过程描述	制定研学旅行知识竞赛活动方案→编制研学旅行竞赛规程→编制研学旅行知识竞赛题库→邀请研学旅行知识竞赛裁判→召开研学旅行知识竞赛赛前会→知识竞赛开赛			
学习小组	组长		成员	
	分工			
评估内容与评估标准	评估内容	评估标准描述		
	完成度	准备充分，计划具体，决策正确，实施顺利，检查全面，评价客观		
	规范性	任务实施符合相关操作流程，操作标准规范		
	创新性	任务实施和操作过程具有一定的创新性、美观性等		
	时效性	任务准时完成，具有一定的实用性或现实意义		
	成果质量	成果具有一定的质量		
	总结与反思	能够及时进行总结与反思，且反思与总结较为全面、准确		
评估记录				
评估评价	评价内容及标准	评价结果		
	1. 评估内容全面、到位； 2. 评估符合相关操作标准； 3. 评估准确、客观	学生自评或小组自评评语：		
		学生或组长签字：	日期：　年　月　日	
		教师或企业专家评语：		
		教师或企业专家签字：	日期：　年　月　日	

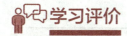学习评价

对举办研学旅行知识比赛的学习表现和学习过程进行评价见表1-1-7、表1-1-8。

表1-1-7　学习表现评价表

序号	评价内容	主要考核指标	评价主体																		
			自评（10%）					互评（20%）					师评（40%）					业评（30%）				
			A	B	C	D	E	A	B	C	D	E	A	B	C	D	E	A	B	C	D	E
1	态度（10分）	自主学习、求知欲、好奇心、积极性、抗压性、挑战困难																				
2	出勤（10分）	出勤次数																				
3	合作（25分）	合作态度、合作能力、合作效果																				
4	贡献（25分）	参与讨论、小组贡献、帮助成员																				
5	反思（15分）	反思、总结、改进																				
6	增值（15分）	个人进步、提升																				
7	总计（100分）																					
8	评语		学生					小组					教师					企业				
9	签字及日期		学生： 日期：					组长： 日期：					教师： 日期：					企业： 日期：				

注释：
1. 等级A、B、C、D、E赋分标准：10分（A. 9～10，B. 8～8.9，C. 7～7.9，D. 6～6.9，E. 6分以下）；
　　　　　　　　　　　　　　　15分（A. 14～15，B. 12～13.9，C. 10～11.9，D. 8～9.9，E. 8分以下）；
　　　　　　　　　　　　　　　25分（A. 24～25，B. 21～23.9，C. 18～20.9，D. 15～17.9，E. 15分以下）。
2. 评价主体可根据具体任务进行选择，但提倡学生、学生之间、教师和企业四位一体进行评价。
3. 建议学习小组组长实行轮换制。

表 1-1-8　学习过程评价表

序号	评价内容	主要考核指标	评价主体																				
			自评（10%）					互评（20%）					师评（40%）					业评（30%）				
			A	B	C	D	E	A	B	C	D	E	A	B	C	D	E	A	B	C	D	E
1	准备（15分）	分工；调研；研讨；学习深度、广度；资料丰度、准度、效度等																				
2	计划（15分）	计划描述或设计方案符合操作标准																				
3	决策（15分）	研讨、论证合理性、可行性，并改进完善																				
4	实施（35分）	流程与标准、实施难度、安全性、经济性、环保性等																				
5	检查（10分）	复盘检查、分析对比、完善和改进等																				
6	评估（10分）	完成度、规范性、创新性、美观度、实用性、时效性、成果质量等																				
7	总计（100分）																					
8	评语		学生					小组					教师					企业				
9	签字及日期		学生：日期：					组长：日期：					教师：日期：					企业：日期：				

注释：

1. 等级A、B、C、D、E赋分标准：10分（A.9～10，B.8～8.9，C.7～7.9，D.6～6.9，E.6分以下）；

　　15分（A.14～15，B.12～13.9，C.10～11.9，D.8～9.9，E.8分以下）；

　　35分（A.32～35，B.28～31.9，C.24～27.9，D.21～23.9，E.21分以下）。

2. 评价主体可根据具体任务进行选择，但提倡学生、学生之间、教师和企业四位一体进行评价

对举办研学旅行知识竞赛的教学反馈见表1-1-9。

表1-1-9　教学反馈单

任务名称	举办研学旅行知识竞赛		
典型工作过程描述	制定研学旅行知识竞赛活动方案→编制研学旅行竞赛规程→编制研学旅行知识竞赛题库→邀请研学旅行知识竞赛裁判→召开研学旅行知识竞赛赛前会→知识竞赛开赛		
调研反馈	调研内容	是否满意	理由描述
	学习内容		
	教学方法		
	小组合作		
	任务完成		
	能力培养		
改进建议			
整体评价	A.90～100（　　），B.80～89（　　），C.70～79（　　），D.60～69（　　），E.0～59（　　）		

大国工匠——艾爱国：当工人就要当一个好工人

2021年6月29日，北京人民大会堂金色大厅，习近平总书记向我国焊接领域的领军人物——艾爱国颁授了无比珍贵的"七一勋章"。这位大国工匠50多年来秉持"做事情要做到极致、做工人要做到最好"的信念，至今依然奋战在焊接工艺研究和操作技术开发第一线，多次参与我国重大项目焊接技术攻关，攻克数百个焊接技术难关，是当代工匠精神的杰出代表。

爱岗敬业、勤奋刻苦、精益求精是他的标签。艾爱国是爱岗敬业的榜样，30年如一日，在普通的岗位上勤奋学习、忘我工作，为党和人民做出了重要贡献。从进厂那天起，白天认真学艺，晚上刻苦学习专业书籍，长期勤学苦练，系统地阅读了《焊接工艺学》《现代焊接新技术》等100多本科技书籍，掌握了较扎实的专业理论知识，练就了一手过硬的绝活。1987年应首钢之邀采取"双人双面焊"新工艺，为该公司解决了安装特大型氧机的焊接难题，被首钢人称为"钢铁缝纫大师"。1991年，采取双面焊法为湘乡啤酒厂焊补好两口进口铜锅。据不完全统计，已为该公司和外单位攻克各种焊接难题207个，改进焊接工艺34项，成功率达到100%，创造直接经济效益2500多万元，因而获得"焊神""焊王""焊界一杰"等美称。

虽年过七旬，但他仍战斗在生产科研第一线。艾爱国在湘钢工作一辈子，最高职务就是焊接班的班长。他的老同事、退休职工李宁记得，20世纪80年代，领导想从职务的角度提拔他，但艾爱国婉言谢绝领导好意，"我还是安心从事自己的岗位"。艾爱国的女儿在广东生活，前几年想接退休的老父亲过去享清福，却因此和艾爱国争吵起来。"你如果想让我多活几年，就让我继续工作，工作对我来说才是休息。"艾爱国说。如今他已古稀之年，却仍然战斗在湘钢生产科研第一线。早上7点半前上班，下午6点半后下班，艾爱国的作息如时钟一般规律。他一个人生活，早饭和中饭在厂里吃，晚饭就自己做清粥、面条。在湘钢，一线生产工人都是开着小汽车上下班，可艾爱国还是几十年不变地骑着他那辆破旧自行车。同事们劝他："你那么出名了，也该买辆汽车享受享受。"他总摇摇头说："骑自行车挺好，省事。"

干到老学到老，永葆工人本色他身体力行。有记者发现艾爱国在人民大会堂领受"七一勋章"时穿的还是工作皮鞋，惊讶地问他原因。"天天都穿工作皮鞋，脚已经习惯了，其他鞋一穿就打脚。"艾爱国乐呵呵地说。领奖当天的西服也是好多年前买的，一直舍不得穿，因为缺一条西裤，他就带着西服去商店挨个配颜色，也舍不得买一套新的。"一定要保持工人本色，当工人就要当一个好工人。"艾爱国说。

艾爱国在焊工岗位奉献 50 多年，集丰厚的理论素养、实际经验和操作技能于一身，他始终以"做事情要做到极致、做工人要做到最好"为座右铭，是新时代当之无愧的"大国工匠"。

思考：什么是"工匠精神"？作为研学旅行行业的从业人员，你将如何提升自身素质，如何继承和发扬"工匠精神"呢？

1.1.5 全国职业技能大赛赛项规程（研学旅行赛项）

 岗课赛证

一、判断题

1. 研学旅行本质上具有教育和旅游的双重属性。（　　　）
2. 研学旅行的根本目的就是解决如何"育人"的问题，其核心目标就是立德树人。（　　　）

二、多选题

1. 研学旅行的原则包括（　　　）。
   A. 教育性　　　　　B 实践性　　　　　C 安全性　　　　　D 公益性
2. 文化和旅游部门发布的《研学旅行服务规范》（LB/T 054—2016）中，将研学旅行产品按照资源类型分为知识科普型和（　　　）。
   A. 文化康乐型　　　B. 自然观赏型　　　C. 体验考察型　　　D. 励志拓展型

三、简答题

1. 什么是研学旅行？
2. 简述研学旅行的本质。
3. 简述研学旅行的特点。
4. 简述研学旅行的意义。
5. 简述研学旅行的分类。
6. 请谈谈研学旅行发展的现状与趋势？

1.1.6 参考答案

任务二　制定研学旅行企业人才招聘方案

▍任务描述

在掌握研学旅行服务企业（旅行社、基地、营地等）组织架构、岗位设置和人员岗位任职标准以及人才招聘等相关知识的基础上，根据企业实际需求，完成制订人才招聘计划、选择招聘渠道、确定招聘方法和编制研学旅行人才招聘方案的任务。

1.2.1　任务导学

▍任务要求

任务名称	制定研学旅行企业人才招聘方案	
学时建议	4～6学时	
情境导入	为某家新成立的研学旅行企业制定研学旅行人才招聘方案	
实施场地	校内实训室或校外实训基地	
任务目标	知识目标：能够复述研学旅行服务企业组织架构、岗位任职标准	
	能力目标：能够搭建研学旅行服务企业组织架构图、研学旅行人才岗位需求图；能够在分析研学人才岗位任职标准的基础上制订研学人才招聘计划；能够选择优良的企业招聘渠道、招聘方法等	
	素质目标：团队协作意识；善于分析、处理问题；面对困难勇于探索、敢于尝试；务实创新	
典型工作过程描述	分析企业人才需求→分析岗位任职标准→制订人才招聘计划→选择人才招聘渠道→确定人才招聘方法→制定人才招聘方案	
学习要求	学习内容及过程	
	准备	确定学习方式（学习小组）；课前预习；能力与素质准备；场地和条件准备
	计划	制定研学旅行服务企业人才招聘计划及招聘方案
	决策	论证和修改研学旅行服务企业人才招聘计划及招聘方案
	实施	小组汇报并展示人才招聘方案
	检查	检查研学旅行服务企业人才招聘的基本流程、模拟效果，并对比分析优缺点、难点，进而总结反思和改进完善
	评价	对研学旅行服务企业人才招聘任务的完成度、规范性、创新性、时效性、成果质量、总结与反思等情况做出评价

▍情境导入

研学旅行行业的迅猛发展，促使很多研学旅行服务企业如雨后春笋般涌现。在当地就有一家新成立的研学旅行服务企业，因人员短缺，企业组织架构还没有完全建立起来，很多岗位都出现了人员空缺。面对目前这种情况，如果你是公司人力资源负责人，你能根据公司实际情况，为公司设计出组织架构图、岗位设置图，并分析出岗位任职标准吗？如果你想组织一场企业招聘会，你能够制定出一份切实可行的人才招聘计划和招聘方案吗？如果招聘方案被审核通过后，你应该选择何种渠道、何种方式来组织企业人才招聘呢？

📋 理论准备

中小学校对优质研学旅行日益增长的需要，必然要求研学旅行服务单位提供更专业、更安全的研学旅行服务。精准的岗位设计和有效的员工招聘对研学旅行服务单位人力资源的形成、企业技术、业务能力的提升以及企业知名度的传播和企业文化的形成都具有重要的意义。

一、企业组织架构概述

企业的组织架构就是一种决策权的划分体系以及各部门的分工协作体系。根据企业总目标，把企业管理要素配置在一定的方位上，确定其活动条件，规定其活动范围，形成相对稳定的科学管理体系。

没有组织架构的企业将是一盘散沙，组织架构不合理会严重阻碍企业的正常运作，甚至导致企业经营的彻底失败。相反，适宜、高效的组织架构能够最大限度地释放企业的能量，使企业相关部门能够更好地发挥协同效应，达到"1+1>2"的合理运营状态。

企业组织架构设计没有固定的模式，根据企业生产技术特点及内外部条件有所不同。企业在设置组织架构时，应该考虑和解决好以下四个问题：

（1）职能结构，一项业务的成功运作需要多项职能共同发挥作用，因此在组织架构设计时首先应该确定企业经营到底需要哪些职能，然后确定各职能间的比例与相互之间的关系。

（2）层次结构，即各管理层次的构成，在纵向上需要设置几个管理层级。

（3）部门结构，即各管理部门的构成，在横向需要设置多少部门。

（4）职权结构，即各层次、各部门在权力和责任方面的分工及相互关系。

企业组织架构类型有扁平型组织架构、金字塔型组织架构等。扁平型组织架构的特点是以工作流程为中心而不是部门职能来构建组织结构，且公司纵向管理层次简化，取消一些中层管理者的岗位，使企业指挥链条最短。金字塔型组织架构是指企业的整个人事组织像一座金字塔，领导人高居塔尖，以制度化和法规化严格构建等级制度。

二、研学旅行企业组织架构、岗位设置及岗位任职标准

研学旅行企业主要包括研学旅行服务单位和研学旅行基地（营地）。

研学旅行服务单位狭义概念是指承接中小学校研学旅行服务的社会企业或机构，主要包括旅行社、传统教育培训机构、研学旅行服务公司、研学旅行基地（营地）和其他研学旅行资源点。这里将为研学旅行提供服务的旅行社、传统教育培训机构、研学旅行服务公司等统称为研学旅行服务单位。

研学旅行基地（营地）是指自身或周边拥有良好的餐饮住宿条件、必备的配套设施，具有独特的研学旅行资源、专业的运营团队、科学的管理制度以及完善的安全保障措施，能够为研学旅行过程中的学生提供良好的学习、实践、生活等活动的场所。

（一）旅行社企业组织架构、研学旅行岗位设置及岗位任职标准

旅行社一般在原有组织架构基础上，增设"研学旅行事业部"。其下设研学旅行计调师、研学旅行外联、研学旅行生活辅导员、研学旅行指导师等研学旅行工作岗位，如图1-2-1所示。

目前，我国旅行社的研学旅行业务主要包括组团类业务和地接类业务。以组团类业务为主的旅行社，这里称其为研学旅行组团社；以地接类业务为主的旅行社，这里称其为研学旅行地接社。

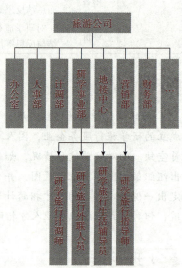

图1-2-1 某研学旅行服务企业（旅行社）组织架构图

1. 研学旅行计调师

研学旅行计调师是指主要从事研学旅行活动课程研发设计（在中小型的服务单位，也承担宣传、发布工作）、协调安排研学旅行活动及研学旅行课程落地执行的各种保障、协助处理突发事件的人员。

2. 研学旅行外联人员

研学旅行外联人员是指专门承担对外发布和宣传研学旅行活动及研学旅行课程的人员。

3. 研学旅行生活辅导员

研学旅行生活辅导员是指在研学旅行地接旅行社中，主要负责按照合同约定执行研学旅行组团社的研学旅行接待计划，监督研学旅行地接社的履约情况和接待质量，负责研学旅行活动过程中与研学旅行组团社的联络，做好各站衔接、交接工作，协调、处理研学旅行活动中的各种问题，保障研学旅行团队安全的工作人员。

4. 研学旅行指导师

研学旅行指导师是指在研学旅行地接旅行社中，直接带领研学旅行团队执行研学旅行活动及研学旅行课程的服务人员。

（二）研学旅行营（基）地组织架构、岗位设置及岗位任职标准

研学旅行基地（营地）和其他研学旅行资源点作为研学旅行活动重要的资源依托，在研学旅行体系中属于供应商范畴，主要为广大中小学生研学旅行活动的开展提供平台与目的地。按照参与研学旅行基地（营地）工作职能的不同，其组织架构可分为管理部门、业务部门、服务保障部门；具体工作岗位一般包括研学旅行指导师、课程研发、开发运营、策划咨询、线路设计、市场开拓、服务接待等。

1. 研学旅行指导师

《研学旅行指导师（中小学）专业标准》规定，"研学旅行指导师是指策划、制定或实施研学旅行课程方案，在研学旅行过程中组织和指导中小学学生开展各类研究学习和体验活动的专业人员。"研学旅行指导师在旅行活动中不仅为研学主体即中小学生提供各种旅行服务、讲解服务以及生活服务等，还需制定或实施研学旅行课程方案，指导学生开展各类研学探究学习和体验活动。

研学旅行指导师的主要工作职责包括：

（1）负责课程研发，依托各类基地、营地及其他研学资源设计开发研学旅行课程、研学产品，把握政策方向，不断优化产品线路及功能；

（2）负责团队接待，负责、配合或协调安排团队的交通、食宿等服务工作。

（3）负责课程实施，按照研学旅行课程方案组织研学旅行学生体验、学习。

（4）负责课程提升，负责具体研学旅行课程实施问题的收集和反馈，并不断提升课程质量。

（5）负责安全保障，保障研学旅行团队成员的人身和财产安全。

研学旅行指导师的主要能力要求包括：

（1）具有良好的语言表达能力。

（2）具有良好的教育教学能力。

（3）具有良好的课程研发能力。

（4）具有良好的组织实施能力。

（5）具有良好的激励评价能力。

（6）具有良好的沟通协调能力。

（7）具有良好的共情亲和能力。

（8）具有良好的持续学习能力。

2. 课程开发人员

课程开发人员是基于校内课程和研学资源进行研学旅行课程开发设计的工作人员。

1.2.2 《研学旅行指导师（中小学）专业标准》（T/CATS 001—2019）

研学旅行课程开发人员的主要工作职责包括：

（1）负责研学旅行课程研发，设计研学旅行课程（包括课程目标、课程内容、课程实施和课程评价等），搭建研发课程体系。

（2）关注国家及省、市、区的研学旅行教育政策及前沿趋势，及时做出相应的工作策略调整。

（3）负责调研市场需求，做好需求收集及竞品分析，进行用户分析，根据市场及用户需求对研学产品及时进行调整。

（4）负责规划调研，对研学基地、营地及目的地资源进行调查研究和实地踩点，获取研学资源信息及资料。

（5）负责课程产品运营的监督与分析，提出改进方案，并对相关人员进行研学旅行课程的培训讲解。

（6）负责研学手册的升级和维护。

（7）负责组织和落实研学业务，达成经营管理目标。

研学旅行课程开发人员的主要能力要求包括。

（1）具有良好的文案写作能力。

（2）具有良好的信息采集整合能力。

（3）具有良好的数据分析能力。

（4）具有良好的创新及实践能力。

（5）具有良好的人际交往能力。

3. 开发运营人员

开发运营人员是研学旅行过程中进行项目可行性研究、合作洽谈、项目开发及运营体系搭建的专业技术人员。

研学旅行开发运营人员主要工作职责包括：

（1）负责与政府、教育主管部门和各中小学校进行项目洽谈合作。

（2）负责组织架构、运营体系、服务体系的搭建及完善。

（3）负责建立完善的团队管理培训体系及团队管理和培训管理。

（4）负责运营体系、管理体系、服务体系的推进执行、考核、提升。

（5）负责品牌培养短、中、长期策略规划，商业品牌培养，衍生品战略发展、设计、执行。

（6）配合完成研学旅行线路梳理、研学旅行课程开发和项目运营及执行。

研学旅行开发运营人员主要能力要求包括：

（1）具有良好的组织协调能力。

（2）具有良好的团队协作能力。

（3）具有良好的人际沟通能力。

（4）具有良好的语言表达能力。

（5）具有良好的公关能力。

4. 策划咨询人员

策划咨询人员参与项目策划、制定项目营销策略，并对项目进行分析评价的专业技术人员。

研学旅行策划咨询人员的主要职责包括：

（1）负责策划及营销方案，制定和编写研学旅行开发项目策划/规划文案（包括项目背景分析、建设条件分析、市场调研、项目开发 SWOT 分析、项目指导思想、项目开发理念、核心诉求与关键问题分析、趋势研究与案例分析、项目规划定位、核心项目策划、投资收益、实施步骤及措施和方法等）。

（2）参与项目策划、专题研究、案例研究等工作。

（3）参与与合作方的沟通交流，准确把握对方诉求，并在项目规划中加以体现。

（4）参加项目考察、调研等活动，负责项目的规划、图件制作等。

（5）收集、汇编研学旅行理论、数据、行业动态、项目评价等。

研学旅行策划咨询人员的主要能力要求包括：

（1）具有较强的专业能力。

（2）具有良好的文字驾驭能力。

（3）具有良好的沟通协调能力。

5. 线路设计人员

线路设计人员是研究行业趋势，设计研学旅行线路，监督项目实施全过程的专业技术人员。

研学旅行线路设计人员的主要工作职责包括：

（1）负责搜集信息，了解研学旅行及素质教育相关政策，把握行业趋势。

（2）负责研学旅行线路的设计、操作，对产品成本进行核算，并根据需求报价。

（3）负责操作团队落实订房、订餐、订票等具体事宜。

（4）负责不断提高客户服务质量并降低采购成本，提高采购效率。

（5）负责与其他相关部门人员协调沟通。

（6）负责供应商沟通、对接等工作，与相关供应商保持良好的沟通与合作关系，不断主动开拓和优化供应商资源状况，为产品和销售人员提供支持。

研学旅行线路设计人员的主要能力要求包括：

（1）具备丰富的酒店、景点、机票采购的相关知识。

（2）具备团队合作精神。

（3）具备良好的沟通和协调能力。

（4）善于处理客户关系。

6. 市场开拓人员

市场开拓人员是分析市场需求、研学旅行产品推广及渠道拓展的专业技术人员。

研学旅行市场开拓人员的主要工作职责包括：

（1）负责分析市场现状、未来方向、相关政策，以及寻找研学旅行目标客户和需求，撰写相关文件。

（2）负责根据市场情况不断对现有产品进行优化建议，并提出新产品建议。

（3）负责市场推广方案，品牌方案。

（4）负责渠道拓展。

（5）负责撰写市场报告、产品营销分析报告等，以支持管理层进行判断决策。

（6）负责整体宣传工作的策划、部署、执行及监督实施。

研学旅行市场开拓人员的主要能力要求包括：

（1）具有良好的团队协作能力。

（2）具有良好的组织及策划能力。

（3）具有良好的沟通技巧。

（4）具有良好的逻辑思维能力。

（5）具有良好的数据分析能力。

（6）具有良好的协调能力和执行力。

7. 服务接待人员

服务接待人员是在研学旅行过程中负责接待、咨询及意见收集反馈的专业技术人员。

研学旅行服务接待人员的主要工作职责包括：

（1）负责参观、来访接待及解说工作。

（2）负责做好日常咨询解答工作，认真解答来访人员提出的书面或口头问询，虚心听取来访人员意见。

（3）积极反映接待工作中出现的新情况、新问题，并提出合理建议。

（4）负责公司网站、公众号、官微等宣传渠道的运营维护等。

研学旅行服务接待人员的主要能力要求包括：

（1）有较强的语言表达能力。

（2）有较强的人际交往能力。

（3）有较强的沟通能力和学习能力。

（4）有较强的服务意识。

三、人才招聘准备工作

（一）岗位分析

岗位分析是企业招聘工作的基本前提。岗位分析是指分析者采用科学的技术手段，直接收集、比较、综合有关工作的信息，就工作岗位的状况、基本职责、资格要求等做出规范性的描述与说明，为组织特定的发展战略、组织规划及其他管理行为提供基本依据的一种管理活动。

一般来说，岗位分析是直接为企业员工招聘服务的。在招聘工作开始之前，企业就应确定空缺岗位的性质、工作内容、任职资格。高效、有针对性的岗位分析能够提高人员甄选的效度和信度，降低用人风险和招聘成本，并能够提高员工的工作适应性，优化企业的人力资源配置。

岗位分析一般包括以下内容。

1. 岗位名称

岗位名称必须明确，使人看到名称就可以大致了解工作内容。工作名称必须标准化，按照有关职位分类、命名的规则或通行的命名方法和习惯来确定。

2. 工作地点及环境

工作地点是指所从事岗位的员工的工作地点，有时会将工作地点和行政办公地点分开考虑，有的岗位工作地点和行政办公地点是不同的；工作环境，包括工作群体的人数、工作地点的办公设施、办公环境和企业文化等。

3. 所属部门

所属部门，即岗位属于企业中的哪一个部门。

4. 直接的上下级关系

直接的上下级关系，即工作岗位的直接上级与其直接领导的下级工作岗位的名称和相应的人数。

5. 员工数目

员工数目，即企业中从事同一岗位的员工人数。如果同一岗位的员工人数经常变动，其变动范围应予以说明；如果员工采用轮班制，也应予以说明。由此可以了解员工的工作负荷及人力资源配置情况。

6. 工作内容

工作内容包括：工作任务，即应该完成的工作活动；工作责任，即承担该工作应负有的责任；工作量，即工作强度；工作标准，即用来衡量工作好坏的依据等。

7. 聘用条件

聘用条件，包括工作时数、工资结构、支付工资方法、福利待遇、该工作在组织中的正式位置、晋升的机会、工作的季节性、参加培训的机会等。

8. 任职条件

任职条件包括：教育培训，即从事本岗位工作的员工所应接受的教育、培训经历等；必备知识，即从事本岗位工作的员工对机器设备、材料性能、工艺过程、操作规范及操作方法、工具、安全技术等所必须具备的一些专业知识；经验，即从事本岗位工作的员工完成工作任务所必需的操作能力和实际经验。

（二）岗位需求分析

岗位需求分析是在分析企业岗位设置的基础上，根据企业实际用人需求，确定岗位空缺和岗位人才需求。

（三）招聘信息的收集和整理

完成岗位需求分析后，要进行招聘信息的收集和整理，其目的是明确自身的需求，以此为依据决定是否进行招聘，何时进行招聘，以及招聘的对象、渠道、方法等一系列的问题。所谓招聘信息的收集和整理，就是在招聘活动实施之前，企业先在各部门内部对人力资源的需求状况进行调查，招聘部门就会掌握哪些岗位需要人员，获得这些人员大致需要多少应聘者等。接下来就是确定合理的招聘范围与规模，保证招聘工作有的放矢、有条不紊地按计划实施。

（四）应聘申请表的设计

一般来说，企业收到的应聘人员简历的格式并不统一，面试或审批人员无法快速找到需要的内容，从而影响工作效率。因此，企业在组织招聘前，可事先设计和印刷应聘申请表，让应聘者填写。

企业面试或审批人员通过审查应聘申请表，可以了解应聘者的基本情况，为面试和测试等筛选工作提供必要的信息。这样既便于面试时对应聘者做出初步评价，也便于面试后对所有应聘材料进行统一管理。

应聘申请表内容要根据工作岗位的性质而定，设计时还要注意有关法律和政策。例如，如果涉及招聘国际人才，那么有的国家规定种族、性别、年龄、肤色、宗教信仰等信息不得列入招聘申请表。

每个企业的应聘申请表都不尽相同，但是有些内容往往会相同。例如：

（1）基本资料：姓名、性别、学历、学位、年龄、籍贯、就读学校、专业、身高、体重、健康状况、居住地等。可根据实际需求进行设置。

（2）教育经历：一般会要求填写就读院校及相关受教育经历。

（3）就业经验：一般填写工作经历、工作经验等。

（4）应聘岗位及工薪预期：主要填写所应聘的岗位及个人对薪酬待遇的预期等情况。

（5）兴趣爱好、个性特点及个人特长：这部分内容主要是查看应聘者与职业岗位的适配度或发展潜力。

（6）其他：比如特殊要求、社会活动情况、家庭背景等。

应聘申请表的设计需注意以下几个方面：

（1）以职务说明书为依据，每一栏目均应有一定的目的，避免烦琐、重复。

（2）申请表的设计要遵守国家的法规和政策。

（3）申请表内容要全面，包括所需了解的基本信息。

（4）应聘申请表的内容设计要考虑应聘者的立场。

表1-2-1给出某研学旅行服务企业应聘申请表样例。

表 1-2-1　某研学旅行服务企业应聘申请表样例

个人资料

姓名（中文）		姓名（英文）		性别		照
出生日期		籍贯		民族		片
技术职称		最高学历		所学专业		
身高（厘米）		体重（公斤）①		血型		婚否	
目前居住地址						
户籍所在地址						
身份证号码		电子邮件			手机	
应聘职位			期望的薪资待遇			

教育及培训状况（请从高中开始填写）

由（年 / 月）	至 （年 / 月）	学校名称	主修专业	学位	证明人

由（年 / 月）	至（年 / 月）	培训机构	课程名称	资格证书

职业资格证书或职业技能水平（可填写语言、计算机、外语等基本能力及职业技能证书等）

家庭成员（包括父母及个人家庭）

姓名	关系	年龄	工作单位	职务

工作经历（请由最近的工作经历开始填写）

由（年 / 月）至 （年 / 月）	单位名称	职位	离职时间	离职原因	证明人	联系电话

其他资料

目前年收入（税前）		期望月工资（税前）	
可到职日期			
自我评价或兴趣爱好、个人特长			
选择应聘岗位的理由			

遇到紧急情况时的联系人	与本人关系	常住地址	联系电话

应聘者声明

本人谨此授权公司查询、使用本人资料。本人同时表明此申请书内所有资料属实，如有虚报之处，可作为立即解聘之理由。本人完全了解上述声明的含义，依据以上内容，本人申请受雇于贵公司，并同意在受雇前接受体检。

签名：　　　　　日期：

公司承诺

我公司坚守职业道德，对于您以上所有信息均按有关规定进行保密。

以下由人力资源部填写

以往资历调查	调查人
体检	填写人

---

① 1 公斤 =1 000 克。

（五）招聘计划的制订

招聘计划是由各个用人部门制订的。一般内容包括：

（1）招聘的岗位。

（2）人员需求数量。

（3）岗位任职要求（工作／岗位分析在整个招聘中起很大作用，它主要用来确定空缺岗位所包含的一系列特定任务、职责和责任，为招聘甄选提供有效的依据）。

（4）招聘信息发布的时间、方式、渠道与范围。

（5）招聘对象的来源与范围。

（6）招聘方法。

（7）招聘测试的实施部门。

（8）招聘预算。

（9）招聘结束时间与新员工报到时间。

（六）招聘渠道的选择

企业出现职位空缺需要招聘员工时，既可以从公司内部挑选合适的员工来填补空缺，也可以从社会上招聘新员工。内部招聘和外部招聘作为企业招聘的两大渠道，各有其优缺点。

1. 内部招聘

内部招聘是指从企业内部人员中招聘所需人力资源的方式。这种方式可以为组织现有员工提供发展的机会，从而调动公司内部员工的积极性。同时，与外部招聘相比内部招聘也可以节约大量的费用和不必要的培训。这种招聘一般会涉及职位晋升或岗位迁移。

内部招聘的具体方式主要有以下三种：第一种是内部公告的方式；第二种是内部的单位和员工推荐的方式；第三种是查阅档案加面谈的方式（根据员工档案资料，了解员工的教育、培训经验、技能等方面的信息，从中寻找合适的招聘人选）。

2. 外部招聘

外部招聘是指从企业外部招聘所需人力资源的方式。这种方式与内部招聘相比，虽然需要花费较多的费用，但是人员选择的范围要比内部招聘宽泛许多，而且采用这种方式招聘的人员能够为企业带来许多创新思想，可以获得内部短缺的特殊人才。外部招聘方式有广告招聘、专业机构招聘、人才招聘会、校园招聘、网络招聘和内部员工推荐等。

1.2.3　某研学旅行企业竞聘公告

（1）广告招聘。广告招聘，即通过媒体以发布广告的形式进行招聘。目前广告媒体种类丰富，如互联网、报纸、杂志、广播电视等。优秀的广告，一方面能吸引所需人员前来应聘，另一方面还可扩大组织知名度。招聘广告应介绍本单位及有关部门的职位情况、职位要求、待遇以及联系方式等。

（2）专业机构招聘。在外部招聘中，企业还经常采用委托人才招聘机构进行招聘的方式。专业人才机构主要包括人力资源服务公司、人才中介服务公司、人才租赁公司、猎头公司等机构组织。

（3）人才招聘会。人才招聘会是通过举办供需见面会来招聘人员。人才招聘会可以进行面对面的交流，做出初步选择，收回大量的简历及其他信息，以便进一步筛选。招聘会一般可以分为两大类：一类是专场招聘会，即只为一个单位专门安排的招聘会，如面向学生的校园招聘会等；另一类是综合型人才招聘会，即由某些中介机构组织有多家单位参加的招聘会。

下面将外部招聘方式的优劣进行对比分析，见表1-2-2。

表1-2-2　外部招聘方式比较

方式或途径	优点	缺点	适用招聘范围
刊登招聘广告	传播范围大，挑选余地大；招聘广告留存时间较长；可附带做企业形象、产品宣传	初选时双方不直接见面；信息失真；广告费用支出较大；录取成功率低	适用于各类企业、各类人才
人才招聘会	双方直接见面，可信程度较高；当时可确定初选意向；费用低	应聘者众多，洽谈环境差；挑选面受限	适用于初、中级人才或急需用工者
职业介绍所与就业服务中心	介绍速度较快，费用较低	服务质量普遍不高	适用于初、中级人才或急需用工者
猎头公司	能找到满意人才，比企业自己招聘效率高，招聘过程隐秘、不事声张	招聘过程较长，各方反复接洽谈判；招聘费用高，须按一定比例支付猎头费	适用于高级人才
高等院校	双方了解较充分；挑选范围和方向集中，效率较高	应聘者流动性过大，有时需支付其旅费和实习费	用于招募发展潜力大的优秀新人才
熟人推荐	用人较为可靠，招募费用较低	较难做到客观评价和择优录用，容易形成小团体和裙带关系	主要适用于招募初级人才和核心人员

（七）招聘方法的确定

1. 笔试

招聘考核中的笔试，针对不同的招聘岗位有不同的侧重点，见表1-2-3。

表1-2-3　笔试内容

思想道德素质	政治思想水平，品德修养，工作态度
知识素质	通用性的基础知识和职务所要求具备的专业知识，包括基础知识、专业知识和其他相关知识
智力测试	测试应试者的分析能力、观察能力、记忆力、思维反应能力、想象力以及对于新知识的学习能力
能力测试	从事各种职业活动必须具备的基本能力和从事某项专业活动所具备的能力
个性特征测试	通过心理测试题或一些开放式的问题考察求职者的个性特征

2. 面试

通过面试招聘，相关负责人可以从多方面考察应试者的能力，如逻辑思维能力、领导能力、分析决策能力、团队合作能力、人际沟通能力、灵活应变能力等。招聘单位一般不以面试测评应聘者所有的素质，而是有选择地用面试去测评最易测评的内容。面试测评要素一般包括以下几方面，见表1-2-4。

表1-2-4　面试测评要素

仪表风度	指面试者的体型、外貌、气色、衣着举止、精神状态等。研究表明，仪表端庄、衣着整洁、举止文明的人，一般做事有规律、注意自我约束、责任心强
专业知识	了解面试者掌握专业知识的深度和广度，其专业知识是否符合所要录用职位的要求，以此作为对专业知识笔试的补充。面试对专业知识的考察更具灵活性和深度，所提问题也更接近空缺岗位对专业知识的需求

工作实践经验	面试考官一般根据查阅应试者个人简历和求职申请表所了解的情况做相关的提问，查询应试者有关背景及过去工作的情况，以补充、证实其所具有的实践经验。通过对其工作经历与实践经验的了解，还可以考察应试者的责任感、主动性、思维灵敏度、口头表达能力及应变能力等
口头表达能力	应聘者是否能将自己的思想、观点、意见和建议顺畅地用语言表达出来。考察的具体内容包括：表达的逻辑性、准确性、感染力、音质、音量、音调等
综合分析能力	考察应试者是否能对主考官所提出的问题通过分析抓住本质，并且说理透彻、分析全面、条理清晰
反应能力和应变能力	应试者对主考官所提的问题理解是否准确贴切，回答是否迅速，对于突发问题的反应是否机智敏捷、回答恰当。对于意外事项的处理是否得当等
人际交往能力	通过询问应试者经常参与哪些社会活动，希望同哪些人打交道，在各种社交场合所扮演的角色，可以了解应试者的人际交往倾向和与人相处的技巧
自我控制能力和情绪稳定性	自我控制能力对于许多类型的工作人员显得尤为重要。一方面，在遇到上级批评指责、工作压力或是个人利益受到冲击时，能够克制、容忍、理智地对待，不会因情绪波动而影响工作；另一方面工作要有耐心和韧性
工作态度	第一是要了解应试者对过去学习、工作的态度；第二是要了解应试者对现在应聘职位的态度
上进心、进取心	上进心、进取心强的人，一般都有事业上的奋斗目标，并为之积极努力。具体表现在会努力把现有工作做好，不安于现状，工作中常有创新
求职动机	了解应试者为何希望来本单位工作，对哪类工作最感兴趣，在工作中追求什么，判断本单位所能提供的职位和工作条件能否满足其工作要求和期望
业余爱好	从应试者休闲时间爱从事哪些运动、喜欢阅读哪些书籍以及喜欢什么样的电视节目、有什么样的嗜好等，可以了解他的兴趣与爱好，这对录用后的工作安排非常有好处

四、制定人才招聘方案

（一）确定人员招聘流程

1.2.4　某研学旅行服务企业面试评分表（样表）

人员招聘是人力资源管理的一个重要环节，其主要任务是采取内部和外部招聘的方式，运用各种各样的方法和手段使企业获得足够的、高质量的人力资源。同时，在招聘过程中还要使应聘者更好地了解企业，减少因盲目加入企业而后又离职的情况发生。一般来说，人员招聘流程主要有以下几点。

1. 招聘计划的制订与审批

招聘计划是整个招聘工作的依据，制订招聘计划的目的在于使企业的招聘工作合理化和科学化。招聘计划需要经过企业主管领导进行审批、签发。

2. 招聘信息的发布

根据所制订的人力资源招聘计划，结合企业所处的内部、外部环境与条件，选择和确定发布招聘信息的时间、方式、渠道与范围。由于招聘方式、招聘的职务和岗位、每次招聘的数量和时间、招聘对象的来源与水平以及人员到位时间和招聘预算的不同，招聘信息的发布时间、方式、渠道与范围也不同。

3. 应聘者提出申请

内部或外部的应聘者在获得招聘信息后，可向招聘单位提出应聘申请。这种申请多是书面的。应聘的主要资料包括：应聘申请表，个人简历，各种学历、技能和成果证明（证明自己的知识水平、能力水平和所取得的成就）；各种身份证明（包括身份证等）。

4. 人员选拔

人员选拔对企业来说是至关重要的。因为一旦招聘的人员存在问题或不能胜任工作，就会使整个企业的工作受到影响，这就意味着在招聘人员时必须进行严格的人员选拔。

5. 人员录用

人员录用是整个人员招聘工作的最后一步，这项工作的全过程包括：首先要与聘用人员签订试用合同，然后安排录用的人员上岗试用，在试用到期并经评估合格后即可签订劳动合同正式录用。对于一些企业而言，常会采用短、平、快的方式，有时甚至省去试用环节，多数是直接正式录用。

（二）制定招聘广告

招聘广告的制定必须满足以下五个原则。

（1）真实性。必须保证招聘广告的内容真实、可信，并对虚假广告承担法律责任。

（2）合法性。招聘广告中出现的信息要符合国家及地方的法律法规及政策。

（3）简洁性。广告的编写应简明扼要，重点突出招聘的岗位名称、任职资格要求、招聘人数、主要工作职责、工作地点、薪酬、福利待遇等内容。

（4）准确性。招聘广告要能准确地描述岗位，完整地表达需求。

（5）规范性。岗位名称要规范，岗位描述也要规范，要抓住重点。

（三）确定人员选拔的过程和方法

人员选拔是一个复杂的过程，这一工作的好坏取决于整个工作过程中每一个环节是否有效。因此，必须采用恰当的人员选拔方法，以实现人员招聘的预期目标。

1. 资格审查与初选

企业收到应聘者的求职资料后，对照岗位说明书进行初步的筛选，以确定应聘人员是否能够进入下一轮的招聘面试。如何快速有效地筛选简历，一般从以下四个方面进行，见表1-2-5。

表1-2-5　简历的筛选

1. 扫描简历的结构	通过求职者简历的结构，可大体判断出求职者的整体情况。如有的求职者在简历的开头便标明：×××应聘××岗位，然后是近期工作概况，招聘人员可以浏览应聘人员所工作过的单位和工作时间，粗略判断出应聘人员的职业发展概况和稳定性
2. 画出某些硬性指标	可以用特殊的标记对学历、毕业院校、曾任职务、工作年限等进行标识，并与招聘标准做对应分析
3. 找出工作经历内容的关键词	在应聘者工作经历中，找出应聘者曾从事的岗位和关键的业绩，并判断业绩的真实性。标明应聘者工作经历中的关键词和关键数据，以便面试时加以提问和确认，并倾听应试者的详细介绍，以便对其进行评价
4. 预测应聘者职业发展趋势	根据求职者现有的工作经历和稳定性，初步判断应聘者的职业发展趋势，判断其是否适合在本企业工作，以此决定是否邀请应聘者进行面谈。在这个环节中，人力资源部应安排好面试时间，准备好面试的问题。为了更详细地了解应聘者，用人单位可以对应聘者进行笔试测试

2. 测试

人的素质是有差异的，而这种差异是客观存在，不为意志所转移的。只有认识到这一点，才能在招聘过程中科学而理性地选拔和录用应聘人员。为了更全面地了解应聘人员，从中选拔出最适合岗位任务需求和最符合岗位胜任力的人员，运用素质测评是非常必要的。

（1）测评基本原则。

①先易后难。一般来说，在人员的录用选择中，各种测评方法应该按照先易后难的原则组织。这既有利于被测者解除紧张与正常发挥，又有利于测评者的组织与操作。

②先简单，后复杂。一般来说，像履历表、初步面谈等简单的方法应放在前面实施，评价中心、深层次的面试应放在后面。

③先定性，后定量。所谓先定性，就是主要从质的方面把握对象是否符合标准，从经验、直觉等多方面综合把握，对选择录用的人员在数量与质量上应留有一定的余地，具有一定的灵活性与弹性，尽可能不要把合格人员排除在外。所谓后定量，是指当采取定性方法选择出一定数量的人员之后，采取客观、统一的定量方法确定最终人员。

④先非结构式，后结构式。非结构式是指事先不定框架，比较随意，可根据测评需要灵活地选择一些针对性强的测评方式与测评手段；结构式则要求比较严格，测评方法不能作任何改变。

⑤先淘汰，后选取。先淘汰，是指用前面实施的测评方法，将那些明显不合格的人员淘汰，因此要求比较客观可靠，侧重于测评对象的缺点与不足。一般对工作有致命影响的因素，应先进行测评。后选取，是指后面实施的几种测评方法，主要用于优中择优，侧重于找长处与优点。一般先考虑对工作有重要作用的因素，这样可以提高测评的效率与效果。因此，前一两项测评方法，应该研究出一个可接受的最低标准，应聘者只要达到标准即予通过。标准可以适当低些，保证后面选择最佳人员时数量的充足性。

（2）几种可参考的组合程序。就一般情况来看，一般是先实施履历表格与申请表格翻阅审查法，然后进行心理测验、体检等其他方法，最后是面试。但是，也可以针对测评的需要、费用、时间限制与质量要求具体组合。下面有四种常见的组合程序。

①斯科特程序：接见应聘求职者；初次面谈，并填写应聘申请表；心理测验；第二次面试并在申请表上予以评分；查应聘者的履历情况；比较选择；主管部门批准录用；身体检查。

②弗兰希程序：填写申请表；测验；面试；体检；履历查核；研究批准；提出工作要求。

③美国管理协会程序：初步面试；填写申请表；审核有关资料；测验；雇佣面试；主观核准；体检；了解新环境及工作要求。

④我国目前私有公司程序：接见应聘求职者，并让其填写应聘申请表；面试；试用；主管批准。

（3）人员素质测评方法。

①简便易行的测量放在前面。

②成本低的测量放在前面。

③当一个测量的内容可能影响（如暗示、帮助）其他测量时，这个测量应放在后面。

④容易产生疲劳的测量放在后面。

⑤测量内容比较敏感，或容易造成较大压力的测验（如能力测验往往会影响人的自信心），放在后面。

⑥采用标准化指示语。在施测过程中应该使用统一的指示语。指示语是在测评过程中说明测评进行方式以及如何回答问题的指导性语言。指示语应力求清晰、简明，使被试者能很快明白应该做什么以及如何对题目做出反应。一般来说，对被试者的指示语应包括：如何选择反应方式，如画圈、打钩、填数字、口答、书写等；如何记录这些反应，如答题纸、录音、录像等；时间限制；如果不能确定正确反应时，该如何去做（是否允许猜测等），以及计分的方法等。

⑦选派经验丰富的主试人。主试人俗称考官或主考人，是控制测评进程的主要人员，主试人的经验和知识如何，对测评结果有相当大的影响。一般来讲，在测评前，主试人应熟悉测评指示语，

熟悉测评的具体程序，组织测评工作人员准备好测验材料，并确保测评环境恰当；在测评中，主试人应按测评指示语的要求实施测评，当被试者询问指示语意义时，主试人不能加入自己的主观看法，也不要透露任何可能对测评结果有影响的信息或线索。与此同时，应与被试者建立一种友好、合作的、能促使被试者最大限度地做好测试的一种关系，因此无论在个体还是在团体测评中，主试人都应采取热情、友好并且客观的态度。

3. 面试测评方法

由于人员资格审查、初选和测试都不能全面反映应聘者思想深层的信息，因此在人员选拔中还需要进行面试，以便组织对应聘者能够有更深层次的了解。面试通常分成以下几类：

（1）从面试的目的可分成初步面试（公司人力资源管理人员对应聘者进行面谈的过程，侧重于应聘者对书面申请材料的补充说明和企业对应聘者的动机了解与情况介绍）和最终面试（由公司高层管理人员对已通过初步面试的应聘者所做的一种面谈，侧重于对应聘者思想和能力的深层次了解）。

（2）从参与面试人员多少还可以分为个别面试（一对一的面试，这有利于双方深入地相互了解，但容易受面试人员主观因素干扰）、小组面试（由两三个人力资源管理人员组成小组对各应聘者分别进行面试，可以从多种角度对应聘者进行考察和克服个人偏见）和成组面试（由面试小组对若干应聘者同时进行面试）。

（3）从面试的方法上分有结构化面试（对所有应聘者提问相同的问题）和非结构化面试（对所有的面试者提问不相同的问题）等。

4. 全面评估

在测评结束以后，招聘工作人员还需要对应聘人员进行一次全面的评估。这种全面评估可采用评语的方式或者评分的方式给出。评语式全面评估的特点是可以对应聘者的不同侧面进行全面而深入的评估，能够反映出每个应聘者的特征，但是不便于进行横向比较。评分式全面评估则可以对每个应聘者的单项评价和综合评价以得分的方式给出，这样不但能够综合全面地评价每一个应聘者，而且还可以按照每个应聘者的评价得分，对全部应聘者进行全面的比较。

5. 人员甄选

人员甄选是组织人员招聘工作的最后一个步骤，同时也是最为重要的环节。人员甄选的决策模式通常包括以单项评价为主的甄选决策模式和以综合评价为主的甄选决策模式两种。其中，单项评价为主的甄选决策模式主要适用于对特殊专业管理或技术人员的选择，是从众多应聘者中为某一职位或某类性质相似的岗位甄选一个或多个任职者的决策模式。综合评价为主的甄选决策模式主要用于对一般管理人员和非专业技术人员的选择。

（四）人员的录用

在对应聘者进行选拔评估后，考评者根据应聘者在甄选过程中的表现，对获得的相关信息进行综合评价与分析汇总，了解每一位应聘者的素质和能力。根据事先确定的人员录用标准与录用计划做出初步录用决策。

在做出正式录用决定前，根据岗位的需要，企业可以有选择性地对求职者进行背景调查，其目的在于获得求职者更全面、真实的信息。背景调查内容分为两类：一是通用项目，如学历、学位的真实性，任职资格证书的有效性；二是与岗位要求相关的工作经验、技能和业绩等。

（五）招聘评估

招聘评估是组织对于人员招聘全过程和全部工作所进行的一种评价。其目的是审视企业人员招聘工作，分析招聘工作中的经验和教训，以便为未来的人员招聘工作提供经验和信息。招聘评估一般包括对招聘成本的评估和对录用人员的评估两方面，具体见表 1-2-6。

表 1-2-6　招聘评估的内容

招聘评估的内容	说明
招聘成本评估	招募成本、选拔成本、录用成本、安置成本、离职成本、重置成本等方面的评估
对录用人员的评估	对录用人员质量的评估可用以下四个比率来衡量。 　　1. 录用比率：录用比率＝录用人数 ÷ 应聘人数 ×100%。录用比率越小，说明企业录用人员的素质相对越高。 　　2. 招聘计划完成比率：招聘计划完成比率＝录用人数 ÷ 计划招聘的人数 ×100%。这个比率可以看出招聘计划的完成情况。 　　3. 员工应聘比率：员工应聘比率＝（应聘总人数 - 计划招聘人数）×100%。员工应聘比率越大说明企业的招聘情况越好，企业的认可度也越高。 　　4. 录用成功比率：录用成功比率＝录用成功人数 ÷ 录用人数 ×100%。录用成功比率越高，说明招聘的成功率越高。 　　除了运用上述四个数据来反映录用人员的质量外，也可以根据工作分析中的要求和被录用者在实际工作中的表现来对录用人员进行评估

1.2.5　招聘中常犯的错误

1.2.6　研学旅行企业人才招聘流程图

任务操作

按照准备、计划、决策、实施、检查和评估六步法的要求，与学习小组共同完成"组织研学旅行企业人才招聘会"系列任务操作单（表 1-2-7 ～表 1-2-12）。

表 1-2-7　任务准备单

任务名称	组织研学旅行企业人才招聘会		
典型工作过程描述	分析企业人才需求→分析岗位任职标准→制订人才招聘计划→选择人才招聘渠道→确定人才招聘方法→制定人才招聘方案		
学习小组	组长		成员	
	分工			
准备内容及操作标准	准备内容	操作标准描述（请在相关括号内勾选或填写）		
	组建学习小组	小组组建方式：教师随机分配（　　），自愿组合（　　），其他方式（　　）；是否进行分工合理性论证（　　）；是否建立小组内部合作机制（　　）		
	课前预习	教材知识学习方法：小组学习（　　），自学（　　）； 其他学习资讯（资料）获取方法：网络（　　），图书（　　），采访调研（　　），小组座谈（　　），通信咨询（　　），其他（　　） 相关资讯描述（列出主要咨询的名称、内容及类型。其中，类型是指文本资源、音频资源、视频资源、图片资源等）		
	能力与素质	组织架构图制作技术（　　）；查阅和知识整合能力（　　）；团队合作能力（　　）；组织协调能力（　　）		
	场地与条件	选择的模拟演示场地为（　　）； 用到的相关设施设备有（　　），是否熟练操作（　　）； 其他相关场地与条件需求（　　）		
准备评价	评价内容及标准	评价结果		
	1. 小组分工合理； 2. 预习具有深度、广度及资料丰度、准度、效度等； 3. 能力与素质准备充分； 4. 场地与条件准备完善	学生或小组自查评语：		
		学生或组长签字：	日期：　年　月　日	
		教师或企业专家评语：		
		教师或企业专家签字：	日期：　年　月　日	

表 1-2-8　任务计划单

任务名称	组织研学旅行企业人才招聘会		
典型工作过程描述	分析企业人才需求→分析岗位任职标准→制订人才招聘计划→选择人才招聘渠道→确定人才招聘方法→制定人才招聘方案		
学习小组	组长		成员
	分工		
计划步骤或内容及操作标准	**计划步骤或内容**	**操作标准描述**	
	分析企业人才需求	通过网页、门户网站、各大网络平台、小程序、公众号等途径，研究和制作研学旅行企业组织架构及岗位设置图（可虚拟设置研学旅行企业，确定企业名称、所在地点、公司人数、业务范畴、岗位、岗位职责等）	
	分析岗位任职标准	（1）分析研学旅行人才的知识、素质和能力要求，并按逻辑顺序编写对应岗位的任职标准；明确需要招聘的岗位类别、岗位人数及岗位应聘条件。 （2）设计应聘申请表	
	制订人才招聘计划	（1）制订人才招聘计划（至少包含需要招聘岗位、招聘人员数量、岗位职责、应聘条件、岗位薪资待遇、招聘方法、招聘渠道、招聘时间、招聘地点等内容）。 （2）选择人才招聘渠道、确定人才招聘方法	
	制定人才招聘方案	制定完整的招聘方案（包括人员招聘流程、制定招聘广告、确定人员选拔的过程和方法、人员的录用和招聘评估等内容）	
计划描述			
计划评价	**评价内容及标准**	**评价结果**	
	1.计划或方案全面、具体，步骤清晰； 2.计划描述或设计方案等符合操作标准	学生或小组自查评语：	
		学生或组长签字：　　　　　　　　日期：　年　月　日	
		教师或企业专家评语：	
		教师或企业专家签字：　　　　　　日期：　年　月　日	

表 1-2-9　任务决策单

任务名称	组织研学旅行企业人才招聘会		
典型工作过程描述	分析企业人才需求→分析岗位任职标准→制订人才招聘计划→选择人才招聘渠道→确定人才招聘方法→制定人才招聘方案		
学习小组	组长		成员	
	分工			
决策内容及操作标准	决策内容	操作标准描述	
	分析企业人才需求	（1）论证研学旅行企业的组织架构是否健全，是否考虑业务需求、管理需求和效率需要等。 （2）论证岗位设置的合理性及是否体现有岗有责	
	分析岗位任职标准	（1）论证各岗位任职标准（如知识、能力和素质需求）的全面性、合理性和科学性。 （2）论证需要招聘的岗位类别、岗位人数及岗位应聘条件的合理性、可行性。 （3）论证应聘申请表的合理性和可行性	
	制订人才招聘计划	（1）论证人才招聘计划的全面性、合理性和可行性。 （2）论证人才招聘渠道、人才招聘方法的合理性和可行性（如果选择笔试、面试，是否制定出科学、合理的笔试、面试方案；是否体现"先定性后定量"的原则；招聘方法是否能够突出展现应聘者优势、特长及现有职业技能水平）	
	制定人才招聘方案	（1）论证招聘流程的完整性。 （2）论证招聘方案的全面性、合理性。 （3）论证招聘方案的可行性	
决策记录			
决策评价	评价内容及标准	评价结果	
	1. 企业组织架构及岗位设置具有科学性和合理性； 2. 任职标准及岗位招聘条件分析及设置具有合理性、可行性； 3. 人才招聘计划具有合理性、可操作性； 4. 招聘渠道和招聘方法具有适应性、合理性； 5. 人才招聘方案具有完整性、严谨性和可实施性； 6. 相关完善和改进意见、措施具体、可行	学生或小组自查评语：	
		学生或组长签字：	日期：　　年　　月　　日
		教师或企业专家评语：	
		教师或企业专家签字：	日期：　　年　　月　　日

表 1-2-10　任务实施单

任务名称	组织研学旅行企业人才招聘会		
典型工作过程描述	分析企业人才需求→分析岗位任职标准→制订人才招聘计划→选择人才招聘渠道→确定人才招聘方法→制定人才招聘方案		
学习小组	组长		成员
	分工		
实施流程及操作标准	实施流程	实施操作标准描述	
	小组汇报和展示人才招聘计划及方案	汇报内容完整具体（包括人才招聘计划、人才招聘方案）；汇报过程流畅、清晰	
		计划和方案具有合理性和可行性	
		计划和方案文本成果美观、清晰、实用	
实施效果及相关作品			
实施评价	评价内容及标准	评价结果	
	1. 实施操作符合相关流程和标准要求； 2. 实施顺利、难易程度适当； 3. 彰显团队合作能力	学生或小组自查评语：	
		学生或组长签字：　　　　　　　　　日期：　　年　　月　　日	
		教师或企业专家评语：	
		教师或企业专家签字：　　　　　　　日期：　　年　　月　　日	

表 1-2-11　任务检查单

任务名称	组织研学旅行企业人才招聘会		
典型工作过程描述	分析企业人才需求→分析岗位任职标准→制订人才招聘计划→选择人才招聘渠道→确定人才招聘方法→制定人才招聘方案		
学习小组	组长		成员
	分工		
检查内容及检查标准	检查内容		检查标准描述
	操作检查		流程复盘，检查人才招聘操作流程和操作标准
	效果分析		横纵向对比分析，检查人才招聘方案设计优缺点、难点等
	完善改进		提出人才招聘流程的完善和改进措施
检查记录			
检查评价	评价内容及标准		评价结果
	1.复盘检查到位；2.对比分析全面、深刻；3.完善和改进措施具有合理性、可行性、可操作性	学生或小组自查评语：	
		学生或组长签字：	日期：　年　月　日
		教师或企业专家评语：	
		教师或企业专家签字：	日期：　年　月　日

表 1-2-12　任务评估单

任务名称	组织研学旅行企业人才招聘会		
典型工作过程描述	分析企业人才需求→分析岗位任职标准→制订人才招聘计划→选择人才招聘渠道→确定人才招聘方法→制定人才招聘方案		
学习小组	组长		成员
	分工		
评估内容与评估标准	评估内容	评估标准描述	
	完成度	准备充分，计划具体，决策正确，实施顺利，检查全面，评价客观	
	规范性	任务实施符合相关操作流程、操作标准规范	
	创新性	任务实施和操作过程具有一定的创新性	
	时效性	任务准时完成，具有一定的实用性或现实意义	
	成果质量	成果文本完整、准确、条理清晰、通俗易懂、实用	
	总结与反思	能够及时进行总结与反思，且反思与总结较为全面、准确	
评估记录			
评估评价	评价内容及标准	评价结果	
	1.评估内容全面、到位； 2.评估符合相关操作标准； 3.评估准确、客观	学生自评或小组自评评语：	
		学生或组长签字：	日期：　年　月　日
		教师或企业专家评语：	
		教师或企业专家签字：	日期：　年　月　日

学习评价

对组织研学旅行企业人才招聘的学习表现和学习过程进行评价见表 1-2-13、表 1-2-14。

表 1-2-13　学习表现评价表

序号	评价内容	主要考核指标	评价主体																				
			自评（10%）					互评（20%）					师评（40%）					业评（30%）				
			A	B	C	D	E	A	B	C	D	E	A	B	C	D	E	A	B	C	D	E
1	态度（10分）	自主学习、求知欲、好奇心、积极性、抗压性、挑战困难																					
2	出勤（10分）	出勤次数																					
3	合作（25分）	合作态度、合作能力、合作效果																					
4	贡献（25分）	参与讨论、小组贡献、帮助成员																					
5	反思（15分）	反思、总结、改进																					
6	增值（15分）	个人进步、提升																					
7	总计（100分）																						
8	评语		学生					小组					教师					企业				
9	签字及日期		学生： 日期：					组长： 日期：					教师： 日期：					企业： 日期：				

注释：
1. 等级 A、B、C、D、E 赋分标准：10 分（A. 9～10，B. 8～8.9，C. 7～7.9，D. 6～6.9，E. 6 分以下）；
　　　　　　　　　　　　　　　15 分（A. 14～15，B. 12～13.9，C. 10～11.9，D. 8～9.9，E. 8 分以下）；
　　　　　　　　　　　　　　　25 分（A. 24～25，B. 21～23.9，C. 18～20.9，D. 15～17.9，E. 15 分以下）。
2. 评价主体可根据具体任务进行选择，但提倡学生、学生之间、教师和企业四位一体进行评价。
3. 建议学习小组组长实行轮换制

表 1-2-14　学习过程评价表

序号	评价内容	主要考核指标	评价主体																				
			自评（10%）					互评（20%）					师评（40%）					业评（30%）				
			A	B	C	D	E	A	B	C	D	E	A	B	C	D	E	A	B	C	D	E
1	准备（15分）	分工；调研；研讨；学习深度、广度；资料丰度、准度、效度等																				
2	计划（15分）	计划描述或设计方案符合操作标准																				
3	决策（15分）	研讨、论证合理性、可行性，并改进完善																				
4	实施（35分）	流程与标准、实施难度、安全性、经济性、环保性等																				
5	检查（10分）	复盘检查、分析对比、完善和改进等																				
6	评估（10分）	完成度、规范性、创新性、美观度、实用性、时效性、成果质量等																				
7	总计（100分）																					
8	评语		学生					小组					教师					企业				
9	签字及日期		学生：日期：					组长：日期：					教师：日期：					企业：日期：				

注释：

1. 等级 A、B、C、D、E 赋分标准：10 分（A. 9 ~ 10，B. 8 ~ 8.9，C. 7 ~ 7.9，D. 6 ~ 6.9，E. 6 分以下）；

　　　　　　　　　　　　　　15 分（A. 14 ~ 15，B. 12 ~ 13.9，C. 10 ~ 11.9，D. 8 ~ 9.9，E. 8 分以下）；

　　　　　　　　　　　　　　35 分（A. 32 ~ 35，B. 28 ~ 31.9，C. 24 ~ 27.9，D. 21 ~ 23.9，E. 21 分以下）。

2. 评价主体可根据具体任务进行选择，但提倡学生、学生之间、教师和企业四位一体进行评价

教学反馈

对组织研学旅行企业人才招聘会的教学反馈见表1-2-15。

表1-2-15　教学反馈单

任务名称	组织研学旅行企业人才招聘会		
典型工作过程描述	分析企业人才需求→分析岗位任职标准→制订人才招聘计划→选择人才招聘渠道→确定人才招聘方法→制定人才招聘方案		
调研反馈	调研内容	是否满意	理由描述
	学习内容		
	教学方法		
	小组合作		
	任务完成		
	能力培养		
改进建议			
整体评价	A.90～100（　　　），B.80～89（　　　），C.70～79（　　　），D.60～69（　　　），E.0～59（　　　）		

 阅读与思考

一个篮球背后的服务意识

某乘务组执行由斯德哥尔摩－北京的航班。在迎客时，乘务员发现一位小伙子拎着一个鼓鼓囊囊的塑料袋。职业直觉告诉该乘务员应该上前询问一下，于是她一边协助乘客安放行李，一边询问袋子里面装的是什么？原来塑料袋里装了一个黑色打足气的篮球。用手摸着那个硬硬的篮球，乘务员意识到飞机起飞后由于大气压的内外压差变化，这个充满气体的球随时都会发生爆炸，对乘客和飞行安全造成威胁。于是乘务员向乘客说明问题的严重性后，及时报告乘务长，联系地面工作人员，希望给篮球放了气后再带上飞机。由于时间紧张，地面人员一时又找不到气针。然而，这个篮球是当地的一位朋友送给小伙子的礼物，十分珍贵，乘客实在不忍心就此扔掉。

为了保证航班的安全和正点，乘务员积极配合地面人员与乘客协商把球暂时留在斯德哥尔摩，请地面人员负责处理后，由下一个航班带回北京。得到地面人员的支持后，乘客也欣然同意了。当乘务员得知乘客的目的地城市是洛阳时，便将乘客的联系方式记录下来，准备到北京后亲自帮助乘客领取篮球，再想办法早日送到乘客的手中。

在当地办事处和下一个航班乘务组的协助下，篮球很顺利地被带回北京。乘务员迅速联系

到乘客后，小伙子感动地说："真没有想到一个篮球牵动了航空公司那么多工作人员的心，从中也可以看到航空人员对安全问题的重视，以及为乘客服务的承诺。"

思考：案例当中的乘务员有着一颗全心全意为乘客服务的心。我们常说"服务是一种态度，需要热情；服务是一种感觉，需要真诚。"研学旅行活动服务者是研学过程中知识的传递者、合作者和引导者，要将服务意识贯穿到整个研学过程当中，用充满温情与友爱的服务，润物细无声地滋养着每位参加研学的学生。请谈谈什么是服务意识？如何养成良好的服务意识？

 ## 岗课赛证

一、判断题

1. 企业人才招聘的渠道一般有内部招聘和外部招聘两种。（　　　）
2. 招聘评估一般包括对招聘成本的评估和对录用人员的评估两方面。（　　　）

二、多选题

1. 旅行社研学旅行服务岗位包括（　　　）。
   A. 研学旅行计调师　　　　B. 研学旅行外联　　　　C. 研学旅行生活辅导员
   D. 研学旅行指导师　　　　E. 导游
2. 我国旅行社的研学旅行业务主要包括（　　　）。
   A. 组团类业务　　　　　　B. 地接类业务　　　　　C. 文化艺术交流活动
   D. 户外拓展训练　　　　　E. 雅思英语教育培训
3. 研学旅行指导师的岗位职责包括（　　　）。
   A. 负责课程开发　　　　　B. 负责团队接待　　　　C. 负责课程实施
   D. 负责课程提升　　　　　E. 负责安全保障
4. 外部招聘的方式有（　　　）。
   A. 广告招聘　　　　　　　B. 人才市场招聘　　　　C. 校园招聘
   D. 专业机构招聘　　　　　E. 网络招聘　　　　　　F. 内部员工推荐

三、思考题

请对研学旅行指导师职业岗位进行分析，并思考如何才能招聘到适应企业需求的研学旅行指导师？

1.2.7　参考答案

任务三　模拟评审研学旅行基地（营地）

任务描述

　　在掌握《研学旅行基地（营地）设施与服务规范》（T/CATS 002—2019）及实施文件的基础上，选择本地一家研学旅行基地（营地）进行实地参观、考察、走访，并对其进行模拟评审，分析存在问题，提出改进对策与建议。

1.3.1　任务导学

任务要求

任务名称	模拟评审研学旅行基地（营地）		
学时建议	4～6学时		
情境导入	根据《研学旅行基地（营地）设施与服务规范》（T/CAT S002—2019）及评审表，对当地某家研学旅行基地（营地）进行现场审核和认定		
实施场地	校内实训室或校外实训基地		
任务目标	知识目标：能够复述研学旅行基地（营地）的含义、设立条件要求、教育与体验要求、设施与服务要求、安全管理要求及合格认定规定等相关知识		
	能力目标：能根据研学旅行基地（营地）评分表，对研学旅行基地（营地）进行模拟评审，并能通过分析存在的问题，提出改进意见		
	素质目标：养成团队合作能力、项目执行能力、理论联系实际的能力、认真思考和严谨负责的职业素养		
典型工作过程描述	研读标准→制定评审工作方案→实地考察→对标评价→分析问题→对策与建议→出具评审报告		
学习要求	学习内容及过程		
	准备	确定学习方式（学习小组）；课前预习；能力与素质准备；场地和条件准备	
	计划	制订研学旅行基地（营地）评审工作计划	
	决策	论证和修改研学旅行基地（营地）评审工作计划	
	实施	实地考察、对标评价、分析问题、提出对策与建议	
	检查	复盘检查，分析工作任务的难点与不足，并及时进行总结反思	
	评价	对任务的完成度、规范性、创新性、时效性、成果质量、总结与反思情况做出评价	

情境导入

　　某研学旅行基地（营地）准备申报全国研学旅行基地（营地）。假如你是基地（营地）创建小组工作人员，按照《研学旅行基地（营地）设施与服务规范》（T/CAT S002—2019）及实施文件要求，将如何开展申报工作？如何进行自评工作？假如你是评审专家组成员，需要做哪些评审准备？

理论准备

一、研学旅行基地（营地）认定依据

　　2013年《国民休闲旅游纲要》中明确提出：在放假时间总量不变的情况下，高等学校可结合实际调整寒、暑假时间，地方政府可以探索安排中小学放春假或秋假，并提出了要"逐步推行中小学生研学旅行"。2016年，原国家旅游局（现文化旅游部）在全国组织开展了"中国研学旅游目的

地"和"全国研学旅游示范基地"品牌认定活动。2018 年，教育部办公厅发布了《关于开展"全国中小学生研学实践教育基（营）地"推荐工作的通知》，开启了全国中小学生研学实践教育基地（营地）认定工作。2019 年，中国旅行社协会与高校毕业生就业协会联合发布《研学旅行基地（营地）设施与服务规范》（T/CATS 002—2019）（以下简称《规范》），为研学旅行市场提供了行业标准，也对研学基地（营地）标准化、规范化建设起到了至关重要的作用。

《规范》是目前全国研学旅行基地（营地）认定的主要依据。《规范》规定了中国境内研学旅行基地（营地）作为旅行社研学旅行线路产品资源供应商的认定准入标准，包括基地创办原则、基本设立条件和要求、教育与体验、设施与服务、安全管理及合格认定。

二、研学旅行基地（营地）含义

《规范》中指出：研学旅行基地（营地）是指自身或周边拥有良好的餐饮住宿条件、必备的配套设施，具有独特的研学旅行资源、专业的运营团队、科学的管理制度以及完善的安全保障措施，能够为研学旅行过程中的学生提供良好的学习、实践、生活等活动的场所。

1.3.2 研学旅行政策推行演进图

1.3.3 《研学旅行基地（营地）设施与服务规范》(T/CATS 002—2019)

三、研学旅行基地（营地）创办原则

（一）教育性原则

基地应结合学生身心特点、接受能力和实际需要，注重系统性、知识性、科学性和趣味性，为学生全面发展提供良好成长空间。

（二）实践性原则

基地应因地制宜，呈现地域特色，引导学生走出校园，在与日常生活不同的环境中拓宽视野、丰富知识、了解社会、亲近自然、参与体验。

（三）安全性原则

基地应始终坚持安全第一，配备安全保障设施，建立安全保障机制，明确安全保障责任，落实安全保障措施，确保学生的安全。基地应远离地质灾害和其他危险区域，有完整的针对研学旅行的接待方案和安全应急预案。

（四）公益性原则

基地应把谋求社会效应放在首位。基地应对经当地相关主管部门核准为贫困家庭的学生减免费用。

四、研学旅行基地（营地）设立条件要求

按照《规范》的规定，研学旅行基地（营地）设立条件主要有：

（一）资质条件

（1）应具备法人资质。

（2）应具备相应经营资质和服务能力。

（3）应具有良好的信誉和较高的社会知名度。

（4）应取得工商、卫生、消防、食品、公安、旅游等管理部门颁发的许可经营证照。

（5）应正式对社会公众开放满 1 年，且 1 年以内无任何重大环境污染及负主要责任的安全事故。

（二）场所条件

（1）规模适当，容量应能满足开展研学旅行活动的需求，自身或合作单位能够保证学生的就餐、住宿等。

（2）应具备基本的医疗保障条件，配备有数量适宜的专职医护人员。

（3）基地内水、电、通信、无线网络等应配套齐全，运行正常。

（4）应建设或规划由室内或室外场所构成的专门研学场地或教室，确保学生活动的安全性，特殊设备须具备主管单位的检测验收报告。

（5）室外研学场地应布局合理的游览路线与完善的交通设施，保证通行顺畅，方便游览与集散。

（6）基地内景点类的游览路线设计应与研学主题或相应景点景观相关。

（7）应具备健全的安全设施与管理制度，保证营运秩序良好、管理人员到位。

（8）应有相应的旅行接待设施、基础配套设施，保证布局合理、环境整洁、安全卫生达标。

（三）专业人员要求

（1）要建立专兼职相结合、相对稳定的研学旅行指导师队伍，应至少配备3名具有省级及以上行政主管部门或专业社会组织颁发的研学旅行指导师职业证书的专职研学旅行指导师，且兼职研学旅行指导师应具有与研学课程相匹配的专业优势。

（2）应为每项研学旅行活动配置1名项目组长，项目组长全程随团活动，负责统筹协调研学旅行各项工作。

（3）应至少为每个研学旅行团队配置相应数量的安全员（学生与安全员的比例不低于30∶1），安全员在研学旅行过程中随团开展安全教育和防控工作。

（4）应为每个研学旅行团队配置数量适宜的经专业机构认证的专兼职研学旅行指导师（学生与研学旅行指导师的比例不低于30∶1），研学旅行指导师负责制订研学旅行教育工作计划，在其他工作人员的配合下提供研学旅行教育服务。

（5）应指定一名中高级管理人员接受专业培训并考试合格后担任基地内审员。基地内审员应对照本标准及相关工作要求，检查所在基地的达标情况，敦促基地管理层就所存在的问题及时整改。

（6）建立研学旅行指导师全员培训制度，组织专兼职研学旅行指导师跨学科、跨专业进修，提升观察、研究、指导学生的能力，培养综合性研学旅行指导师队伍，为更好地开展研学旅行培养师资力量。

（7）应保证所有上岗人员无犯罪记录且具备各类行业相关资格证书，精神状态和身体健康状态能够胜任各自负责的工作内容。

（8）基地接受委托开展研学旅行活动，应要求委托方至少派出一人作为代表，负责督导研学旅行活动按计划开展。

（四）服务人员要求

（1）应有与学生数量相匹配的，为其提供各类研学旅行相关配套服务的专业服务人员。

（2）应遵守服务时间，坚守岗位，举止文明，热情服务。

（3）应掌握一定的医学知识与灾害应急常识，熟悉基地内的医疗服务点、紧急避险通道等。

（4）应有遇突发情况能够自救和帮助游客进行避险逃离的能力。

（5）应掌握基本的法律常识、宗教信仰和民族习惯等方面的知识。

（6）应进行专业岗位培训，宜每年参加一次相关专业培训，熟练掌握本岗位业务知识和技能。

（五）构成要素

（1）应具有较高观赏价值、历史价值、文化价值或科学价值，该类价值在本地具有一定的教育意义。

（2）应有丰富的研学产品，提供知识性、趣味性的体验与互动项目，配有体现寓教于乐功能的专用设施和研习交流场所。

（3）在文化知识普及方面应具备可供宣传教育的基础，在观光游览和休闲度假方面应具有较高开发利用价值或较大影响力。

（4）以科技、文化、历史、革命教育、体育、生物、影视、动漫、探秘、拓展等为特色，应至少具备一个主题。

（5）以培养团队协作能力、动手实践能力、自理自立能力、纪律约束能力，传统文化教育、传统民俗展示、爱国主义教育、科技知识教育、生态文明教育、体能训练等为主，应至少具备以上两项研学功能，满足研学活动需求。

（六）环境与卫生条件

（1）环境空气质量和声环境应符合《环境空气质量标准》（GB 3095—2012）的要求。

（2）污水排放应符合《污水结合排放标准》（GB 8978—1996）的要求。

（3）厕所应符合《旅游厕所质量等级的划分与评定》（GB/T 18973—2022）的要求，保证等级至少达到二星级，其图示标志应符合《生活垃圾分类标志》（GB/T 19095—2019）的要求。

（4）垃圾桶数量与布局合理，标识明显，分类设置，垃圾及时清扫，应与环境相协调，无堆积、无污染。

（5）应建立传染性疾病预防措施，并符合相关要求。

（6）应及时预报雨雪、雷电、紫外线指数及灾害性天气。

（7）应具备完善的卫生与医疗管理规范和措施，定期进行检查。

（8）服务人员应按规定进行体检，个人卫生符合行业有关规定。

（9）生活饮用水应符合《生活饮用水卫生标准》（GB 5749—2022）的要求，保证用水便利，饮水管理规范、安全。

（10）餐厅卫生应符合《餐厅卫生标准》（GB 16153—1996）的要求，餐饮、餐具的消毒卫生应符合《食品安全国家标准消毒餐（饮）具》（GB 14934—2016）的要求。

（11）洗浴卫生应符合公共浴室卫生相关标准的要求。

五、研学旅行基地（营地）教育与体验要求

（一）课程要求

（1）各类课程的开展、设置应由中小学或中高等教育院校和相关主管部门共同规划、设计，并做详细记录。

（2）应根据基地的主题，编制研学旅行解说教育大纲，凸显本地的资源或文化特色。

（3）应设计与学校教育内容相衔接的课程，学习目标明确、主题特色鲜明、富有教育功能。

（4）研学课程应融入理想信念教育、爱国主义教育、革命传统教育、国情省情教育、文化传承教育、学科实践教育等内容。

（5）应设计不同学龄段学生使用的研学教材，内容编排合理，保证教育性、实践性强。

（6）课程体系设计应较为科学、完整、丰富，教材、解说词内容规范，符合相关要求。

（二）课程体系要求

（1）应从学生的真实生活和发展需要出发，从生活情境中发现问题，转化为活动主题，通过探究、服务、制作、体验等方式，培养学生综合素质的跨学科实践性课程。

（2）至少具备但不限于以下一项能力培养的课程：

①以培养学生体能和生存适应能力为主要目的，如徒步、露营、拓展、生存与自救训练等。

②以培养学生自理能力和动手实践能力为主要目的，如综合实践、生活体验训练、内务整理、手工制作等项目。

③以弘扬传统民俗、历史文化或红色爱国主义教育为主要目的，如各类参观、游览、讲座、诵读、阅读等。

④以培养学生的情感能力和纪律约束能力为主要目的，如思想品德养成教育活动以及团队游戏、情感互动、才艺展示等。

⑤以培养学生观察能力、提高科学素养为主要目的，如游览自然生态景观、实验室、博物馆、科研机构等。

（3）建立健全课程教研制度，配备专兼职研学活动教研员，及时分析、解决课程实施中遇到的问题，提高课程实施的有效性。

（三）课程安排要求

（1）根据教育部门的教育教学计划、目标学生学龄段以及地域特色科学设计、灵活安排研学课程及相关活动的时间和内容。

（2）应基于基地实际，于研学旅行开展前指导学生做好准备工作并提前告知家长此次研学课程具体内容。

（3）每个研学旅行团体在本基地内的体验教育课程项目，小学阶段宜不少于 60 分钟、初中阶段时间宜不少于 90 分钟、高中阶段宜不少于 120 分钟。

（4）研学旅行过程中组织学生参与教育课程项目，指导学生撰写研学日记或调查报告。

（5）研学旅行结束后应组织学生分享心得体会，如组织征文展示、分享交流会等。

（6）在实施过程中，随着活动的不断展开，基地研学旅行指导师有能力或可以配合随团教师指导学生，使学生可根据实际需要，对活动的目标与内容、组织与方法、过程与步骤等做出动态调整，使活动不断深化。

（7）课程设计及实施应有利于教育机构采用实质性评价方式，即有利于教育机构将学生在综合实践活动中的各种表现和活动成果作为分析考察课程实施状况与学生发展状况的重要依据，有利于对学生的活动过程和结果进行综合评价，避免将评价简化为分数或等级。

（四）研学路线要求

（1）应结合自身地理位置和周边资源，规划设计与所安排的研学课程相关的研学实践教育路线。

（2）应至少提供两条以上的研学实践教育路线，每条路线均应包括以周边资源和环境相结合的外部路线和以基地规划和配套设施相结合的内部路线，保证路线设置便捷、合理，与基地研学主题协调一致。

（3）应保证研学旅行线路有较强的针对性、可操作性、安全性。

（五）质量评估要求

（1）建立研学课程的教育效果测评制度，真实反映学生知识、技能的掌握情况，持续改进教育服务。

（2）做好写实记录和归档工作，研学活动记录、事实材料要真实、有据可查，应分类整理、编排、汇总、归档，为质量评估与提升提供必要支撑。

（3）采取问卷调查方式，收集学生对活动开展的满意度测评。

（4）定期征求、收集学生家长对研学实践教育活动的看法和评价。

（5）学生所在学校应在研学旅行活动结束后对基地各项工作进行综合评价。

（6）宜建立与学校、学生及家长实时沟通的网络平台。

六、研学旅行基地（营地）设施与服务要求

（一）教育设施要求

（1）应根据不同研学教育主题以及不同年龄段的学生配备相应的研学场地和设施。

（2）应根据研学旅行教育服务计划，配备相应的教学辅助设施，如计算机、多媒体、实验室、教具等。

（3）应对不同类型的研学旅行课程设置相应的演示、体验、实践的设施。

（二）导览设施要求

（1）应提供全景、线路、景物、位置和参观等标识标牌。

（2）应在售票处、服务中心、厕所、餐饮、购物、食宿等场所设置服务指示设施。

（3）应在外部交通、景区内道路、停车场等设置交通导览设施。

（4）应在医疗救护区、危险地段、安全疏散通道、质量投诉和参观线路设置导览设施。

（三）配套设施要求

1. 餐厅

（1）选址科学，布局合理，其面积、就餐设施满足接待要求。

（2）宜设置学生食堂，实行营养配餐，用餐卫生、方便快捷。

（3）餐饮服务人员应定期体检，持健康证上岗。

2. 交通

（1）应有县级以上的直达公路，站牌指示醒目。

（2）内部交通应安全通畅。

（3）交通工具设施完好、整洁，宜使用绿色清洁能源。

（4）停车场、游步道等旅游交通应符合《风景旅游道路及其游憩服务设施要求》（LB/T 025—2013）的要求。

3. 住宿

（1）应保证选址科学，布局合理，便于集中管理。

（2）学生宿舍应配有沐浴设施、床铺及床上用品、存储柜等。

（3）酒店类住宿的总体服务质量和安全管理应符合《旅游饭店星级的划分与评定》（GB/T 14308—2023）的要求。

（4）集体住宿应男女分室，保证设施安全、卫生洁净。

（5）宜设野外露营点，选址科学合理，符合《休闲露营地建设与服务规范》（GB/T 31710.3—2015）中第 3 部分：帐篷露营地的要求。

4. 安全设施

基地自身及食宿合作单位的安全设施均应符合以下条件：

（1）应配置齐全，包括流量监控、应急照明灯、应急工具、应急设备和处置设施。

（2）应标识醒目，包括疏散通道、安全提示和指引标识等。

（3）应在出入口等主要通道和场所安装闭路电视监控设备，实行全天候、全方位录像监控，保证电子监控系统健全、有效，影像资料保存 15 天以上。

（4）基地内禁止存放易燃、易爆、腐蚀性及有碍安全的物品。

（5）应设有安全和紧急避险通道，配置警戒设施。

（6）大型活动场所的安全通道和消防设备应有专人负责，确保设施完好有效。

（7）住宿场所应配有宿舍管理人员负责学生安全，安排保安人员昼夜值班巡逻，保障学生的财产和人身安全。

（8）应配备消防栓、灭火器、逃生锤等消防设备，保证防火设备齐备、有效。

（9）应保证消防通道畅通，消防安全标识完整、清晰，位置醒目。

（10）消防应急照明和疏散指示系统应符合《消防应急照明和疏散指示系统》（GB 17945—2010）的要求。

（11）基础救护设备应齐备完好，与周边医院有联动救治机制。

（12）应设有治安机构或治安联防点，与周边公安、消防等机构有应急联动机制。

（13）危险地带（如临水、交通沿线）应设置安全护栏和警示标志，并保证其醒目、健全。

（14）游览娱乐设施的使用及维护应符合《大型游乐设施安全规范》（GB 8408—2018）的要求。

（15）出入口应方便游客集散，紧急出口标志明显、畅通无阻。

七、研学旅行基地（营地）安全管理要求

（1）应制定研学旅行活动安全预警机制和应急预案，建立科学有效的安全保障体系，落实安全主体责任。

（2）应有针对性地对参与研学旅行师生进行安全教育与培训，帮助其了解有关安全规章制度，掌握自护、自救和互救方面的知识和技能。

（3）应设立安全责任机制，与参加研学旅行学生家长和开展研学旅行的相关企业或机构签订安全责任书，明确各方安全责任。

（4）应设置安全管理机构，建立安全管理制度，建立安全事故上报机制，配备安全管理人员和巡查人员，有常态化安全检查机制和安全知识辅导培训。

（5）应为研学旅行学生购买在基地活动的公共责任险，并可根据特色活动需求建议或者协助学生购买相应特色保险。

（6）应建立健全服务质量监督保证体系，明确服务质量标准和岗位责任制度。

（7）应建立健全投诉与处理制度，保证投诉处理及时、公开、妥善，档案记录完整。

（8）应对基础设施进行定期管理，建立检查、维护、保养、修缮、更换等制度。

（9）宜建立结构合理的专职、兼职、志愿者等相结合的基地安全管理队伍。

八、研学旅行基地（营地）合格认定规定

合格认定应以《规范》规定的全部条件（"宜、可"项目除外）为依据。

（1）全国研学旅行基地认定委员会（以下简称"认定委员会"）负责组织全国研学旅行基地（营地）的认定准入工作，制定认定工作的实施办法，对申请认定的单位进行认定。

（2）经认定委员会审核认定达标的基地，认定委员会应做出批准其为全国研学旅行基地（营地）的批复，并授予证书和标志牌。基地证书和标志牌由认定委员会统一制作、核发。

（3）全国研学旅行基地（营地）标志牌的有效期为三年。对已经获得证书和标志牌的基地实施动态管理，有效期期间每年应通过年度复核检查，期满后应进行重新认定。

（4）对于经复核认定达不到标准要求的，认定委员会应做出撤销全国研学旅行基地（营地）的批复。

（5）经认定委员会审核认定达到标准要求的基地，认定委员会将根据工作安排及时予以公示，并在中国旅行社协会官方网站、官方微信上同时公告，并向全体会员及合作媒体进行推介。

九、研学旅行基地（营地）评定打分表

目前，全国研学旅行基地（营地）的认定，主要依据《规范》来进行，见表1-3-1。

表 1-3-1　《全国研学旅行基地（营地）设施与服务》(T/CATS 002—2019）评分表（2021 年适用版）

序号	评分项目	大项总分	分项总分	次项总分	小项分值	自查打分	省级打分	终评打分
1	**资质条件**	**25**						
*1.1	建设与运营应依法合规		2					
	建筑、附属设施设备、服务项目和运行管理符合国家现行的安全、消防、卫生、环境保护、劳动合同等有关法律、法规和强制性标准的规定与要求			2				
	建筑、附属设施设备、服务项目和运行管理等，有任意一项不符合国家现行的安全、消防、卫生、环境保护、劳动合同等有关法律、法规和强制性标准的规定与要求			0				
1.2	配套食宿接待服务设施（不重复计分）		4					
	自有配套食宿接待设施及服务			4				
	部分自有配套并协调周边 1 公里^①范围以内场所，能够同时提供食宿接待服务			2				
	能协调周边 1 公里范围以内的场所提供食宿接待服务			1				
	周边 1 公里内无法提供自有食宿场所，也无法协调合作的食宿场所			0				
*1.3	单团一次接待能力		2					
	拥有单团一次接待至少 200 人团队的接待能力			2				
	单团一次接待能力不足 200 人			0				
1.4	上一年度组织和接待中小学生研学旅行人次（不重复计分）		5					
	组织和接待人次 ≥ 8 万			5				
	5 万 ≤ 组织和接待人次 < 8 万			3				
	2 万 ≤ 组织和接待人次 < 5 万			1				
	组织和接待人次 < 2 万			0				
*1.5	与餐饮、住宿、娱乐等各类供应商规范地签订合同，并对其资质进行严格审核		3					
*1.6	与中小学学校或旅行社等机构规范签订合同并对其组团资质及其他相关资质进行严格审核		3					
1.7	创建中国 A 级旅游景区		3					
	中国 AAAAA 级旅游景区			3				
	中国 AAAA 级旅游景区			2				
	中国 AAA 级旅游景区			1				
	中国 AA、A 级景区，或未参与 A 级景区评定的			0				
*1.8	具有良好的信誉和较高的社会知名度		3					
	得分小计	25	25	——				
	得分率（%，小数点后保留 1 位）							
2	**场所条件**	**45**						
*2.1	产权关系（不重复计分）		3					
	有独立产权的营业场所			3				
	有租赁使用权达 5 年及以上的营业场所			2				
	拥有 5 年及以上运营权的营业场所			1				
	营业场所的租赁期限或运营权均不足 5 年			0				

---

① 1 公里 =1 000 米。

续表

序号	评分项目	大项总分	分项总分	次项总分	小项分值	自查打分	省级打分	终评打分
2.2	综合面积		6					
2.2.1	占地面积（不重复计分）			3				
	占地面积≥3万平方米				3			
	2万平方米≤占地面积<3万平方米				2			
	1万平方米≤占地面积<2万平方米				1			
	占地面积<1万平方米				0			
2.2.2	建筑面积（不重复计分）			3				
	建筑面积≥8万平方米				3			
	5万平方米≤建筑面积<8万平方米				2			
	3万平方米≤建筑面积<5万平方米				1			
	建筑面积<3万平方米				0			
*2.3	正式经营时长（不重复计分）		3					
	正式成立并营业满3年				3			
	正式成立并营业满2年				2			
	正式成立并营业1年以上				1			
	正式成立并营业不满1年				0			
*2.4	水、电、气、油、压力容器、管线等设施设备应安全有效运行，通信、无线网络等配套齐全，运行正常		1					
2.5	餐厅		6					
*2.5.1	选址科学，布局合理，其面积、就餐设施满足接待要求			2				
2.5.2	设有专门的学生食堂，实行营养配餐，用餐卫生，方便快捷			2				
*2.5.3	餐饮服务人员定期体检，持健康证上岗			2				
2.6	住宿		6					
*2.6.1	选址科学，布局合理，便于集中管理，其面积、住宿设施满足接待要求			2				
2.6.2	设有专门学生宿舍，男女分舍，保证沐浴设施、床铺及床上用品、存储柜等安全卫生			2				
2.6.3	设有选址科学合理、安全合规的野外露营点			2				
2.7	设有符合现行公共厕所相关国家标准规定的厕所		2					
2.8	交通		3					
	可进入性			1				
*2.8.1	可进入性良好，有县级以上的直达公路或旅游专线等便捷交通工具，站牌指示醒目				1			
	不具备较好的可进入性				0			
2.8.2	内部交通设施完善，保证安全通畅，方便游览与集散			1				
2.8.3	内部交通设施使用绿色清洁能源			1				
2.9	导览		3					
*2.9.1	全景、线路、景物、位置和参观线路等各类标识标牌，售票处、服务中心、厕所、餐饮、购物、食宿等场所的服务指示设施，外部交通、内部道路、停车场等的交通导览设施，医疗救护区、危险地段、安全疏散通道、质量投诉、安全提示和指引标识等，设计与位置合理，导向清晰，富有特色，能够烘托总体环境			2				

序号	评分项目	大项总分	分项总分	次项总分	小项分值	自查打分	省级打分	终评打分
2.9.2	研究论著、科普读物、综合画册、音像制品、导游图等研学信息资料内容准确，契合主题，特色鲜明，品类丰富，及时更新				1			
2.10	安全			12				
*2.10.1	安全设施配置齐全，标识醒目				5			
*2.10.2	基础救护				2			
	基地内部基础救护设备应齐备完好，与周边医院有联动救治机制				2			
	基地内部基础救护设备或与周边医院的联动救治机制缺失或不能有效发挥作用				0			
*2.10.3	治安保障				2			
	设有治安机构或治安联防点，与周边公安部门有应急联动机制				2			
	未设置治安机构或治安联防点且未与周边公安部门建立应急联动机制				0			
*2.10.4	监控设施				2			
	在出入口等主要通道和场所安装闭路电视监控设备，实行全天候、全方位录像监控，保证电子监控系统健全、有效，影像资料保存 15 天以上				2			
	在出入口等主要通道和场所安装闭路电视监控设备缺失，不能实现全天候、全方位录像监控，或电子监控系统失效，或影像资料保存不足 15 天				0			
2.10.5	周边派出所				1			
	30 公里内有派出所				1			
	30 公里内无派出所				0			
	得分小计	45	45	——	——			
	得分率（%，小数点后保留 1 位）							
3	**人员配备**	**70**						
3.1	专业人员要求		40					
*3.1.1	配备符合《研学旅行指导师（中小学）专业标准》（T/CATS001—2019）要求的专职研学旅行指导师（不重复计分）			15				
	8 名及以上				15			
	4 名及以上				9			
	3 名				6			
	少于 3 名				0			
*3.1.2	为每个研学旅行团队配置数量适宜的专兼职研学旅行指导师（学生与研学旅行指导师的比例不低于 50：1）			4				
*3.1.3	为每个研学旅行团配置 1 名项目组长，项目组长全程随团活动，负责统筹协调研学旅行各项工作			3				
*3.1.4	至少为每个研学旅行团队配置相应数量的安全员（学生与安全员的比例不低于 50：1），安全员在研学旅行过程中随团开展安全教育和防控工作			3				
*3.1.5	指定 1 名中高级管理人员担任基地内审员			3				
*3.1.6	基地接受委托开展研学旅行活动，应在合同或经双方确认的活动方案中明确要求委托方至少派出 1 人作为代表，负责督导研学旅行活动按计划开展			2				

序号	评分项目	大项总分	分项总分	次项总分	小项分值	自查打分	省级打分	终评打分
3.1.7	建立研学旅行指导师全员培训制度，组织专兼职研学旅行指导师跨学科、跨专业进修，提升观察、研究、指导学生的能力，培养综合性研学旅行指导师队伍，为更好地开展研学旅行培养师资力量				6			
3.1.8	对符合《研学旅行指导师（中小学）专业标准》（T/CATS 001—2019）要求的研学旅行指导师，给予门票减免或优惠政策并向社会公示				4			
3.2	服务人员要求			16				
*3.2.1	有与学生数量相匹配的，为其提供各类研学旅行相关配套服务的专业服务人员				3			
3.2.2	遵守服务时间，坚守岗位，举止文明，热情服务，熟悉工作环境，掌握基本的法律常识、宗教信仰和民族习惯等方面的知识				3			
3.2.3	掌握一定的医学知识与灾害应急常识，熟悉基地内的医疗服务点、紧急避险通道等，有遇突发情况能够自救和帮助游客进行避险逃离的能力				4			
3.2.4	进行专业岗位培训，宜每年参加一次相关专业培训，熟练掌握本岗位业务知识和技能				6			
3.3	人才保障激励机制			14				
3.3.1	建立完善的研学旅行指导师、优秀服务及专业人才、管理人才等保障机制：办理养老保险、医疗保险、失业保险、生育保险和工伤保险；办理住房公积金				7			
3.3.2	建立完善的、有效的研学旅行指导师、优秀服务及专业人才、管理人才等的激励制度：薪酬激励制度、职务晋升激励制度、奖优倡优激励制度、福利激励制度等				7			
	得分小计	70	70	——	——			
	得分率（%，小数点后保留1位）							
4	教育与体验	100						
*4.1	各类课程应与中小学学校、中高等教育院校、教育科研机构或相关主管部门共同规划、设计				6			
4.2	各类课程设计阶段，应根据学生的年龄和能力，引导学生适度参与到方案设计当中				3			
	主题教育（不重复计分）				6			
*4.3	5种及以上					6		
	2种及以上					3		
	1种					1		
	主题特色不鲜明					0		
4.4	研学路线				12			
	研学路线数量（不重复计分）				6			
*4.4.1	5条及以上					6		
	3条及以上					3		
	2条					1		
	1条					0		

序号	评分项目	大项总分	分项总分	次项总分	小项分值	自查打分	省级打分	终评打分
4.4.2	结合自身地理位置和周边资源，规划设计研学实践教育路线，且每条路线均应包括以周边资源和环境相结合的外部路线和以基地规划和配套设施相结合的内部路线，保证路线设置便捷、合理，与基地研学主题协调一致			3				
4.4.3	保证研学旅行线路有较强的针对性、可操作性、安全性			3				
*4.5	能力培养（不重复计分）		6					
	5项及以上			6				
	3项及以上			3				
	2项			2				
	1项			0				
*4.6	应基于基地实际，于研学旅行开展前，指导学生做好知识准备工作、安全注意事项等，并提前告知家长此次研学课程具体内容		4					
*4.7	每个研学旅行团体在本基地内的单个体验教育课程项目，小学阶段宜不少于60分钟、初中阶段时间宜不少于90分钟、高中阶段宜不少于120分钟		3					
4.8	研学旅行过程中组织学生参与教育课程项目，指导学生撰写研学日记或调查报告等		4					
4.9	研学旅行结束后应组织学生分享心得体会，如组织征文展示、分享交流会等		4					
4.10	课程和学校教学计划与内容相衔接，学习目标明确、主题特色鲜明、富有教育功能		5					
4.11	设计不同学龄段学生使用的研学教材，内容编排合理，保证教育性、实践性强		5					
4.12	根据基地的主题，编制研学旅行解说教育大纲，凸显本地的资源或文化特色		5					
4.13	设计实施跨学科实践性课程，能从学生的真实生活和发展需要出发，从生活情境中发现问题，转化为活动主题，通过探究、服务、制作、体验等方式，培养学生的综合素质		5					
4.14	为不同研学教育主题以及不同年龄段的学生配备相应的研学场地和演示、体验、实践的设施		4					
4.15	质量评估		20					
4.15.1	在实施过程中，随着活动的不断展开，基地研学旅行指导师有能力或可以配合随团教师指导学生，并根据学生实际反馈情况，对活动的目标与内容、组织与方法、过程与步骤等做出动态调整，使活动不断深化			4				
4.15.2	课程设计及实施应有利于教育机构（中小学）采用质性评价方式			4				
*4.15.3	建立研学课程的教育效果测评制度，能够持续改进基地的研学教育服务与设施			8				
*4.15.4	建立与学校、学生、家长实时沟通的网络平台			4				

序号	评分项目	大项总分	分项总分	次项总分	小项分值	自查打分	省级打分	终评打分
*4.16	上一年度研学旅行抽样调查平均满意度（不重复计分）		8					
	满意度达到95%			8				
	满意度达到92%			4				
	满意度达到85%			2				
	满意度低于85%			0				
	得分小计	100	100	——	——			
	得分率（%，小数点后保留1位）							
5	**安全管理**	**35**						
*5.1	设置内部安全管理机构，建立系统完备的安全管理制度，建立岗位安全责任制和安全事故上报机制，保证营运秩序良好、管理人员到位，配备安全管理人员和巡查人员，有常态化安全检查机制和安全知识辅导培训		5					
*5.2	有地震、火灾、食品卫生与安全、公共卫生、治安事件、设施设备突发故障等各项突发事件应急预案，有培训、演练计划和实施记录		6					
*5.3	应设立相关方安全责任机制，与参加研学旅行学生家长和开展研学旅行的相关企业或机构签订安全责任书，明确各方安全责任		3					
*5.4	基地内禁止存放易燃、易爆、腐蚀性及有碍安全的物品		2					
*5.5	住宿场所应配有宿舍管理人员负责学生安全，安排保安人员昼夜值班巡逻，保障学生的财产和人身安全		4					
*5.6	有针对性地对参与研学旅行师生进行安全教育与培训，帮助其了解有关安全规章制度，掌握自护、自救和互救方面的知识和技能		4					
5.7	建立结构合理的专职、兼职、志愿者等相结合的基地安全管理队伍		3					
*5.8	切实发挥保险保障和补偿作用		8					
	已投保公众责任险，且已投保无清单方式承保的未成年人意外伤害保险（含意外医疗、急性病医疗责任；含住院费用垫付等应急服务），总保额达1 500万元			8				
	已投保公众责任险，且已投保无清单方式承保的未成年人意外伤害保险（含意外医疗、急性病医疗责任；含住院费用垫付等应急服务），保额达1 000万元			5				
	已投保公众责任险，但未投保无清单方式承保的未成年人意外伤害保险（含意外医疗、急性病医疗责任；视频医生初诊、住院费用垫付等应急服务）			2				
	未投保公众责任险			0				
	得分小计	35	35	——	——			
	得分率（%，小数点后保留1位）							
6	**服务管理**	**25**						
6.1	有组织机构图和部门组织机构图，有完善的规章制度、服务标准、管理规范和操作程序，适时更新并保留更新记录		7					
6.2	设置服务监督管理部门及投诉处理部门		4					

序号	评分项目	大项总分	分项总分	次项总分	小项分值	自查打分	省级打分	终评打分
6.3	建立健全服务质量监督保证体系,明确服务质量标准和岗位责任制度,有检查、问责和改进记录		7					
6.4	建立健全的投诉与处理制度,保证投诉处理及时、公开、妥善,档案记录完整		7					
	得分小计	25	25	——	——			
	得分率(%,小数点后保留1位)							
7	加分项	10						
7.1	教育价值:具有较高历史价值、文化价值或科学价值,该类价值在本地具有较高的教育意义		3					
7.2	旅游价值:在观光游览、休闲度假、沉浸体验等方面具有较高开发利用价值或较大影响力,并在本地具有较高的独特性		3					
7.3	坚持公益性原则开展研学旅行业务,积极承担社会责任		4	——	——			
	得分小计	10	10	——	——			
	总得分					——	——	——
	总得分率(%,小数点后保留1位)							

达标条件:

1. 必备条件:标 * 的为必备条件。对照标准检查时,任意一项必备条件为 0 分,则停止后续打分程序。

2. 评价内容分为资质条件(25 分)、场所条件(45 分)、人员配备(70 分)、教育与体验(100 分)、安全管理(35 分)、质量管理(25 分)6 个大项,总分 300 分,不含加分项(10 分)。达标单位的最低得分线为 255 分,且各大项最低得分率为 80%。公式为:得分率=该项实际得分 / 该项标准总分 ×100%

任务操作

按照准备、计划、决策、实施、检查和评估六步法的要求，与学习小组共同完成"模拟评审研学旅行基地（营地）"系列任务操作单（表1-3-2～表1-3-7）。

表1-3-2 任务准备单

任务名称	模拟评审研学旅行基地（营地）		
典型工作过程描述	研读标准→制定评审工作方案→实地考察→对标评价→分析问题→对策与建议→出具评审报告		
学习小组	组长		成员	
	分工			
准备内容及操作标准	准备内容	操作标准描述（请在相关括号内勾选或填写）	
	组建学习小组	小组组建方式：教师随机分配（　　），自愿组合（　　），其他方式（　　）；是否进行分工合理性论证（　　）；是否建立小组内部合作机制（　　）	
	课前预习	教材知识学习方法：小组学习（　　），自学（　　）； 其他学习资讯（资料）获取方法：网络（　　），图书（　　），采访调研（　　），小组座谈（　　），通信咨询（　　），其他（　　） 相关资讯描述（列出主要咨询的名称、内容及类型。其中，类型是指文本资源、音频资源、视频资源、图片资源等）	
	能力与素质	观察与判断能力（　　）；分析与解决问题的能力（　　）；团队合作能力（　　）	
	场地与条件	选择的模拟演示场地为（　　）； 用到的相关设施设备有（　　），是否熟练操作（　　）； 其他相关场地与条件需求（　　）	
准备评价	评价内容及标准	评价结果	
	1. 小组分工合理； 2. 预习具有深度、广度及资料丰度、准度、效度等； 3. 能力与素质准备充分； 4. 场地与条件准备完善	学生或小组自查评语：	
		学生或组长签字：	日期：　　年　　月　　日
		教师或企业专家评语：	
		教师或企业专家签字：	日期：　　年　　月　　日

表 1-3-3　任务计划单

任务名称	模拟评审研学旅行基地（营地）			
典型工作过程描述	研读标准→制定评审工作方案→实地考察→对标评价→分析问题→对策与建议→出具评审报告			
学习小组	组长		成员	
	分工			
计划步骤或内容及操作标准	计划步骤或内容		操作标准描述	
	研读相关标准		熟悉和掌握研学旅行基地（营地）设立条件、教育与体验、设施与服务、安全管理等相关评价标准	
	制订模拟评审工作计划		（1）成立评审小组。 （2）明确评审任务与人员分工。 （3）选择评审对象。 （4）与评价对象对接相关工作（包括说明意图、目的等）。 （5）确定实地考察时间、重点考察内容。 （6）确定现场评审的时间、用时等。 （7）列出评审报告大纲	
计划描述				
计划评价	评价内容及标准		评价结果	
	1.对相关标准、要求等理解正确，并能进行解读； 2.工作方案全面、具体，步骤清晰； 3.工作流程符合操作标准		学生或小组自查评语：	
			学生或组长签字：	日期：　　年　　月　　日
			教师或企业专家评语：	
			教师或企业专家签字：	日期：　　年　　月　　日

表1-3-4　任务决策单

任务名称	模拟评审研学旅行基地（营地）		
典型工作过程描述	研读标准→制定评审工作方案→实地考察→对标评价→分析问题→对策与建议→出具评审报告		
学习小组	组长		成员	
	分工			
决策内容及操作标准	决策内容	操作标准描述		
	研读相关标准	（1）能够复述标准主要内容。 （2）对标准解读正确		
	制订模拟评审工作计划	（1）评价小组分工合理。 （2）选择的评审对象具有典型性、代表性。 （3）与评审对象对接顺利，或者遇到困难能够解决。 （4）实地考察考虑全面、相关环节安排得当。 （5）模拟评审的时间、用时等安排合理、可行。 （6）评审报告大纲合理、可行		
决策记录				
决策评价	评价内容及标准	评价结果		
	1.熟悉相关标准，并能够形成评审思维和评审标准； 2.模拟评审工作方案翔实、具体，具有可操作性	学生或小组自查评语：		
		学生或组长签字：	日期：　年　月　日	
		教师或企业专家评语：		
		教师或企业专家签字：	日期：　年　月　日	

表 1-3-5 任务实施单

任务名称	模拟评审研学旅行基地（营地）		
典型工作过程描述	研读标准→制定评审工作方案→实地考察→对标评价→分析问题→对策与建议→出具评审报告		
学习小组	组长		成员
	分工		
实施流程及操作标准	实施流程	实施操作标准描述	
	实地考察	（1）进入研学旅行基地（营地）参观、考察。 （2）规划模拟评审线路及重点区域。 （3）制定现场评审流程图等	
	对标评价	按照评分表对研学旅行基地（营地）进行评分	
	分析问题	结合研学旅行基地（营地）实际情况，分析存在的主要问题	
	对策与建议	对照相关问题，提出整改或提升的对策与建议	
	出具评审报告	评审报告内容包括：评定小组成员、评定时间、依据标准、研学旅行基地（营地）简介、存在的主要问题、对策与建议，还需附评分表及评定结论等	
实施效果及相关作品			
实施评价	评价内容及标准	评价结果	
	1.实施过程符合相关操作标准，评分客观； 2.问题分析准确、到位； 3.对策与建议具有针对性和可行性； 4.评审报告内容全面、科学合理、对基地（营地）具有借鉴意义	学生或小组自查评语： 学生或组长签字： 日期： 年 月 日	
		教师或企业专家评语： 教师或企业专家签字： 日期： 年 月 日	

表 1-3-6　任务检查单

任务名称	模拟评审研学旅行基地（营地）		
典型工作过程描述	研读标准→制定评审工作方案→实地考察→对标评价→分析问题→对策与建议→出具评审报告		
学习小组	组长		成员	
	分工			
检查内容及检查标准	检查内容	检查标准描述		
	操作检查	流程复盘，检查操作流程和操作标准		
	效果分析	横纵向对比分析，检查优缺点、难点等		
	完善改进	提出完善和改进措施		
检查记录				
检查评价	评价内容及标准	评价结果		
	1. 复盘检查到位； 2. 对比分析全面、深刻； 3. 完善和改进措施具有合理性、可行性、可操作性	学生或小组自查评语：		
		学生或组长签字：	日期：　年　月　日	
		教师或企业专家评语：		
		教师或企业专家签字：	日期：　年　月　日	

表 1-3-7　任务评估单

任务名称	模拟评审研学旅行基地（营地）		
典型工作过程描述	研读标准→制定评审工作方案→实地考察→对标评价→分析问题→对策与建议→出具评审报告		
学习小组	组长		成员
	分工		
评估内容与评估标准	评估内容	评估标准描述	
	完成度	准备充分，计划具体，决策正确，实施顺利，检查全面，评价客观	
	规范性	任务实施符合相关操作流程，操作标准规范	
	创新性	任务实施和操作过程具有一定的创新性、效率性等	
	时效性	任务准时完成，具有一定的实用性或现实意义	
	成果质量	评审报告具有一定的质量	
	总结与反思	能够及时进行总结与反思，且反思与总结较为全面、准确	
评估记录			
评估评价	评价内容及标准	评价结果	
	1.评估内容全面、到位； 2.评估符合相关操作标准； 3.评估准确、客观	学生自评或小组自评评语： 学生或组长签字：　　　　　　　　日期：　　年　　月　　日	
		教师或企业专家评语： 教师或企业专家签字：　　　　　　日期：　　年　　月　　日	

学习评价

对研学旅行基地评审的学习表现和学习过程进行评价见表1-3-8、表1-3-9。

表1-3-8 学习表现评价表

序号	评价内容	主要考核指标	评价主体																		
			自评（10%）					互评（20%）					师评（40%）					业评（30%）				
			A	B	C	D	E	A	B	C	D	E	A	B	C	D	E	A	B	C	D	E
1	态度（10分）	自主学习、求知欲、好奇心、积极性、抗压性、挑战困难																				
2	出勤（10分）	出勤次数																				
3	合作（25分）	合作态度、合作能力、合作效果																				
4	贡献（25分）	参与讨论、小组贡献、帮助成员																				
5	反思（15分）	反思、总结、改进																				
6	增值（15分）	个人进步、提升																				
7	总计（100分）																					
8	评语		学生					小组					教师					企业				
9	签字及日期		学生： 日期：					组长： 日期：					教师： 日期：					企业： 日期：				

注释：

1. 等级A、B、C、D、E赋分标准：10分（A.9～10，B.8～8.9，C.7～7.9，D.6～6.9，E.6分以下）；

         15分（A.14～15，B.12～13.9，C.10～11.9，D.8～9.9，E.8分以下）；

         25分（A.24～25，B.21～23.9，C.18～20.9，D.15～17.9，E.15分以下）。

2. 评价主体可根据具体任务进行选择，但提倡学生、学生之间、教师和企业四位一体进行评价。

3. 建议学习小组组长实行轮换制

表 1-3-9 学习过程评价表

序号	评价内容	主要考核指标	评价主体																				
			自评（10%）					互评（20%）					师评（40%）					业评（30%）				
			A	B	C	D	E	A	B	C	D	E	A	B	C	D	E	A	B	C	D	E
1	准备（15分）	分工；调研；研讨；学习深度、广度；资料丰度、准度、效度等																				
2	计划（15分）	计划描述或设计方案符合操作标准																				
3	决策（15分）	研讨、论证合理性、可行性，并改进完善																				
4	实施（35分）	流程与标准、实施难度、安全性、经济性、环保性等																				
5	检查（10分）	复盘检查、分析对比、完善和改进等																				
6	评估（10分）	完成度、规范性、创新性、美观度、实用性、时效性、成果质量等																				
7	总计（100分）																					
8	评语		学生					小组					教师					企业				
9	签字及日期		学生： 日期：					组长： 日期：					教师： 日期：					企业： 日期：				

注释：

1. 等级 A、B、C、D、E 赋分标准：10 分（A. 9～10，B. 8～8.9，C. 7～7.9，D. 6～6.9，E. 6 分以下）；
   15 分（A. 14～15，B. 12～13.9，C. 10～11.9，D. 8～9.9，E. 8 分以下）；
   35 分（A. 32～35，B. 28～31.9，C. 24～27.9，D. 21～23.9，E. 21 分以下）。

2. 评价主体可根据具体任务进行选择，但提倡学生、学生之间、教师和企业四位一体进行评价

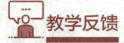

教学反馈

对模拟评审研学旅行基地的教学反馈见表1-3-10。

表1-3-10　教学反馈单

任务名称	模拟评审研学旅行基地（营地）		
典型工作过程描述	研读标准→制定评审工作方案→实地考察→对标评价→分析问题→对策与建议→出具评审报告		
调研反馈	调研内容	是否满意	理由描述
	学习内容		
	教学方法		
	小组合作		
	任务完成		
	能力培养		
改进建议			
整体评价	A. 90～100（　　　），B. 80～89（　　　），C. 70～79（　　　），D. 60～69（　　　），E. 0～59（　　　）		

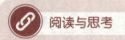

阅读与思考

陈毅与解放上海"入城守则"

陈毅之所以能在战将如云的共和国元勋中"突出重围"，最终跻身"十大元帅"，同赫赫有名的上海战役有重大关系。陈毅之所以能成为新中国首任上海市市长，也跟上海战役大有关系。

1949年5月27日，在连续响了多日令人胆战心惊的枪炮声后，整个上海滩终于归于沉寂，上海市民终于迎来了一个宁静的早晨。当他们怀着复杂的心情走出家门的时候，却意想不到地看到了这样的情景：在马路两旁的人行道上和屋檐下，整整齐齐地睡着一排一排的士兵。

当时刚下完一场小雨，地上很湿。但战士们毫不在意，就这样和衣躺在泥泞、潮湿的地上，顶多在身下垫一片麻袋或者油纸。他们就这样睡着了，睡得十分香甜、十分安详。是啊，他们太累了，该好好休息一下了。这是中国人民解放军在战斗后率先进城的一批战士，他们睡的这条路就是赫赫有名的上海"南京路"。

事实上，陈毅在上海战役开始之前就制定了《入城三大公约和十大守则》，陈毅在对三军将士的整训中，特别强调了两条。第一，不能随意私闯民宅；第二，不能使用重武器。对于第二条战士们能够理解，但对第一条，有的将士们是有意见的。

有位战士提出说："过去咱们打仗哪次不是住在老百姓家？我们住老百姓家里，还能帮他们上门板、捆稻草，或者挑水、扫地、喂猪等，甚至卫生队还能给他们看病，我们是人民的子弟兵啊，难道这上海不是中国的地盘了？"还有个战士说："要是有伤员，正好遇到雨天，这可咋整？"

可陈毅义正词严地说道："不行就是不行，即便是天王老子来了也不行！"他强调，入城纪律必须牢记心中，这是解放军给上海人民的见面礼。要是搞不好，是要被赶出来的。野战军到了城里不准"野"了，"不入民宅"必须无条件执行。这份《入城纪律》还被贴在了每一名入城战士的背包上，于是就出现了开头的那一幕。

"无规矩不成方圆，有敬畏才知行止。"古往今来，这一观念广为流传。那规矩到底是什么呢？规矩最早是指曲尺和圆规，后来成为一个万物的准绳。正是有了规矩，我们每个人举手投足之间才有了分寸和礼仪。正如古人所言："心如规矩，志如尺衡"，规矩就是一种自律，一个人只有懂得守规则、讲规矩，才会规规矩矩做人、规规矩矩做事。案例中的"入城守则"就充分体现了规矩的重要性，它不仅赢得了上海市民的人心，更是得到了世界各大媒体的认可，可见行之有效的规矩有时比刀枪剑戟更能药到病除。

思考： 如果你是一名研学旅行基地（营地）的负责人或工作人员，你将如何进行守法经营、规范经营，并按照相关的标准提供让客户满意的研学旅行产品及服务保障？

岗课赛证

一、判断题

1. 全国研学旅行基地认定委员会负责组织全国研学旅行基地（营地）的认定准入工作，制定认定工作的实施办法，对申请认定的单位进行认定。（　　　）

2. 全国研学旅行基地（营地）标志牌的有效期为 2 年。（　　　）

3. 研学旅行基地（营地）应至少提供 3 条研学实践教育路线，每条路线均应包括以周边资源和环境相结合的外部路线和以基地规划和配套设施相结合的内部路线，保证路线设置便捷、合理，与基地研学主题协调一致。（　　　）

二、单选题

1. 研学旅行基地（营地）认定的主要依据是（　　　）。

  A.《国民休闲旅游纲要》

  B.《研学旅行基地（营地）设施与服务规范》

  C.《研学旅行指导师（中小学）专业标准》

  D.《研学旅行基地（营地）设施与服务规范》

2. 研学旅行基地（营地）应至少为每个研学旅行团队配置数量适宜的经专业机构认证的专兼职研学旅行指导师，学生与研学旅行指导师的比例不低于（　　　）。

  A. 1 : 10　　　　　　　　B. 1 : 15　　　　　　　　C. 1 : 20　　　　　　　　D. 1 : 30

三、简答题

1. 简述研学旅行基地（营地）设立资质条件。

2. 简述研学旅行基地（营地）教育设施要求。

1.3.4　全国研学旅行示范基地推荐申报流程

1.3.5　全国中小学生研学实践教育基地（营地）认定

1.3.6　关于自治区中小学生研学实践教育基地（营地）创建工作的通知

1.3.7　研学旅行基（营）地场景图片

1.3.8　参考答案

项目二　研学旅行活动策划

项目描述

　　项目以研学旅行活动策划典型工作过程为主线，按照开展研学旅行市场需求调查、针对调查结果进行分析、明确研学旅行活动目标、提炼研学旅行活动主题、匹配研学旅行活动资源等实际业务操作流程，完成研学旅行活动策划及研学旅行活动方案的制定，并通过角色扮演和情境模拟引导学习者最大限度地体验真实的工作环境，以帮助学习者轻松掌握研学旅行活动策划的相关理论知识和实践技能。

学习导图

学习目标

总目标	在了解中小学现有研学旅行活动的基础上，能够准确分析出学校对研学旅行活动的实际需求，制定出符合学校需求、具有鲜明特色、切实可行的定制化的研学旅行活动方案
知识目标	1. 掌握市场调查方法，理解市场需求调查表。 2. 掌握市场需求分析方法，理解市场需求分析的意义。 3. 掌握研学旅行活动目标的制定方法，理解研学旅行活动目标的内涵。 4. 掌握研学旅行资源的查询、筛选的基本方法
能力目标	1. 根据调查内容、对象、方法，设计调查表并完成市场需求调查任务。 2. 根据研学旅行市场需求调查结果，对研学旅行市场需求进行深入分析。 3. 根据不同学情制定合理的研学旅行活动目标。 4. 能够筛选确定合适的研学旅行资源
素养目标	1. 养成市场营销意识，培养项目执行能力。 2. 养成团队合作意识，提高沟通表达能力。 3. 提高对信息挖掘、提炼、归纳、总结的能力。 4. 养成创新意识、安全意识

任务一　调查研学旅行市场需求

任务描述

在熟悉和掌握研学旅行市场需求调查的相关理论和实践技能的基础上，根据本地研学旅行市场实际情况，确定调查对象、调查方式和调查内容，设计调查表，制定调查方案，开展调查活动，分析调查结果，撰写调查报告，为研学旅行活动策划提供参考依据。

2.1.1　任务导学

任务要求

任务名称	调查研学旅行市场需求		
学时建议	4～6学时		
情境导入	调查当地中小学研学旅行活动需求情况		
实施场地	校内或校外实训基地		
任务目标	知识目标：能够描述研学旅行市场调查的流程与方法，复述研学旅行市场调查表、调查分析、调查报告的重要内容		
	能力目标：学会制定市场调查方案；学会撰写市场调查报告		
	素质目标：养成市场营销意识、团队合作意识；培养项目执行能力、组织协调能力、沟通表达能力		
典型工作过程描述	选择调查对象→确定调查方式→明确调查内容→设计调查表→形成调查方案→开展调查活动→分析调查结果→撰写调查报告		
学习要求	学习内容及过程		
	准备	确定学习方式（学习小组）；课前预习；知识准备；场地和条件准备	
	计划	制定研学旅行市场需求调查方案	
	决策	论证研学旅行市场需求调查方案的科学性、合理性、可操作性，提出不足，并提出完善和改进措施	
	实施	开展或模拟开展研学旅行市场需求调查活动；撰写研学旅行市场需求调查报告	
	检查	检查小组研学旅行市场需求调查方案的科学性和合理性；检查研学旅行市场需求调查报告，分析优点、缺点、难点，并总结反思	
	评价	对研学旅行市场需求调查活动的完成度、规范性、创新性、时效性、成果质量进行总结、反思并做出评价；对研学旅行市场需求调研报告的完整性、准确性、针对性、实用性做出评价	

情境导入

呼和浩特市某研学旅行服务企业，想依托内蒙古自治区壮美的自然资源和丰富的历史文化资源，为呼和浩特市市属学校初中二年级学生策划为期三天的研学旅行活动。如果你是该企业的一名研学旅行活动策划人员，请按照市场调查的流程要求，制定一份研学旅行市场调查方案；依照方案完成市场调查和市场调查分析，并出具一份研学旅行市场调查报告。

理论准备

一、研学旅行市场调查

研学旅行市场调查是指用科学的方法，有目的、系统地搜集、记录、整理和分析研学旅行市场现状、发展趋势和实际需求，进而为预测市场、制定政策、开发产品以及经营决策等提供客观、正确的依据。

研学旅行活动是实现综合实践教育的重要途径。研学旅行活动方案源自中小学对研学旅行课程的实际需求。因此，在设计研学旅行活动方案时，必须与中小学的实际教育需求相一致，否则无法贯彻学校的教育目标。规范的研学旅行活动方案，首先应该展开市场需求调查，详细了解中小学研学旅行活动的目的及实际情况，设计出有针对性的、更加实用的研学旅行活动方案。

二、研学旅行市场调查的流程

要完成研学旅行市场调研，应首先明确调查的内容，其次确定调查的对象，再次选择展开调查的方式，最后设计市场调查表并开展调查。调查活动结束后将调查表存档备用。

（一）明确调查内容

市场调查是指用科学的方法，有目的、系统地搜集、记录、整理和分析市场情况，了解市场的现状及其发展趋势，为企业的决策者制定政策、进行市场预测、做出经营决策、制订计划提供客观、正确的依据。

研学旅行市场需求的调查内容一般包括：学校基本情况、研学旅行活动需求情况、活动接待需求情况和以往活动情况等。

1. 学校基本情况

学校基本情况包括学校归属地、名称、级别、人数规模、计划出行学生人数、活动时间安排、校方活动负责人情况等。

2. 研学旅行活动需求情况

研学旅行活动需求情况包括：学校对研学旅行活动的主题、目标、内容等的要求；行前课程、开营仪式的相关要求；活动过程中的具体要求、安全要求；研学手册的具体要求；活动结束后的相关要求等。

3. 活动接待需求情况

活动接待需求情况包括：活动过程中的交通、住宿、用餐、参观等方面的具体要求；活动中教学用具、学习用品、物资设备等要求；安全设施设备用品的具体要求；资金预算要求；活动接待过程中的其他特别要求等。

4. 以往活动情况

以往活动情况包括：以往开展研学旅行活动的主题、内容、执行等情况；以往接待标准和费用情况；以往活动的总结等。

（二）选择调查对象

研学旅行课程需求调查内容设计完成之后，还需要明确调查对象。不同学校对研学旅行活动的组织管理不尽相同，基本分成以下三类。

1. 主管领导

主管领导指学校组织开展研学旅行活动的主要负责人，通常由学校的校长或副校长、德育主任担任。通过对主管领导进行需求调查，了解学校开展研学旅行活动的主要动因、基本原则及教学目标，另外还应知悉学校领导对以往研学旅行活动组织实施情况的看法，以及对本次研学旅行活动的建议和期望等信息。

2. 相关教师

相关教师主要指参与即将开展的研学旅行活动的相关教师，可以是随行的年级组长、班主任、任课教师，也可以是即将开展的研学旅行活动的带队教师等。对相关教师的需求调查主要包括三个方面：首先，了解出行学生的能力、素质、特点等信息，在研学旅行活动设计中要对这些情况进行合理的、人性化的安排；其次，与任课教师就研学旅行活动涉及的知识进行沟通，以便将研学旅行活动与在校课程的知识内容有效衔接，更好地发挥研学旅行活动对课内教学的补充作用；最后，通过与经验丰富的带队教师的沟通，学习以往组织研学旅行活动的经验，收集对即将开展的研学旅行活动的建议。

3. 参与学生

在条件允许、征得学校同意的情况下，可以对参与即将开展的研学旅行活动的学生进行需求调查。一方面，可以最直接地了解学生特点，有利于研学旅行活动的组织管理工作；另一方面，可以了解学生对研学旅行活动的理解、期待和需求，有助于设计出学生真正感兴趣的研学旅行活动方案，进一步提升活动效果。

在实际工作中，需求调查对象的确定一般建立在对学校充分了解的基础上，深入了解学校才能精准定位调查对象，从而根据不同对象选择合适的调查内容。特别是对于主管领导，他们以往的研学旅行经验是重要的参考。另外，需求调查时对于某些重点问题，如交通工具的选择、食宿标准的确定、学习方式的设计等，最好面向不同对象分别进行调查，有利于获得更准确、更全面的数据。

（三）确定调查方式

研学旅行活动需求调查表能够明确地呈现调查结果，但这些信息的获得需要一个耐心细致的过程。在明确调查对象后，还要根据实际情况选择最有利于实现调查目的的方式，常用的调查方法有以下几种。

1. 专题会议

组织开展研学旅行活动的专题会议进行需求调查，尽可能地邀请学校中与研学旅行活动相关的领导和教师参与，由浅入深、从整体到细节对即将开展的研学旅行活动进行探讨，并将内容汇总到研学旅行活动需求调查表中。召开专题会议的优点是得到的信息比较全面，在发言交流中参与者会得到同伴的启发和借鉴，这种方式也是最容易达成共识、快速明确工作方向的一种方式，可以说是最理想的调查方式，但现实中不易实施，可以请学校领导协助召开或者采取灵活便利的会议方式进行。

2. 访问

访问法一般可以分为结构式访问、无结构式访问和集体访问。

结构式访问是事先设计好的、有一定结构的访问问卷的访问。调查人员按照事先设计好的调查表或访问提纲进行访问，要以相同的提问方式和记录方式进行访问。提问的语气和态度也要尽可能地保持一致。

无结构式访问没有统一问卷，是一种调查人员与被访问者进行自由交谈的访问。它可以根据调查的内容，进行广泛的交流。例如，对研学旅行产品价格进行交谈，了解被调查者对价格的看法。

集体访问是通过集体座谈的方式，听取被访问者的想法，收集信息资料。集体访问可以分为专家集体访问和消费者集体访问。

通过访问的方式进行需求调查，可以进行面对面访问、电话访问、邮件访问等，可以对一人或对多人进行访问。这种调查的优点是调查结果更真实，因为访问的形式往往能够引起被访者的重视，会比较积极地思考交流，在探讨调查内容的过程中，很容易发现受访人真实的主观感受，这种方式有助于全面完成调查工作。当然，往往这里面也会掺杂受访者的主观意识，这个问题需要妥善解决。

2.1.2　访谈问题的设计

3. 问卷调查

问卷调查是通过让被调查者填写设计调查问卷的方式获得相关信息。在调查中将调查的资料设计成问卷后，让调查对象将自己的意见或答案填入问卷中。问卷调查的优点是调查覆盖面广，收集的信息量大，可以大量地收集调查信息，然后通过数据分析得到准确结果，通常用来对学生群体的需求调查。问卷法的关键是编制问卷、选择问卷对象及问卷分析。

根据载体的不同，可分为纸质问卷调查和网络问卷调查。纸质问卷调查是传统的问卷调查，需要人工分发纸质问卷和回收答卷。这种形式存在一些缺点，如分析与统计结果比较麻烦、成本比较高。网络问卷调查是依靠一些在线调查问卷网站（如问卷网、问卷星、调查派等）上提供的设计问卷、发放问卷和分析结果等功能实现调查目的。这种方式的优点是无地域限制，成本相对低廉，缺点是答卷质量无法保证。

2.1.3　问卷设计指南

三、设计研学旅行市场需求调查表

请根据前面的学习资料内容，设计学校研学旅行需求调查表。主要要求如下：

（1）尽可能包含学校的基本情况。

（2）能够了解到学校对于研学旅行活动的需求。

（3）能够了解到学校对于接待标准的要求。

（4）能够了解到学校以往的活动经验。

调查表尽可能简单、明了、易于操作，具体可参照表2-1-1。

表 2-1-1　学校研学旅行需求调查表

基本情况	学校名称				归属地		
	学校地址						
	校风校训				学校特色		
	活动负责人			职务		电话	
	学校级别	年级	班级数	学生人数	活动日期	活动天数	备注
	小学□ 初中□ 高中□						
活动需求	课程类型	名称		开设学期		特点	
	国家课程						
	地方课程						
	校本课程						
	社团课程						
	综合实践课						
	年级	主题需求			学习目标		

续表

活动需求	**内容要求**	年级				
		研学地点				
		关联学科				
		学习组方式				
		其他活动				
	行前课程	主题	品读课	安全知识培训		专题课
		开课时间				
		学时				
		年级				
		备注				
	其他需求	研学手册	行前	行中	行后	安全
接待标准	用餐要求			住宿要求		
	交通要求			参观要求		
	物资需求					
	教具要求			学习用品		
	设施设备			安全保障		
	活动预算			其他需求		
	研学旅行指导师数量			研学旅行指导师级别		
以往活动	活动名称			主题类型		
	活动内容					
	活动对象			费用情况		
	活动日期			活动天数		
	活动优点					
	活动缺点					
其他情况						

以上调查表仅供参考，可根据实际情况进行修改、完善。

在制定出研学旅行市场需求调查表以后，就可以按照研学旅行市场调查的相关流程，即选取调查对象和调查方式，匹配调查人员，确定调查时间和调查地点，进而形成研学旅行市场调查方案，并可以按照研学旅行市场调查方案进行实地调查或者进行相关信息的核实。

四、分析研学旅行市场调查结果

（一）学校的基本信息分析

学校的基本信息分析就是针对学校的基本情况，包括出行人员、活动时间以及学校归属地的相关政策、学校的育人理念和学校的教学特色等进行具体分析（表2-1-2）。

（1）出行人员分析主要是针对学生的年级、班级、人数以及带队教师、指导教师、随行教师等方面的具体情况进行分析。

（2）活动时间分析主要是针对活动的日期、活动出行天数等方面的具体情况进行分析。

（3）学校归属地相关政策、学校育人与办学特色是研学旅行活动的重要指导依据，分析相关内容有助于在设计研学旅行活动时，遵循相关政策的指导，符合学校的育人理念，突出学校的教学特色。

表 2-1-2　基本信息分析表

基本情况	学校名称				归属地		
	学校地址						
	校风校训				学校特色		
	具体分析： （1）学校归属地相关政策有无特殊要求？ （2）学校有什么样的育人理念？ （3）学校的特色是什么						
	活动负责人			职务		电话	
	具体分析： （1）活动负责人在选择研学旅行活动时的影响力有多大？ （2）带队教师、指导教师、随行教师的职务、数量、分工等具体情况						
	学校级别	年级	班级数	学生人数	活动日期	活动天数	备注
	小学□ 初中□ 高中□						
	具体分析： （1）参与活动的具体年级、班级、学生人数情况。 （2）活动的日期和出行的天数是否确定，如果出现变化是否可以调整？ （3）参与活动的学生中，年龄范围、男女比例、少数民族人数、特殊要求等情况						

（二）学生学情分析

学生学情是指学生已经具备的知识基础、认知能力、生活经验、身心特征和情感特点等。不同年龄段的学生，不同地域学校的学生，相同年龄、相同地域、不同学校的学生的学情都不尽相同。因此，对具体学生的学情进行分析是后期进行研学旅行活动设计的重要环节。

研学旅行活动中的学情分析主要从以下五个方面来进行。

1. 学生原有的基础知识

一般可以通过了解学生在学校设置的国家课程、地方课程、校本课程、实践课程、特色课程中学到的基础知识做初步的分析和判断。最简单的办法就是依据他们所使用过的教材、教案等。例如，初二年级历史教材（人教版）有一个重要篇章《毛泽东开辟井冈山道路》，那么，在给使用该版本教材的初二年级学生设计研学旅行活动的时候，可以着重对相关内容进行挖掘和延展，以加强学生对井冈山革命时期历史知识的认识。

2. 学生现有的认知能力

不同年龄段学生的基础学习能力是不同的。这里所说的基础学习能力是指在学习过程中能够获取知识的能力，包括收集、处理信息的能力和动手操作的能力等。例如，高中学生已经具备一定的自学能力，有一定的阅读能力、观察力、洞察力、思维能力、分析问题能力等，在研学旅行活动设计中，就可以设置一些可以让学生自主阅读、观察、分析、交流的内容；而小学生更加依赖形象思维，在进行同一地点的研学旅行活动设计时，则最好设置更多的体验性和互动内容。

3. 学生的身心特征

不同年龄段学生的身体和心理都有其各自的特点，这些特点直接影响他们在研学旅行活动中的表现和研学旅行活动目标的实现。例如，小学生普遍单纯，参与活动的积极性高，但是自我控制能力不强，乐于团队合作，但是组织能力较弱。初中生多数处于成熟与半成熟之间，一方面渴望研学旅行指导师像对待成年人那样对待他们，另一方面他们自身的心理成熟度还没有达到相应的水平，心理较为敏感，在研学旅行活动过程中的参与度和组织能力差异非常大。因此，在研学旅行活动设计中就要更多关注所设计的课程能否被学生接受、能否顺利实施。

4. 学生的情感

情感因素是伴随着知识经验的掌握、观念的形成以及内部智力的成熟而发展起来的，它对外部智力的形成和创造能力的发展起着决定性的作用。例如，小学生积极活泼，乐于参与活动，比较容易调动；初中生往往是开始比较羞涩，但是也比较容易调动；高中生比较自我，更多要靠研学旅行活动本身的吸引力、研学旅行指导师的个人魅力以及活动实施者的组织能力来调动。

5. 学生原有的生活经验

不同地域的学生，或者是相同地域、不同学校的学生，往往在生活经验上有着很大的差异，即便是相同学校的学生也是各自有不同的生活经历和观点，这些原有的经历、经验和对待社会的观点对于将要进行研学旅行课程的学习和生活都具有深刻影响。因此，必须要有所了解，既要有全面了解，也要有重点关注，这也是学情分析中的一个重要环节。

学生的学情分析可以设计专门的调查表（表 2-1-3）。调查表应包括学生的知识基础、认知水平、身心特征、情感因素和生活经验等基本信息。这些信息可以作为安排研学旅行活动和设计单元研学旅行课程的依据，能够让研学旅行活动和研学旅行课程更具针对性。

表 2-1-3　学生学情调查分析表

姓名		性别		年级	
社团		身体状况		性格特点	
喜欢的学科		喜欢的食物		个人偶像	
本人兴趣爱好					
家长兴趣爱好					
获得过的奖励					
对本次活动有什么期待					

（三）课程需求分析

研学旅行活动是由系列单元课程组成的。通过对研学旅行课程的需求调查可以了解学校对研学旅行活动的构想，这也是进行研学旅行活动设计的依据。调查的结果可能不够完整和精确，但足以明确研学旅行活动的设计方向。设计者需要对这些信息进行分析，以实现学校的课程要求并达到相应的教育教学目的。

（四）接待标准分析

研学旅行活动中的接待工作是保证研学旅行活动质量的重要因素之一。接待工作不能达标的研学旅行活动注定是失败的。学校通常都会结合以往经验和事先准备的信息提出一些接待方面的需求，从吃、住、行到物资准备、研学旅行指导师，这些需求都会非常具体。但是，由于地域性的差异，一个研学旅行活动的接待标准不一定具有普遍适用性，需要根据实际情况判断学校需求在研学旅行活动中能否得到满足，需要满足哪些条件。如果实际情况与需求不符，要及时发现，并提出解决方案，再与学校沟通。

（五）以往案例分析

学校以往组织开展的研学旅行活动案例，不仅反映了学校对研学旅行活动的认识与要求，还能展现出学校组织研学旅行活动的经验，对于研学旅行活动设计者来说，是学习经验、避免问题的捷径，因此，一定要足够重视并进行研究。

（六）分析结果总结

通过对研学旅行需求调查的分析，基本能够实现以下目标：

（1）确认研学旅行活动的主题。

（2）明确研学旅行活动的方向。

（3）勾勒研学旅行活动的内容。

（4）明确研学旅行活动的接待标准。

通过对以上调查结果的分析和思考，结合研学旅行活动设计者的知识与经验，通过一定的方法，把需求逐渐变成可落地执行的研学旅行活动方案。

五、研学旅行市场调查报告

市场调查报告是经济调查报告的一个重要类别，它是以科学的方法对市场的供求关系、购销状况以及消费情况等进行深入细致的调查研究后所写成的书面报告。简单地解释，市场调查报告就是根据市场调查，收集、记录、整理和分析市场对商品的需求状况以及与此有关的信息的书面材料。市场调查报告的作用在于帮助企业了解和掌握市场的现状与趋势，增强企业在市场中的应变能力和竞争能力，从而有效促进经营管理水平的提升。

从严格意义上说，市场调查报告没有固定不变的格式。不同的市场调查报告写作，主要依据调查的目的、内容、结果以及主要用途来决定。但一般来说，各种市场调查报告在结构上都包括标题、导言、主体和结论几个部分。

（一）标题

市场调查报告的标题即市场调查的题目。标题必须准确揭示调查报告的主题思想。标题要简单明了、高度概括、题文相符，如《关于 2023 年 ×× 学校研学旅行市场需求调查报告》。

（二）导言

导言是市场调查报告的开头部分，一般说明市场调查的目的和意义，介绍市场调查工作的基本概况，包括市场调查的目的、时间、地点、对象、方式方法、内容、结论等。这是比较常见的写法。也有调查报告在导言中，先写调查的结论是什么，或直接提出问题等，这种写法能增强读者阅读报告的兴趣。

（三）主体

主体是市场调查报告中的主要内容，是表现调查报告主题的重要部分，也是调查报告写作的重点和难点。这一部分的写作直接决定调查报告质量的高低和作用大小。主体部分要客观、全面地阐述市场调查所获得的材料、数据，用来说明有关问题，得出有关结论，对有些问题、现象要做深入分析、评论等。主体部分要善于运用材料表现调查的主题。一般来说，这部分内容可以按照市场调查报告情况介绍、市场（产品）分析预测和市场（产品）营销建议等方面写。

（四）结论

结论主要是形成市场调查的基本结论，也就是对市场调查的结果作一个小结，如总结概括主要观点、突出强调某些重要结论等。有的调查报告还要提出对策措施，供有关决策者参考。结尾要写得简明扼要、短小有力。

此外，有的市场调查报告还有附录。附录的内容一般是有关调查的统计图表、有关材料出处、参考文献等。

任务操作

按照准备、计划、决策、实施、检查和评估六步法的要求，与学习小组共同完成"调查研学旅行市场需求"系列任务操作单（表2-1-4～表2-1-9）。

表2-1-4　任务准备单

任务名称	调查研学旅行市场需求		
典型工作过程描述	选择调查对象→确定调查方式→明确调查内容→设计调查表→形成调查方案→开展调查活动→分析调查结果→撰写调查报告		
学习小组	组长		成员	
	分工			
准备内容及操作标准	准备内容	操作标准描述（请在相关括号内勾选或填写）		
	组建学习小组	小组组建方式：教师随机分配（　　）、自愿组合（　　）、其他方式（　　）；是否进行分工合理性论证（　　）；是否建立小组内部合作机制（　　）		
	课前预习	教材知识学习方法：小组学习（　　）、自学（　　）； 其他学习资讯（资料）获取方法：网络（　　）、图书（　　）、采访调研（　　）、小组座谈（　　）、通信咨询（　　）、其他（　　） 学习内容描述（列出主要学习资料的名称、内容及类型。其中，类型是指文本、音频、视频、图片等资源）： 		
	能力与素质	沟通能力（　　）；分析和解决问题能力（　　）；团队合作能力（　　）；营销推广能力（　　）；项目执行能力（　　）		
	场地与条件	选择的模拟演示场地为（　　）； 用到的相关设施设备有（　　），是否熟练操作（　　）； 其他相关场地与条件需求（　　）		
准备评价	评价内容及标准	评价结果		
	1. 小组分工合理； 2. 预习具有深度、广度及资料丰度、准度、效度等； 3. 能力与素质准备充分； 4. 场地与条件准备完善	学生或小组自查评语： 		
		学生或组长签字：　　　　　　　　　　日期：　年　月　日		
		教师或企业专家评语： 		
		教师或企业专家签字：　　　　　　　　日期：　年　月　日		

表 2-1-5　任务计划单

任务名称	调查研学旅行市场需求				
典型工作过程描述	选择调查对象→确定调查方式→明确调查内容→设计调查表→形成调查方案→开展调查活动→分析调查结果→撰写调查报告				
学习小组	组长		成员		
	分工				
计划步骤或内容及操作标准	计划步骤或内容	操作标准描述			
	选择调查对象	选择调查对象（主管领导或相关教师或参与学生）			
	确定调查方式	确定调查方式（专题会议需撰写会议计划；访谈需设计访谈提纲；问卷调查需设计问卷）			
	明确调查内容	列出调查内容（包括学校基本情况、研学旅行活动需求情况、活动接待需求情况、以往活动情况等）			
	设计调查表	制作调查表（调查表内包含学校基本情况、研学旅行活动需求情况、活动接待需求情况、以往活动情况、特殊需求等各项内容）			
	形成调查方案	制定研学旅行市场需求调查计划或调查方案（包括调查时间、调查地点、调查对象、调查方式、调查内容及调查表）			
计划描述					
计划评价	评价内容及标准	评价结果			
	1.计划或方案全面、具体，步骤清晰；2.计划或方案符合操作标准	学生或小组自查评语：			
		学生或组长签字：	日期：　　年　　月　　日		
		教师或企业专家评语：			
		教师或企业专家签字：	日期：　　年　　月　　日		

表 2-1-6　任务决策单

任务名称	调查研学旅行市场需求			
典型工作 过程描述	选择调查对象→确定调查方式→明确调查内容→设计调查表→形成调查方案→开展调查活动→分析 调查结果→撰写调查报告			
学习小组	组长		成员	
	分工			
决策内容及 操作标准	决策内容		操作标准描述	
	选择调查对象		调查对象合理（选定的调查对象应该具有代表性，有校方主管领导，如校长、 副校长、德育主任等；相关教师，如年级组长、班主任、任课教师、活动带队教 师等；还有参与学生等）	
	确定调查方式		调查方式可行（若选择专题会议，会议计划应具体、操作性强；若选择访问， 访问提纲应科学合理；若选择问卷调查，问卷设计应科学合理）	
	明确调查内容		调查内容全面（至少包括学校基本情况、研学旅行活动需求情况、活动接待需 求情况、以往活动情况等内容）	
	设计调查表		调查表内容全面、简单明了、易于操作；预填调查表；完善调查表	
	形成调查方案		调查方案内容全面，具有可操作性；方案内容包括调查时间、调查地点、调查 对象、调查方式、调查内容及调查表等	
决策记录				
决策评价	评价内容及标准		评价结果	
	1. 对调查内容的全 面性进行评价； 2. 对调查对象的合 理性进行评价； 3. 对调查方式的可 行性进行评价； 4. 调查方案具有落 地性和可操作性		学生或小组自查评语： 学生或组长签字：　　　　　　　　　　　日期：　年　　月　　日	
			教师或企业专家评语： 教师或企业专家签字：　　　　　　　　　日期：　年　　月　　日	

表 2-1-7　任务实施单

任务名称	调查研学旅行市场需求		
典型工作过程描述	选择调查对象→确定调查方式→明确调查内容→设计调查表→形成调查方案→开展调查活动→分析调查结果→撰写调查报告		
学习小组	组长		成员
	分工		
实施流程及操作标准	实施流程	实施操作标准描述	
	开展调查活动	（1）联络调查对象，确定调查的时间、地点、方式等细节。 （2）开展调查活动，收集相关信息（专题会议需出会议记录；访问需出访问记录；问卷调研需回收问卷）。 （3）根据实际情况增减调查内容	
	分析调查结果	（1）学校基本情况分析（出行人员、活动时间、学校背景等）。 （2）学生学情分析（知识基础、认知能力、身心特征、情感因素、生活经验等）。 （3）研学需求分析（学校现有课程情况及对研学旅行课程主题、目标、内容、行前课、研学手册等）。 （4）接待标准分析（餐饮、住宿、交通、物资、人员等方面的要求及资金预算情况）。 （5）以往案例分析（以往研学旅行活动的名称、主题、内容、对象、食宿交通、费用、特色、优缺点等）。 （6）根据分析结果，确定研学旅行活动主题、目标、内容、接待标准及特殊要求等	
	撰写调查报告	（1）调查报告应内容充实，结构完整，应包括标题、导言、主体和结尾。 （2）调查报告应条理清晰、逻辑严谨、数据真实。 （3）调查报告应具有针对性、真实性、论理性、典型性和时效性	
实施效果及相关成果			
实施评价	评价内容及标准	评价结果	
	1.调查对象明确具体； 2.调查内容细致全面； 3.调查方式科学合理； 4.调查过程完整规范； 5.调查分析准确到位； 6.调查结果真实有效； 7.调查报告逻辑清晰、内容充实、数据翔实	学生或小组自查评语：	
		学生或组长签字：　　　　　　　　　日期：　　年　　月　　日	
		教师或企业专家评语：	
		教师或企业专家签字：　　　　　　　日期：　　年　　月　　日	

表 2-1-8　任务检查单

任务名称	调查研学旅行市场需求		
典型工作过程描述	选择调查对象→确定调查方式→明确调查内容→设计调查表→形成调查方案→开展调查活动→分析调查结果→撰写调查报告		
学习小组	组长		成员
	分工		
检查内容及检查标准	检查内容	检查标准描述	
	内容检查	调查对象、调查方式、调查内容、调查表、调查方案科学合理	
	操作检查	调查流程和调查过程符合操作规范	
	效果分析	调查结果真实有效，调查信息准确完整，调查报告翔实可靠	
	完善改进	总结优缺点，分析难点和不足，提出完善和改进建议	
检查记录			
检查评价	评价内容及标准	评价结果	
	1. 复盘检查具体、到位；2. 对比分析全面、深刻；3. 改进措施合理、可行	学生或小组自查评语：	
		学生或组长签字：　　　　　　　日期：　　年　　月　　日	
		教师或企业专家评语：	
		教师或企业专家签字：　　　　　　日期：　　年　　月　　日	

表 2-1-9 任务评估单

任务名称	调查研学旅行市场需求			
典型工作过程描述	选择调查对象→确定调查方式→明确调查内容→设计调查表→形成调查方案→开展调查活动→分析调查结果→撰写调查报告			
学习小组	组长		成员	
	分工			
评估内容与评估标准	评估内容	评估标准描述		
	完成度	准备充分，计划具体，决策正确，实施顺利，检查全面，评价客观		
	规范性	任务实施符合相关操作流程，操作标准规范		
	创新性	任务实施和操作过程具有一定的创新性、美观性等		
	时效性	任务准时完成，具有一定的实用性或现实意义		
	成果质量	文案成果或实践成果具有一定的质量		
	总结与反思	能够及时进行总结与反思，且反思与总结较为全面、准确		
评估记录				
评估评价	评价内容及标准	评价结果		
	1. 评估内容全面、到位； 2. 评估符合相关操作标准； 3. 评估准确、客观	学生或小组自查评语：		
		学生或组长签字：	日期：　　年　　月　　日	
		教师或企业专家评语：		
		教师或企业专家签字：	日期：　　年　　月　　日	

学习评价

对调查研学旅行市场需求的学习表现和学习过程进行评价见表2-1-10、表2-1-11。

表2-1-10　学习表现评价表

序号	评价内容	主要考核指标	评价主体																		
			自评（10%）					互评（20%）					师评（40%）					业评（30%）				
			A	B	C	D	E	A	B	C	D	E	A	B	C	D	E	A	B	C	D	E
1	态度（10分）	自主学习、求知欲、好奇心、积极性、抗压性、挑战困难																				
2	出勤（10分）	出勤次数																				
3	合作（25分）	合作态度、合作能力、合作效果																				
4	贡献（25分）	参与讨论、对小组贡献、帮助成员																				
5	反思（15分）	反思、总结、改进																				
6	增值（15分）	个人进步、提升																				
7	总计（100分）																					
8	评语		学生				小组				教师				企业							
9	签字及日期		学生： 日期：				组长： 日期：				教师： 日期：				企业： 日期：							

注释：

1. 等级A、B、C、D、E赋分标准：10分（A.9～10，B.8～8.9，C.7～7.9，D.6～6.9，E.6分以下）；

　　　　　　　　　　　　　　　15分（A.14～15，B.12～13.9，C.10～11.9，D.8～9.9，E.8分以下）；

　　　　　　　　　　　　　　　25分（A.24～25，B.21～23.9，C.18～20.9，D.15～17.9，E.15分以下）。

2. 评价主体可根据具体任务进行选择，但提倡学生、学生之间、教师和企业四位一体进行评价。

3. 建议学习小组组长实行轮换制

表 2-1-11　学习过程评价表

序号	评价内容	主要考核指标	评价主体																		
			自评（10%）					互评（20%）					师评（40%）					业评（30%）				
			A	B	C	D	E	A	B	C	D	E	A	B	C	D	E	A	B	C	D	E
1	准备（15分）	分工；调研；研讨；学习深度、广度；资料丰度、准度、效度等																				
2	计划（15分）	计划描述或设计方案符合操作标准																				
3	决策（15分）	研讨、论证合理性、可行性，并改进完善																				
4	实施（35分）	流程与标准、实施难度、安全性、经济性、环保性等																				
5	检查（10分）	复盘检查、分析对比、完善和改进等																				
6	评估（10分）	完成度、规范性、创新性、美观度、实用性、时效性、成果质量等																				
7	总计（100分）																					
8	评语		学生					小组					教师					企业				
9	签字及日期		学生：日期：					组长：日期：					教师：日期：					企业：日期：				

注释：

1. 等级 A、B、C、D、E 赋分标准：10 分（A. 9～10，B. 8～8.9，C. 7～7.9，D. 6～6.9，E. 6 分以下）；

　　　　　　　　　　　　　15 分（A. 14～15，B. 12～13.9，C. 10～11.9，D. 8～9.9，E. 8 分以下）；

　　　　　　　　　　　　　35 分（A. 32～35，B. 28～31.9，C. 24～27.9，D. 21～23.9，E. 21 分以下）。

2. 评价主体可根据具体任务进行选择，但提倡学生、学生之间、教师和企业四位一体进行评价

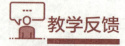 教学反馈

对调查研学旅行市场需求的教学反馈见表2-1-12。

表2-1-12　教学反馈单

任务名称	调查研学旅行市场需求		
典型工作过程描述	选择调查对象→确定调查方式→明确调查内容→设计调查表→形成调查方案→开展调查活动→分析调查结果→撰写调查报告		
调研反馈	调研内容	是否满意	理由描述
	学习内容		
	教学方法		
	小组合作		
	任务完成		
	能力培养		
改进建议			
整体评价	A. 90～100（　　　），B. 80～89（　　　），C. 70～79（　　　），D. 60～69（　　　），E. 0～59（　　　）		

阅读与思考

修学好古，实事求是

刘德是汉景帝刘启十四个儿子中的一个，封在河间（今河北河间市一带）为河间王，死后谥献，称河间献王。他一生酷爱藏书，从民间收集了很多先秦时期的旧书，并进行整理。他脚踏实地，刻苦钻研，使很多读书人深为赞叹，都愿意和他一起进行研究。刘德收藏古籍，有不少是出了高价收买的，因为自从秦始皇焚书后，古文书籍比较少见。他不仅收藏古旧书，还认真进行研究整理。因此，东汉史学家班固在编撰《汉书》时，替刘德立了传，并在传的开头对刘德的好学精神作了高度评价，赞扬刘德"修学好古，实事求是"。

实事求是一般指从实际情况出发，找出事物的内部联系，探求事物发展的规律性；也有指说话、办事符合实际情况。刘德爱好古代文化，对古代文化的研究十分认真，总是在掌握充分的事实根据以后，才从中求得正确可靠的结论。因此我们在学习和工作中应坚持"没有调查就没有发言权"，坚持实事求是，践行"欲当大任，须是笃实"这一美德。

思考：你如何看待"没有调查就没有发言权"？作为一名研学旅行市场专员，如何能够做到实事求是地调查研学旅行市场的实际需求？

岗课赛证

一、判断题

1. 在对学情进行分析时，可以通过了解学生所在学校的课程设置情况以及教材、教案等资料对学生的基础知识做出初步判断。（　　　）

2. 不同年龄段学生的基础学习能力是不同的，初中学生已经具备了一定的阅读能力、观察力、洞察力、思维能力、分析问题的能力。在研学旅行课程方案的设计中，可以设置更多的需要学生自主阅读、观察、分析、交流的内容。（　　　）

二、单选题

1. 从了解需求的角度出发，研学旅行调查的主要对象不包括（　　　）。
　　A. 德育主任　　　　　　　B. 任课教师　　　　　　C. 研学旅行指导师　　　D. 学生

2. 基于得到较为全面的信息，同时在交流中能够得到更多启发和借鉴且容易达成共识等因素的考虑，以下最理想的调查方式是（　　　）。
　　A. 专题会议　　　　　　　B. 访谈　　　　　　　　C. 问卷调查　　　　　　D. 实地观察

3. 基于情感因素的考虑，在参与研学旅行活动时，（　　　）往往表现得积极活泼，乐于参与活动，比较容易调动。
　　A. 大学生　　　　　　　　B. 高中生　　　　　　　C. 初中生　　　　　　　D. 小学生

4. 在设计研学旅行活动时，应遵循相关政策的指导，符合学校的育人理念，突出学校的（　　　）。
　　A. 学生特点　　　　　　　B. 教学特色　　　　　　C. 经费要求　　　　　　D. 办学条件

三、多选题

1. 通过访问的方式进行需求调查时，可以进行（　　　）。
　　A. 电话访问　　　　　　　B. 面对面访问　　　　　C. 邮件访问　　　　　　D. 间接访问

2. 常用的市场调查方法主要有（　　　）。
　　A. 观察法　　　　　　　　B. 实验法　　　　　　　C. 访问法　　　　　　　D. 问卷法

3. 学情分析应了解学生的（　　　）。
　　A. 知识基础　　　　　　　B. 认知水平　　　　　　C. 情感因素　　　　　　D. 生活经验

四、简答题

1. 简述设计学校研学需求调查表的要求。
2. 简述研学旅行需求调查的目的。

2.1.4 参考答案

任务二　制定研学旅行活动主题和目标

任务描述

在掌握研学旅行活动主题和目标的相关理论和实践技能的基础上，依据对研学旅行市场需求调查和分析的结果，并根据不同的学情要求，制定出相应的研学旅行活动主题和目标。

2.2.1　任务导学

任务要求

学习任务	制定研学旅行活动主题和目标	
学时建议	4～6学时	
学习情境	根据某学校的研学旅行需求制定研学旅行活动主题和目标方案	
学习场地	校内或校外实训基地	
学习目标	知识目标：能复述研学旅行活动主题命名的基本原则、一般方法、常用技巧；能说出研学旅行活动目标的基本内涵、依据、要素、层次和基本要求	
	能力目标：能应用相关知识，根据不同学情制定符合要求的研学旅行活动主题和目标	
	素质目标：提高信息挖掘、提炼、归纳、总结的能力	
典型工作过程描述	分析研学旅行活动需求→分析学段学情→提炼研学旅行活动主题→制定研学旅行活动目标→形成研学旅行活动主题和目标方案	
学习要求	**学习内容及过程**	
	准备	确定学习方式（学习小组）；课前预习；知识准备；场地和条件准备
	计划	根据学校研学旅行活动需求及不同学段学情，制定研学旅行活动主题和目标方案
	决策	论证并修改研学旅行活动主题和目标方案
	实施	（1）汇报研学旅行活动主题方案。 （2）汇报研学旅行活动目标方案
	检查	（1）检查研学旅行活动主题的合理性和特色性（符合学校研学旅行要求、学段学情，突出特色，具有吸引力），提出完善及改进措施。 （2）检查研学旅行活动目标的适应性、完整性、合理性、创新性、落地性（符合学校研学旅行要求、学段学情，适应研学旅行主题要求，要素齐备，层次合理，具有一定的创新性和落地性），提出完善及改进措施
	评价	（1）研学旅行活动主题方案逻辑清晰、特色突出、切实可行。 （2）研学旅行活动目标方案逻辑清晰、内容完整、依据充分、切实可行

情境导入

某学校初二年级学生将赴陕西进行为期五天的研学旅行活动，研学活动目标需求为学习历史知识、感受红色文化、学习革命精神等，需要关联的学科有历史、语文、思想政治等课程，主要的活动方式为参观、访问、研讨和劳动体验。

假如你在某研学旅行企业负责研学旅行活动策划工作，请根据以上研学旅行活动需求，并结合该校初二年级的学情，制定出特色突出的研学旅行活动主题和合理可行的研学旅行活动目标方案。

理论准备

在对学校研学旅行需求调查及分析的基础上，结合学校既定目标和不同学段学情，提炼出简洁、鲜明、新颖、生动的研学旅行活动主题名称，并根据研学旅行活动主题制定出合理、可行的研学旅行活动目标。

一、提炼研学旅行活动主题名称

研学旅行活动主题的概念有广义和狭义之分，研学旅行活动主题在广义上指研学旅行活动的主旨与核心，在狭义上指研学旅行活动的名称。在一次具体的研学旅行活动当中，这两个概念是原因与结果的关系，也就是说研学旅行活动主题的设计是一个从概括到具体的过程。在实际工作中，首先明确研学旅行活动的广义主题，然后开始进行研学旅行活动内容设计，待研学旅行活动内容设计完成之后，再通过一定的方法将之凝练成狭义的研学旅行活动课程主题——研学旅行活动的标题。

（一）明确研学旅行活动主旨

研学旅行活动的主题一般应基于对学校研学旅行活动需求的调查及分析。通常学校会根据自身的实际需求和经验，对研学旅行活动的内容做出大致的构想，比如：能够准确到省的研学地点；研学旅行涉及的学科类别；初步的研学旅行目标等。研学旅行活动设计者需要将这些信息进行分析，结合学生的学情特点，制订出研学旅行活动的主题。这个过程实际上是在明确研学旅行活动的主旨，是进行整个研学旅行活动方案设计的核心。

（二）提炼研学旅行活动标题

明确了研学旅行活动主旨，就实现了广义上研学旅行活动主题的明确。接下来就是将这个广义的研学旅行活动主题进一步提炼，形成一个简洁、精练、蕴含哲理而又极富吸引力的标题。

1. 掌握研学旅行活动主题命名的基本原则

一个好的研学旅行活动主题是研学旅行的灵魂。

它不仅关系到课程内容的传达，还影响学生的参与兴趣和对知识的吸收。研学活动主题名称应当清晰地传达活动的目的、内容、形式和预期效果，同时具有独特性和吸引力，以激发潜在参与者的学习兴趣。具体来说，应遵循以下几个基本原则：

（1）明确性：主题名称应该清晰地传达课程的核心内容和目标，使学生、家长和教育工作者一目了然。

（2）相关性：命名应与研学活动的实际内容紧密相关，避免产生误导或不必要的误解。

（3）吸引力：好的主题名称应具有一定的吸引力，激发学生的兴趣和好奇心，鼓励他们积极参与。

（4）教育性：研学课程的命名应体现其教育价值，强调通过实践活动学习知识和技能的重要性。

（5）简洁性：名称应简洁明了，避免冗长复杂，便于记忆和传播。

（6）创新性：在保证上述原则的基础上，尝试创新命名，使之独具特色，有助于品牌建设和市场推广。

（7）文化性：考虑到研学旅行常常与地方文化紧密结合，命名可以融入当地文化元素，增加课程的文化内涵。

（8）适应性：根据不同年龄段和背景的学生，命名应有所调整，以适应他们的认知水平和兴趣点。

（9）可持续性：主题名称应考虑长期使用的可能性，避免过于时尚或时效性的词汇，以便于课程的持续发展和迭代更新。

（10）合法性：确保主题命名不侵犯他人的知识产权，如商标、版权等，遵守相关法律法规。

例如，一个关于生态保护的研学课程可能会被命名为"绿色足迹：生态保护之旅"，这样的命名既明确了课程内容（生态保护），又具有吸引力（绿色足迹），同时体现了教育性和文化性（生态保护是现代社会的重要课题，绿色足迹则暗示了环保行动的意义）。

2. 研学旅行活动主题命名的一般方法

研学旅行活动主题的命名与其他领域主题的命名有共通之处，在提炼研学活动主题名称时，可以参考以下几个方法：

（1）突出学科知识。将研学活动的内容与某一学科紧密结合，通过主题名称直接体现学科特色。例如："古生物探秘之旅""化学奇妙夜""物理世界漫游"等。

（2）融入地域文化。利用研学地点的地理、历史或文化特点来命名，增强活动的地域特色。例如："丝绸之路历史行""江南水乡文化体验""西藏高原生态探索"等。

（3）强调实践体验。突出研学活动中动手操作和亲身体验的部分，让参与者感受到实践的乐趣。例如："小小农夫成长记""城市生存挑战营""海洋科学探险家"等。

（4）聚焦时代热点。结合当前社会的热点话题，设计具有时代感的研学活动。例如："人工智能初探""绿色能源未来""数字经济新视野"等。

（5）设置故事悬念。通过构建一个有趣的故事背景，使主题名称更具吸引力和趣味性。例如："寻宝历险记""星际穿越者""时间旅行者的笔记"等。

（6）结合季节节日。根据不同季节或节日的特点来设计研学活动，并将主题名称体现出来。例如："春日植物园艺课""秋收体验季""冬令科学营"等。

（7）体现团队协作。强调团队合作的重要性，通过主题名称鼓励参与者之间的互动与合作。例如："团队力量：野外求生""合作共赢：模拟联合国会议"等。

（8）使用具象化比喻。运用具象化比喻手法，将抽象的知识或概念具象化，增加主题的吸引力。例如："思维的火花：创新实验室""知识的海洋：图书馆探险"等。

以上方法可以根据实际情况进行组合和创新，从而使研学活动主题的名称更加有针对性和创意性，以适应不同的研学活动主题和目标人群。

3. 研学旅行活动主题案例分析

（1）案例一："穿越千年——西安历史文化探索之旅"。这个主题名称突出了地点（西安）和时间跨度（千年），强调了历史文化的探索。西安作为中国古都，拥有丰富的历史遗迹和文化资源，这样的主题能够吸引对历史感兴趣的学生，同时体现了研学旅行的教育目的。

（2）案例二："自然密码——云南生物多样性研学行"。该主题聚焦于自然科学领域，特别是生物多样性。云南以其独特的地理位置和生态环境，成为中国生物多样性的宝库。主题名称中的"密码"一词增加了神秘感和探索欲，适合对生物学或环境保护感兴趣的学生。

（3）案例三："科技之光——深圳创新企业探访团"。深圳作为中国的科技创新中心，拥有众多高科技企业和研发机构。这个主题名称强调了"科技"和"创新"，适合对工程技术、信息技术等领域感兴趣的学生。通过访问企业，学生可以近距离感受科技创新的魅力。

（4）案例四："艺术之旅——江南水乡文化体验营"。江南水乡以其独特的水乡文化和艺术遗产著称。这个主题名称融合了艺术与地域文化，适合对美术、文学、建筑等艺术领域有兴趣的学生。通过亲身体验，学生可以深刻地理解中国传统艺术和文化。

在选择研学旅行活动主题时，应考虑目标群体的兴趣、年龄特点及教育目标，同时结合目的地的特色资源。一个好的主题名称应该简洁明了，能够准确传达活动的核心内容，激发参与者的热情，并且易于记忆和传播。

二、制定研学旅行活动目标

（一）研学旅行活动目标

研学旅行活动目标是指研学旅行活动本身要实现的具体目标和意图。它规定了中小学生通过研学旅行活动后在发展品德、智力、体质、美育和劳动等方面期望实现的目标。研学旅行活动目标是实现教育目标的重要途径，是确定研学旅行活动内容的基础，是研学旅行活动实施的出发点和归宿。

研学旅行活动属于综合实践活动，以立德树人、培养学生综合素质为根本目标。它被称为"行走的教育"。学生通过研学旅行活动能够形成并逐步提升对自然、社会和自我的整体认识，培养学生价值认知、责任担当、问题解决及创新意识等品质与素养，从而成为德智体美劳全面发展的社会主义建设者和接班人。

一般来说，在设计研学旅行活动内容之前必须先明确研学旅行活动目标。下面从价值认知、责任担当、问题解决、创新意识四个维度，分别介绍符合小学、初中、高中三个学段学生年龄特点及发展规律的研学旅行活动目标。

1. 小学阶段目标

（1）价值认知：通过亲历主题教育活动，参观爱国主义教育基地等，获得有积极意义的价值体验；了解并遵守公共场所的基本行为规范，初步形成集体思想、组织观念；培养对中国共产党的朴素感情，为自己是中国人感到自豪。

（2）责任担当：围绕研学旅行生活，培养热爱生活的态度；学会自己的事情自己做，初步形成自理能力、自立精神。

（3）问题解决：能在教师的引导下，观察研学旅行的生活和学习环境；喜欢不断提出问题，并大胆分享自己对问题的思考，能将问题转化为研究小课题；体验课题研究的过程，提出自己的想法，形成对问题的初步解释。

（4）创新意识：在体验过程中，欣赏他人的优点，有探索新事物的兴趣，大胆想象。

2. 初中阶段目标

（1）价值认知：通过亲历、参与场馆活动和主题教育体验，参观爱国主义教育基地、体验红色之旅等，获得积极的价值体验，增强爱国意识，能主动分享自己的体验和感受，与教师、同伴交流思想认识，形成国家认同，热爱中国共产党。

（2）责任担当：能处理研学旅行中的基本事务，初步培养自理能力、自立精神、热爱生活的态度，初步形成社会公德意识和法治观念。

（3）问题解决：能关注自然、社会、生活中的现象，深入思考并提出有价值的问题，将问题转化为研究课题，学会运用科学方法开展研究。能主动运用所学知识理解与解决问题，并做出基于证据的解释，形成基本符合规范的研究报告或其他形式的研究成果。

（4）创新意识：敢于怀疑和争论，并获得新知识，通过争论结交新朋友，发展观察力和想象力，认真观察、积极思考，提高实践创新意识和审美水平，提高创意实现能力。

3. 高中阶段目标

（1）价值认知：积极主动寻访红色足迹、走访模范人物故居、参观文化遗迹等，深化社会规则体验、国家认同、文化自信；通过职业体验活动，初步体悟个人成长与职业前景、社会进步、国家发展和人类命运共同体的关系；加深对中国共产党的认识，增强感情，培养具有中国特色社会主义的共同理想和国际视野。

（2）责任担当：在研学旅行中，关心他人、集体和社会发展，热心参与志愿者活动和公益活动，增强社会责任意识和法治观念，培养主动服务他人、服务社会的意识，理解并践行社会公德，提高社会服务能力。

（3）问题解决：在研学旅行中，能对个人感兴趣的领域开展广泛的实践探索，提出具有一定新意和深度的问题，综合运用知识分析问题，用科学方法开展研究，增强解决实际问题的能力。能及时对研究过程及研究结果进行审视、反思并优化调整，给出基于证据的、具有说服力的解释，形成比较规范的研究报告或其他形式的研究成果。

（4）创新意识：在研学过程中，寻找机会尝试挑战，珍视反馈和每次失败带来的成长经验。综合运用技能解决生活中的复杂问题。增强创意设计、动手操作和物化能力。

（二）研学旅行活动目标的依据

制订研学旅行活动目标的依据是多方面的，包括时间因素、地理因素、历史因素、社会因素、政策因素等。对于不同的学校、不同的学段、不同的需求，同一主题的研学旅行活动，其目标也会有所区别。通常将以下因素作为制定研学旅行活动的依据。

1. 学校既定目标

通过前期对学校研学旅行需求的调查，可以了解学校组织研学旅行活动的目的。学校研学旅行的目标通常是学校结合自身实际情况及学校特色而制定的，是学校进行研学旅行活动的根本出发点。通过对学校既定目标的研究、分解、拓展或升华，可以顺利完成研学旅行活动目标的制定。

2. 学情学段

符合实际的研学旅行目标必须建立在准确的学段学情分析上。不同学段的学生，他们的身心发展水平和认知水平也存在较大差异。制定研学旅行活动目标时，要充分考虑研学旅行对象的知识储备、生活经验、自身能力等是否与研学旅行目标相匹配。

3. 活动内容

在研学旅行活动中，活动内容设计和活动目标制定的关系是比较特殊的。研学旅行活动目标的制定在一定程度上要以研学旅行活动内容为依托，而研学旅行活动内容的设计又要以研学旅行活动目标为指导，二者互相影响又互为倚靠，呈现一种双螺旋上升发展的形态。在制定研学旅行活动目标时，要考虑研学旅行活动内容是否能够提供实现研学旅行活动目标的客观条件，如果实现研学旅行活动目标极其困难，则应该根据实际情况对研学旅行活动目标进行调整。

4. 资源特色

研学旅行活动的一大特色是千差万别的研学地点。大量的研学地点提供了琳琅满目的研学旅行活动内容。在制定研学旅行活动目标时，应当充分考虑研学旅行活动地点的属性与特点，即研学旅行活动地点是否具备完成研学旅行活动目标的教学条件。

（三）研学旅行活动目标的要素与层次

研学旅行活动关注的是学生的综合能力，所以研学旅行活动目标应当是一个多维度、有层级的目标体系。

1. 目标的要素

新时代中小学教育围绕培养全面发展的人，着力培养学生的核心素养。核心素养包括人文底蕴、科学精神、学会学习、健康生活、责任担当和实践创新，其具体表现为一定的知识、技能、思维、意识和习惯等，体现一个人的综合能力。核心素养目标通常是融为一体的，在制定研学旅行活动目标时，可以从以下三个层面进行考虑。

（1）知识目标：在研学旅行活动中，学生获得的知识与在学科课程中获得的知识是有区别的。研学旅行活动中，学生获得知识主要通过实践和体验，包括对已学过的学科知识的验证和深入认识。知识目标一般包括三个水平：一是了解，包括再现或回忆知识；识别、辨认事实或证据；举出例子，描述对象的基本特征等。常见动词：背诵、复述、说出、回忆、识别、辨认、选出、举例、列举、描述。二是理解，包括把握内在逻辑联系；与已有知识建立联系进行解释、推断、区分、扩展；提供证据；收集、整理信息等。常见动词：解释、说明、阐明、概述、概括、检索、收集、整理、比较、分类、归纳、判断、区别、提供、猜测、预测、估计、推断。三是应用，包括在新的情景中使用抽象的概念、原则；进行总结、推广；建立不同情景下的合理联系等。常见动词：应用、使用、总结、推广、证明、评价、质疑、辩护、设计、解决、撰写、拟定、检验、计划等。

（2）能力与方法目标：在研学旅行活动中获得的能力不是单一方面的，而是多维度的综合能力，其中既有认知与思维能力，也有发现问题、解决问题能力及社会参与合作能力等。具体来说，主要包括两方面：一方面是基本能力，就是获取、收集、处理、运用信息的能力、创新精神和实践能力、终身学习的愿望和能力。另一方面是学习过程中的学习方式和方法，包括基本的学习方式（自主学习、合作学习、探究学习等）和具体的学习方式（发现式学习、小组式学习、交往式学习等）。常见动词：模拟、重复、再现、模仿、例证、临摹、扩展、联系、转换、灵活运用、举一反三、触类旁通等。

（3）情感、态度、价值观目标：研学旅行对学生情感、态度、价值观的形成具有独特作用。情感、态度、价值观目标也可以称为素质目标，是指学生在研学旅行体验过程中体验到的积极的生活态度、乐观的学习态度、求实的科学精神、高尚的品德修养、崇高的理想信念以及对集体和社会的认同。常见动词有：遵守、拒绝、认可、认同、承认、接受、同意、反对、愿意、欣赏、称赞、喜欢、讨厌、感兴趣、关心、经历、感受、参加、参与、尝试、寻找、讨论、交流等。

2. 目标的层次

研学旅行活动通常持续数日，包括出发前的准备活动和回程后的活动总结。因此，一次完整的研学旅行可谓一个系统工程。为了尽可能满足学生的多元发展和个性需求，研学旅行活动一般采用多条线路并行、多个年级出行的方式。因此，研学旅行活动的承办者要设计出适合全校学生的总体目标、线路目标和每日学习目标等，形成网状系统结构。

（四）研学旅行活动目标的要求

在理解研学旅行目标、掌握研学旅行目标制定的原则和研学旅行目标的要素与层次之后，基本完成了制定研学旅行活动目标的准备工作。接下来可以从研学旅行活动目标的结构入手，依据制定研学旅行活动目标的原则，结合研学旅行活动目标应当包含的要素与层次，完成研学旅行活动目标的撰写工作。在撰写研学旅行活动目标时应满足以下要求。

1. 研学旅行活动目标设计要兼顾三维目标，突出综合性

研学旅行活动目标要包括知识与技能、过程与方法、情感态度与价值观，凸显综合实践活动的特征，涵盖价值体认、责任担当、问题解决、创新意识等，突出综合性。

（1）知识与技能：指通过研学旅行活动所涉及的课程而获得的知识，包括学科知识、社会常识、自然原理等。

（2）过程与方法：指通过研学旅行活动培养和提升的能力，包括认知能力、社交能力、实践能力、自理能力等。

（3）情感态度与价值观：指通过研学旅行活动对思想、观点、立场、情感等方面的塑造和提升，包括正确的"三观"（世界观、人生观、价值观）、民族精神、爱国主义、革命精神、科学精神、民主法治精神等。

2. 研学旅行活动目标表述要简洁清晰，突出实践性

研学旅行活动目标应具备表述简洁清晰、可操作、可观测的特点，突出实践性，尽量运用恰当的行为动词。例如，"曲阜儒家文化行"的研学旅行活动目标是"通过参加拜师礼的二十二项仪式，体验和再现古代拜师礼的流程、制式、规格，表达对师道尊严的尊重和崇敬之情"。其中的"参

加"体验""再现""表达"等都是行为动词;"二十二项""流程""制式""规格"等词语对拜师礼做了较为具体的描述。又例如,通过江西湖口非物质文化遗产继承人的介绍,能够说出草龙的编织步骤,初步学会制作一个简单的草龙作品。这套用了研学旅行活动目标定义的格式:通过参观××,让学生了解××,能画出××图(讲××故事)。这种表述使目标更便于评价。

以上研学旅行活动目标的制定兼顾了三维课程目标,考虑了学生的学段特点,从发展学生的综合素养出发,表述清晰准确、可操作性强,符合研学旅行活动的要求。

任务操作

按照准备、计划、决策、实施、检查和评估六步法的要求,与学习小组共同完成"制定研学旅行活动主题和目标"系列任务操作单(表2-2-1~表2-2-6)。

表2-2-1 任务准备单

任务名称	制定研学旅行活动主题和目标		
典型工作过程描述	分析研学旅行活动需求→分析学段学情→提炼研学旅行活动主题→制定研学旅行活动目标→形成研学旅行活动主题和目标方案		
学习小组	组长		成员	
	分工			
准备内容及操作标准	准备内容	操作标准描述(请在相关括号内勾选或填写)		
	组建学习小组	小组组建方式:教师随机分配( ),自愿组合( ),其他方式( );是否进行分工合理性论证( );是否建立小组内部合作机制( )		
	课前预习	教材知识学习方法:小组学习( ),自学( ); 其他学习资讯(资料)获取方法:网络( ),图书( ),采访调研( ),小组座谈( ),通信咨询( ),其他( )		
		学习内容描述(列出主要学习资料的名称、内容及类型。其中,类型是指文本、音频、视频、图片等资源)		
	能力与素质	信息查询方法( );信息化工具使用( )		
	场地与条件	选择的模拟演示场地为( ); 用到的相关设施设备有( ),是否熟练操作( ); 其他相关场地与条件需求( )		
准备评价	评价内容及标准	评价结果		
	1. 小组分工合理; 2. 预习具有深度、广度及资料丰度、准度、效度等; 3. 能力与素质准备充分; 4. 场地与条件准备完善	学生或小组自查评语:		
		学生或组长签字:	日期: 年 月 日	
		教师或企业专家评语:		
		教师或企业专家签字:	日期: 年 月 日	

表 2-2-2　任务计划单

任务名称	制定研学旅行活动主题和目标		
典型工作过程描述	分析研学旅行活动需求→分析学段学情→提炼研学旅行活动主题→制定研学旅行活动目标→形成研学旅行活动主题和目标方案		
学习小组	组长		成员	
	分工			

计划步骤或内容及操作标准	计划步骤或内容	操作标准描述
	分析研学旅行活动需求	分析学校既定目标、活动内容、活动资源
	分析学段学情	分析学校出行学生的学段及学情，编制学情分析报告
	提炼研学旅行活动主题	符合相关原则，方法使用得当，技巧应用娴熟
	制定研学旅行活动目标	内容包括知识与技能、过程与方法、情感态度与价值观等
	形成研学旅行活动主题和目标方案	方案至少应包括：学校研学旅行需求分析、学情分析、研学旅行活动主题及思路、研学旅行活动目标及内容

计划描述	

计划评价	评价内容及标准	评价结果
	1.计划或方案全面、具体，步骤清晰；2.计划或方案描述符合操作标准	学生或小组自查评语：
		学生或组长签字：　　　　　　　　　日期：　年　月　日
		教师或企业专家评语：
		教师或企业专家签字：　　　　　　　日期：　年　月　日

表 2-2-3　任务决策单

任务名称	制定研学旅行活动主题和目标	
典型工作过程描述	分析研学旅行活动需求→分析学段学情→提炼研学旅行活动主题→制定研学旅行活动目标→形成研学旅行活动主题和目标方案	
学习小组	组长	成员
	分工	
决策内容及操作标准	决策内容	操作标准描述
	分析研学旅行活动需求	学校既定目标、活动内容、活动资源等分析全面、细致、到位
	分析学段学情	学情分析要素全面、简明准确；学情分析方案条理清晰、重点突出
	提炼研学旅行活动主题	主题能够符合学校主旨、简单明了、准确生动、特色突出
	制定研学旅行活动目标	目标切合主题要求，内容全面，表述准确，逻辑清晰
	形成研学旅行活动主题和目标方案	文本逻辑清晰，文字简练，内容全面，合理规范
决策记录		
决策评价	评价内容及标准	评价结果
	1.准确性和全面性评价；2.合理性和可行性评价；3.特色性和创新性评价	学生或小组自查评语： 学生或组长签字：　　　　　日期：　年　月　日
		教师或企业专家评语： 教师或企业专家签字：　　　日期：　年　月　日

表 2-2-4 任务实施单

任务名称	制定研学旅行活动主题和目标		
典型工作过程描述	分析研学旅行活动需求→分析学段学情→提炼研学旅行活动主题→制定研学旅行活动目标→形成研学旅行活动主题和目标方案		
学习小组	组长		成员	
	分工		
实施流程及操作标准	实施流程		实施操作标准描述
	汇报研学旅行活动主题方案		汇报应使用PPT，汇报内容应包括学校研学旅行需求分析、学情分析、研学旅行活动主题及思路
	汇报研学旅行活动目标方案		汇报应使用PPT，汇报内容应包括研学旅行活动的三维目标及主要内容
实施效果及相关成果			
实施评价	评价内容及标准		评价结果
	1.实施操作符合相关流程和标准要求； 2.汇报简洁、清晰、顺畅； 3.实施具有一定的创新性、特色性等； 4.彰显团队合作能力		学生或小组自查评语： 学生或组长签字：　　　　　　日期：　　年　　月　　日
			教师或企业专家评语： 教师或企业专家签字：　　　　　日期：　　年　　月　　日

表 2-2-5 任务检查单

任务名称	制定研学旅行活动主题和目标		
典型工作过程描述	分析研学旅行活动需求→分析学段学情→提炼研学旅行活动主题→制定研学旅行活动目标→形成研学旅行活动主题和目标方案		
学习小组	组长		成员
	分工		
检查内容及检查标准	检查内容	检查标准描述	
	内容检查	研学旅行活动主题和目标方案内容全面、准确、规范、亮点突出	
	操作检查	流程复盘，操作流程和操作标准符合相关要求	
	效果分析	横纵向对比分析，检查文案成果优缺点、难点、不足等	
	完善改进	提出完善和改进措施	
检查记录			
检查评价	评价内容及标准	评价结果	
	1.复盘检查具体、到位；2.对比分析全面、深刻；3.改进措施合理、可行	学生或小组自查评语：	
		学生或组长签字：　　　　　　日期：　年　月　日	
		教师或企业专家评语：	
		教师或企业专家签字：　　　　日期：　年　月　日	

表 2-2-6　任务评估单

任务名称	制定研学旅行活动主题和目标		
典型工作过程描述	分析研学旅行活动需求→分析学段学情→提炼研学旅行活动主题→制定研学旅行活动目标→形成研学旅行活动主题和目标方案		
学习小组	组长		成员
	分工		

评估内容与评估标准	评估内容	评估标准描述
	完成度	准备充分，计划具体，决策正确，实施顺利，检查全面，评价客观
	规范性	任务实施符合相关操作流程，操作标准规范
	创新性	任务实施和操作过程具有一定的创新性、美观性等
	时效性	任务准时完成，具有一定的实用性或现实意义
	成果质量	文案成果或实践成果具有一定的质量
	总结与反思	能够及时进行总结与反思，且反思与总结较为全面、准确

评估记录	

评估评价	评价内容及标准	评价结果
	1.评估内容全面、到位；2.评估符合相关操作标准；3.评估准确、客观	学生或小组自查评语：
		学生或组长签字：　　　　　日期：　年　月　日
		教师或企业专家评语：
		教师或企业专家签字：　　　日期：　年　月　日

学习评价

对制定研学旅行活动主题和目标的学习表现和学习过程进行评价见表 2-2-7、表 2-2-8。

表 2-2-7 学习表现评价表

序号	评价内容	主要考核指标	评价主体																		
			自评（10%）					互评（20%）					师评（40%）					业评（30%）				
			A	B	C	D	E	A	B	C	D	E	A	B	C	D	E	A	B	C	D	E
1	态度（10分）	自主学习、求知欲、好奇心、积极性、抗压性、挑战困难																				
2	出勤（10分）	出勤次数																				
3	合作（25分）	合作态度、合作能力、合作效果																				
4	贡献（25分）	参与讨论、对小组贡献、帮助成员																				
5	反思（15分）	反思、总结、改进																				
6	增值（15分）	个人进步、提升																				
7	总计（100分）																					
8	评语		学生					小组					教师					企业				
9	签字及日期		学生： 日期：					组长： 日期：					教师： 日期：					企业： 日期：				

注释：

1. 等级 A、B、C、D、E 赋分标准：10 分（A. 9～10，B. 8～8.9，C. 7～7.9，D. 6～6.9，E. 6 分以下）；

   15 分（A. 14～15，B. 12～13.9，C. 10～11.9，D. 8～9.9，E. 8 分以下）；

   25 分（A. 24～25，B. 21～23.9，C. 18～20.9，D. 15～17.9，E. 15 分以下）。

2. 评价主体可根据具体任务进行选择，但提倡学生、学生之间、教师和企业四位一体进行评价。

3. 建议学习小组组长实行轮换制

表 2-2-8　学习过程评价表

序号	评价内容	主要考核指标	评价主体																				
			自评（10%）					互评（20%）					师评（40%）					业评（30%）				
			A	B	C	D	E	A	B	C	D	E	A	B	C	D	E	A	B	C	D	E
1	准备（15分）	分工；调研；研讨；学习深度、广度；资料丰度、准度、效度等																				
2	计划（15分）	计划描述或设计方案符合操作标准																				
3	决策（15分）	研讨、论证合理性、可行性，并改进完善																				
4	实施（35分）	流程与标准、实施难度、安全性、经济性、环保性等																				
5	检查（10分）	复盘检查、分析对比、完善和改进等																				
6	评估（10分）	完成度、规范性、创新性、美观度、实用性、时效性、成果质量等																				
7	总计（100分）																					
8	评语		学生					小组					教师					企业				
9	签字及日期		学生： 日期：					组长： 日期：					教师： 日期：					企业： 日期：				

注释：

1. 等级 A、B、C、D、E 赋分标准：10 分（A. 9～10，B. 8～8.9，C. 7～7.9，D. 6～6.9，E. 6 分以下）；

　　15 分（A. 14～15，B. 12～13.9，C. 10～11.9，D. 8～9.9，E. 8 分以下）；

　　35 分（A. 32～35，B. 28～31.9，C. 24～27.9，D. 21～23.9，E. 21 分以下）。

2. 评价主体可根据具体任务进行选择，但提倡学生、学生之间、教师和企业四位一体进行评价

教学反馈

对制定研学旅行活动主题和目标的教学反馈见表2-2-9。

表2-2-9　教学反馈单

任务名称	制定研学旅行活动主题和目标		
典型工作过程描述	分析研学旅行活动需求→分析学段学情→提炼研学旅行活动主题→制定研学旅行活动目标→形成研学旅行活动主题和目标方案		
调研反馈	调研内容	是否满意	理由描述
	学习内容		
	教学方法		
	小组合作		
	任务完成		
	能力培养		
改进建议			
整体评价	A.90～100（　　　），B.80～89（　　　），C.70～79（　　　），D.60～69（　　　），E.0～59（　　　）		

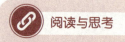阅读与思考

三个和尚的故事

有一句老话，叫"一个和尚挑水吃，两个和尚抬水吃，三个和尚没水吃"。如今，这个观点过时了，现在的观点是"一个和尚没水吃，三个和尚水多得吃不完"。

某地有三个庙，这三个庙离河边都比较远，怎么解决吃水问题呢？第一个庙，和尚挑水路比较长，一天挑一缸就累了，不干了。于是三个和尚商量，咱们来个接力赛吧，每人挑一段路。第一个和尚从河边挑到半路停下来休息，第二个和尚继续挑，又转给第三个和尚挑到缸里灌进去，空桶回来再接着挑，大家都不累，水很快就挑满了。这是协作的办法，也叫"机制创新"。

第二个庙，老和尚把三个徒弟都叫来，说我们立下了新的庙规，要引进竞争机制。三个和尚都去挑水，谁挑得多，晚上吃饭加一道菜，谁水挑得少，吃白饭，没菜。三个和尚拼命去挑，一会儿水就挑满了，这个办法叫"管理创新"。

第三个庙，三个小和尚商量，天天挑水太累，咱们想想办法。山上有竹子，把竹子砍下来连在一起，竹子中心是空的，然后买了一个辘，第一个和尚把一桶水摇上去，第二个和尚专管倒水，第三个和尚在地上休息。三个人轮流换班，一会儿水就灌满了，这叫"技术创新"。

"预支五百年新意，到了千年又觉陈。"创新是一个民族进步的灵魂，是一个国家兴旺发达

的不竭动力，也是中华民族最深沉的民族禀赋。因此我们要有积极主动的创新意识，要有"逢山开路，遇水搭桥"的意志，要有"人无我有，人有我精"的决心。案例中由三个和尚没水喝，到三个和尚通过不同的办法达到共同的目的，关键就在于不局限于固有思维，发扬了团结协作、开拓创新的精神。

　　思考：你怎么理解创新与"创新精神"？在制定研学旅行活动主题和目标时应该如何融入"创新精神"？

岗课赛证

一、判断题

研学旅行属于综合实践活动课程，以立德树人、培养学生综合素质为根本目标。（　　　）

二、单选题

1."在研学旅行中，关心他人、集体和社会发展，热心参与志愿者活动和公益活动，增强社会责任意识和法治观念，培养主动服务他人、服务社会的意识，理解并践行社会公德，提高社会服务能力。"这属于（　　　）阶段的责任担当培养目标。

　　A.小学低年级　　　　　　B.小学高年级　　　　　　C.初中　　　　　　D.高中

2."敢于怀疑和争论，并获得新知识，通过争论结交新朋友，发展观察力和想象力，认真观察、积极思考，提高实践创新意识和审美水平，提高创意实现能力。"这属于（　　　）阶段的创新意识培养目标。

　　A.小学低年级　　　　　　B.小学高年级　　　　　　C.初中　　　　　　D.高中

三、多选题

制定研学旅行活动目标的依据是多方面的，具体应包括（　　　）。

　　A.学校既定目标　　　　B.学情学段　　　　C.活动内容　　　　D.资源特色

四、简答题

简述研学旅行活动主题命名的基本原则。

2.2.2　参考答案

任务三　匹配研学旅行活动资源

任务描述

　　通过模拟真实的工作场景，以角色扮演的方式，让学习者学会如何查找研学旅行活动资源，掌握如何应用信息核实和场地考察等方式筛选出切合研学旅行活动的相关资源，进而完成研学旅行活动资源的匹配。

2.3.1　任务导学

任务要求

任务名称	匹配研学旅行活动资源		
学时建议	4～6学时		
情境导入	根据研学旅行活动主题和目标，完成信息核实和实地考察，筛选和匹配研学旅行活动资源		
实施场地	校内或校外实训基地		
任务目标	知识目标：能够复述研学旅行活动资源的查询、核实考察的基本方法		
	能力目标：能够查询、筛选、匹配合适的研学旅行活动资源		
	素质目标：能够养成团队合作意识、创新意识、安全意识		
典型工作过程描述	查询研学旅行活动资源→核实考察研学旅行活动资源→筛选匹配研学旅行活动资源→形成研学旅行活动资源方案		
	学习内容及过程		
学习要求	准备	确定学习方式（学习小组）；课前预习；知识准备；场地和条件准备	
	计划	制订匹配研学旅行活动资源的工作计划，内容应包括研学旅行活动资源的查询方式、查询范围、筛选标准、信息核实与实地考察方案等内容	
	决策	论证匹配研学旅行活动资源工作计划是否内容全面、切实可行，并进行完善	
	实施	开展研学旅行活动资源查询、核实考察、筛选匹配； 小组汇报研学旅行活动资源方案	
	检查	检查小组完成研学旅行活动资源匹配的完成度； 检查小组研学旅行活动资源匹配结果的合理性； 对比分析小组之间任务成果的优缺点、难点、不足，及时总结、反思	
	评价	研学旅行活动资源的查询、核实考察、筛选匹配等流程清晰、操作规范、完成度高，具有一定的科学性、合理性、创新性	

情境导入

　　由于你的出色表现，你们小组制定的研学旅行活动目标、主题等完全符合某中学的研学旅行需求，你也得到团队成员的一致认可，被推选为研学旅行活动策划小组组长。接下来你将带领你的团队，根据校方的研学旅行活动需求和已经制定的研学旅行活动目标与主题，科学合理地配置相应的研学旅行活动资源。

理论准备

研学旅行活动的魅力在于走出校门，把社会当作课堂，把万物作为书本。祖国的一草一木、家乡的一砖一瓦都是丰富的研学旅行活动资源，承载着家国情怀和文化根魂。这些研学旅行资源就像一块块积木，将它们按照一定规律排列组合，就能搭建出研学旅行活动的基本构架。

一、资源类型分析

在研学旅行活动的主题和目标确定后，需要结合学情分析，以省、自治区、直辖市为单位，对研学旅行目的地与之相关的一切可能用于研学旅行活动的各种资源、场景进行信息搜集和整理。

为了方便资源搜集，可以根据资源的某种属性将之分类，然后再逐一搜集。分类的方式多种多样，具体可根据实际工作的需求而定。大多数学校和研学机构通常会选择具有系统研学旅行活动资源、完备接待服务设施、优良教育教学设施以及完善餐饮住宿设施的研学旅行基地（营地）。根据不同的标准可将研学旅行基地（营地）进行分类：

（一）根据主题元素不同分类

研学旅行基地的划分依据主要以主题元素为主，可划分为科技研学旅行基地、农业研学旅行基地、文化研学旅行基地和户外拓展基地等。

1. 科技研学旅行基地

科技研学旅行基地主要包括科技展馆类、科研类和科技园区类三类。

（1）科技展馆类研学旅行基地：主要以知识科普功能的博物馆和科技馆为主，其具有占地面积较小、投资金额适中、内容丰富且可复制性强的特点。

（2）科研类研学旅行基地：主要依托高科技企业、科研单位的实验室、生产工厂为载体，以高科技手段多方位展示科学技术，其具有占地面积较小、投资金额较大、内容丰富但可复制性弱等特点。

（3）科技园区类研学旅行基地：主要以动物园、植物园等为主，其具有占地面积较大，投资金额较大、科技含量相对较低等特点。

2. 农业研学旅行基地

农业研学旅行基地主要包括农业研究类和农业体验类两类。

（1）农业研究类研学旅行基地：主要以现代化农业示范基地、农业研究院、农业示范园区等为载体，以参观游览、农业科学知识讲解为主要内容，通过直接观察现代农业相关生产技术，进行农业知识科普教育。基地活动突出科普性。

（2）农业体验类研学旅行基地：主要以农业创意体验园、现代化农业示范基地等为载体，以农业科学知识、农耕历史文化、生态环境保护理念和动手设计、农事体验为主题元素，充分利用农业、种植业、养殖业、农产品加工业、农业生态环境及农村民俗文化等资源搭建的体验性活动基地。基地活动突出互动体验性与趣味性。

3. 文化研学旅行基地

文化研学旅行基地主要是指开展各种形式文化教育活动的基地。一般以各类旅游资源为载体，以弘扬、传承与传播传统文化和精神，探索全新文化形态价值为主要目的。文化研学旅行基地包括博物馆、爱国主义主题教育基地、国防教育基地、廉政建设教育基地、青少年教育基地、少数民族村寨、非遗文化展览馆等形态。在我国，红色文化基地是开展文化类研学旅行活动的主要组成部分，也是开展爱国主义教育的主要阵地，如宁夏六盘山红色长征景区基地、福建古田红色文化研学基地、江西井冈山红色文化基地等，在全国范围内享有较大知名度与影响力。

4. 户外拓展基地

户外拓展基地主要以专业化的户外拓展基地为主。此类基地多建立在远离市中心的自然环境中，基地内除餐厅、宿舍等基本生活设施外，还配备拓展场、竞技场等训练设施及医务室等辅助保障设施。户外拓展基地开展研学旅行活动主要以体验性、参与性的项目为主，涉及生活素质教育、社会认知教育、体能拓展、自然教育、安全教育等内容，旨在提高学生的综合实践能力。例如，广东梅州客天下创艺园欢乐小镇、湖南长沙贝拉小镇等都是这类研学旅行基地的代表。

（二）根据划分标准不同分类

目前研学旅行营地类型多样，根据分类标准，可分为各种类型的营地。

1. 按开发程度划分

按照营地开发所处的阶段与程度，可将研学旅行营地分为原始型研学营地、半原始型研学营地、中间型研学营地、半现代化型研学营地、现代化型研学营地。从原始型到现代化型营地，开发程度更高，配套设施更完善，管理体系也更体系化、智慧化。

2. 按区位功能划分

根据研学旅行营地所处的地理位置、空间布局与区域的功能关系，可将研学旅行营地分为都市型研学营地、近郊型研学营地、过境型研学营地、风景区型研学营地、度假型研学营地。

3. 按服务对象划分

根据研学旅行服务的对象，将研学旅行营地分为团体研学营地、家庭研学营地、学生研学营地、儿童研学营地、亲子研学营地。

4. 按等级标准划分

研学旅行营地的等级主要依据营地的位置、设施的配备情况、服务水平的高低划分，通常采用五星等级划分标准，即一星级研学营地、二星级研学营地、三星级研学营地、四星级研学营地、五星级研学营地。星级越高，研学设施和服务越好。

5. 按开放时间划分

根据研学旅行营地开放的特定时段与时长，可将营地分为临时研学营地、日间研学营地、夜间研学营地、周末研学营地、假日研学营地。

6. 按设立性质划分

根据研学旅行营地设立性质，可将其分为商业性研学营地和公益性研学营地。

（1）商业性研学营地：一般是由各类不同的投资主体出于营利的目的而建造的研学营地，从事商业性经营。其中，以经济效益最大化为经营管理目标是这一类研学营地的基本特征。

（2）公益性研学营地：一般是依托自然景观、文物古迹、文教设施等社会公共资源，由政府部门或社会团体代表国家行使管理权的研学营地。在发展过程中注重经济、社会和环境三大效益的均衡，是这一类研学营地的基本特征。

二、资源信息采集

在完成资源类型的分析后，则需要查找资料以及根据个人经验和他人口碑完成对资源的搜集和信息采集。

通过细致全面的搜集工作，会得到大量的资源信息，需要注意的是，搜集研学旅行活动资源信息的目的是用来判断研学旅行资源是否符合本次研学旅行活动主题，关注点应该放在资源的内容和特点上，这就需要对所有信息进行梳理和完善，选取所需要的，然后以表格等形式归纳（表2-3-1），以便完成进一步的筛选工作。

表 2-3-1　研学旅行活动资源信息采集表

信息来源	网站□	公众号□	直接联络□	其他方式（　　　）		
研学资源类型	研学营地□	研学基地□	文博场馆□	旅游景区□	其他类型（　　　）	
研学场地概况						
地理位置						
接待规模						
主题类型	自然□	地理□	科技□	人文□	历史□	体验□
课程资源						
场地特色						
周边资源						
资源（场地）简介						

三、资源核实与筛选

搜寻出一系列备选的研学旅行活动资源后，就需要进一步对这些资源进行筛选，选择可行的、最佳的资源。

首先，需要进行资源信息核实。可以利用电话或者电子邮件等方式，联系研学旅行资源的负责人。研学旅行资源的负责人可能是研学旅行资源本身的负责人，也可能是像旅行社这样的第三方机构，只要最终可以确定有效的资源信息即可。进行信息核实的目的有两个，一是考察研学旅行资源是否能满足研学旅行活动的需要，二是为进行下一步实地考察做准备。

其次，当资源信息核实完成后，需要前往研学资源地进行实地考察。考察的目的有两个：第一，考察研学旅行资源是否与信息核实内容相符；第二，对研学旅行资源的实用性、可行性、安全性进行考察。如果研学旅行资源符合研学旅行活动的需求，则可以在接下来的研学旅行活动策划中使用该资源（表 2-3-2、表 2-3-3）。

表 2-3-2　研学旅行资源（场地）可开展的活动信息表

活动名称							
主题类型		自然□	地理□	科技□	人文□	历史□	体验□
活动目标	知识目标						
	能力目标						
	素质目标						
重点项目							
难点项目							
主要安全隐患							
活动日期							
活动对象							

活动关键点流程							
序号	活动名称	所在区域	参与人数	开始时间	结束时间	安全隐患点	协调事项
1							
2							
3							
4							
5							

表 2-3-3　研学旅行资源（场地）现场核实（踩点）任务表

位置及交通情况					
始发地		中转地		目的地	
路线描述/路线图					
备选路线					
场地入口			场地出口		
下车点			上车点		
进场路线					
停车场位置					
图示					
入场情况					
集合地点					
活动地点					
拍照地点					
失物招领/广播处					
卫生间位置		分布		数量	
场地开放时间					
场地联系人		职务		电话	
购票/结算方式					
注意事项					

场地及活动情况				
场地布局及区域划分			图示	
	场地面积			
	功能区域介绍			
	场地主要设施			
行进参观路线	常规路线			
	备选路线			
	安全疏散			
	活动区域位置			
	容纳人数			
	活动时间			
	职责分工	姓名	联系方式	
场地人员	管理人员			
	研学导师			
	讲解人员			
	安全人员			
	其他人员			
	应急场地情况			

续表

场地课程情况					
序号	课程\项目名称	场地	时长	适合人数	安全隐患	内容简介
1						
2						
3						
4						
5						
6						

食宿情况			
餐厅位置			图示
卫生间位置及数量			
进出通道			
安全疏散			
区域划分	就餐人数	就餐时间	
A			
B			
C			
D			
E			
宿舍位置			图示
楼层数			
房间数			
安全疏散			
楼层	房型	数量	床位
1			
2			
3			
4			

任务操作

按照准备、计划、决策、实施、检查和评估六步法的要求，与学习小组共同完成"匹配研学旅行活动资源"系列任务操作单（表2-3-4～表2-3-9）。

表2-3-4　任务准备单

任务名称	匹配研学旅行活动资源			
典型工作过程描述	查询研学旅行活动资源→核实考察研学旅行活动资源→筛选匹配研学旅行活动资源→形成研学旅行活动资源方案			
学习小组	组长		成员	
	分工			
准备内容及操作标准	准备内容	操作标准描述（请在相关括号内勾选或填写）		
	组建学习小组	小组组建方式：教师随机分配（　　　），自愿组合（　　　），其他方式（　　　）；是否进行分工合理性论证（　　　）；是否建立小组内部合作机制（　　　）		
	课前预习	教材知识学习方法：小组学习（　　　），自学（　　　）； 其他学习资讯（资料）获取方法：网络（　　　），图书（　　　），采访调研（　　　），小组座谈（　　　），通信咨询（　　　），其他（　　　）		
		学习内容描述（列出主要学习资料的名称、内容及类型。其中，类型是指文本、音频、视频、图片等资源） 		
	能力与素质	信息查询方法（　　　　　　　）；信息化工具使用（　　　　　　　）		
	场地与条件	选择的模拟演示场地为（　　　）； 用到的相关设施设备有（　　　），是否熟练操作（　　　）； 其他相关场地与条件需求（　　　）		
准备评价	评价内容及标准	评价结果		
	1. 小组分工合理； 2. 预习具有深度、广度及资料丰度、准度、效度等； 3. 能力与素质准备充分； 4. 场地与条件准备完善	学生或小组自查评语： 		
		学生或组长签字：	日期：　　年　　月　　日	
		教师或企业专家评语： 		
		教师或企业专家签字：	日期：　　年　　月　　日	

表 2-3-5 任务计划单

任务名称	匹配研学旅行活动资源	
典型工作过程描述	查询研学旅行活动资源→核实考察研学旅行活动资源→筛选匹配研学旅行活动资源→形成研学旅行活动资源方案	
学习小组	组长	成员
	分工	
计划步骤或内容及操作标准	计划步骤或内容	操作标准描述
	资源分析与查询	（1）确定资源范围（资源应与研学旅行活动的主题和目标适应）。 （2）进行资源分类（应按照资源属性、资源主题、资源规模、资源等级、资源知名度等进行分类）。 （3）选择查询方式（如互联网、参考书、专家推荐、个人经验、他人口碑等方式，可选择一种或几种）
	资源信息核实	制作信息核对表单（细致全面、重点突出）
	资源实地考察	制作实地考察表单（细致全面、重点突出）
	资源匹配工作计划	内容应包含资源分析与查询、资源信息核实、资源实地考察等内容
计划描述		
计划评价	评价内容及标准	评价结果
	1. 计划或方案全面、具体，步骤清晰； 2. 计划描述或设计方案等符合操作标准	学生或小组自查评语： 学生或组长签字： 日期： 年 月 日 教师或企业专家评语： 教师或企业专家签字： 日期： 年 月 日

表 2-3-6　任务决策单

任务名称	匹配研学旅行活动资源			
典型工作过程描述	查询研学旅行活动资源→核实考察研学旅行活动资源→筛选匹配研学旅行活动资源→形成研学旅行活动资源方案			
学习小组	组长		成员	
	分工			
决策内容及操作标准	决策内容	操作标准描述		
	资源分析与查询	（1）资源查询范围能够围绕研学活动主题和目标进行。 （2）资源类型分析到位、准确合理。 （3）资源查询方式合理，能够高效获取查询结果		
	资源信息核实	信息核对表单细致全面、重点突出		
	资源实地考察	实地考察表单细致全面、重点突出		
	资源匹配工作计划	计划内容全面、流程清晰、可操作性强		
决策记录				
决策评价	评价内容及标准	评价结果		
	1.资源查询与分析符合操作标准； 2.资源信息核实表单细致全面、重点突出； 3.资源实地考察表单细致全面、重点突出； 4.资源匹配工作计划内容全面、流程清晰、可操作性强； 5.完善和改进措施具体、效果明显	学生或小组自查评语：		
		学生或组长签字：	日期：　年　月　日	
		教师或企业专家评语：		
		教师或企业专家签字：	日期：　年　月　日	

表 2-3-7 任务实施单

任务名称	匹配研学旅行活动资源		
典型工作过程描述	查询研学旅行活动资源→核实考察研学旅行活动资源→筛选匹配研学旅行活动资源→形成研学旅行活动资源方案		
学习小组	组长		成员
	分工		
实施流程及操作标准	实施流程	实施操作标准描述	
	资源分析与查询	（1）围绕研学旅行活动主题和目标，对资源进行分类。 （2）根据选定的信息查询方式对资源进行查询，并具体描述资源（包括资源的类型、研学场地概况、地理位置、接待规模、主题类型、课程资源、场地特色、周边资源等）	
	资源信息核实	完成资源信息的核实（重点核实资源信息的真实性、准确性）	
	资源实地考察	完成资源现场考察（重点考察资源与研学旅行活动主题、目标的适应性及资源的实用性、可行性、安全性等）	
	资源匹配方案汇报	汇报内容应包括资源分析与查询、资源信息核实情况、资源实地考察情况和资源匹配结果	
实施效果及相关成果			
实施评价	评价内容及标准	评价结果	
	1.资源查询过程符合标准要求； 2.资源信息核实和现场考察过程完整、周到细致； 3.资源筛选结果与活动要求契合、合理； 4.资源方案内容全面、逻辑清晰； 5.资源匹配结果合理有效	学生或小组自查评语： 学生或组长签字： 日期： 年 月 日	
		教师或企业专家评语： 教师或企业专家签字： 日期： 年 月 日	

表 2-3-8　任务检查单

任务名称	匹配研学旅行活动资源			
典型工作 过程描述	查询研学旅行活动资源→核实考察研学旅行活动资源→筛选匹配研学旅行活动资源→形成研学旅行 活动资源方案			
学习小组	组长		成员	
	分工			
检查内容及 检查标准	检查内容	检查标准描述		
	内容检查	研学旅行活动资源方案内容全面、过程清晰、操作规范、真实有效		
	操作检查	资源查询及资源筛选过程符合操作标准		
	效果分析	资源匹配结果与活动要求吻合，具有合理性；资源丰富、操作性强		
	完善改进	根据执行过程，总结优缺点，分析难点和不足，提出完善和改进建议		
检查记录				
检查评价	评价内容及标准	评价结果		
	1.复盘检查具体、到位； 2.对比分析全面、深刻； 3.改进措施合理、可行	学生或小组自查评语： 学生或组长签字：　　　　　　　　　　　　　日期：　　年　　月　　日		
		教师或企业专家评语： 教师或企业专家签字：　　　　　　　　　　　日期：　　年　　月　　日		

表 2-3-9 任务评估单

任务名称	匹配研学旅行活动资源		
典型工作过程描述	查询研学旅行活动资源→核实考察研学旅行活动资源→筛选匹配研学旅行活动资源→形成研学旅行活动资源方案		
学习小组	组长		成员
	分工		
评估内容与评估标准	评估内容	评估标准描述	
	完成度	准备充分，计划具体，决策正确，实施顺利，检查全面，评估客观	
	规范性	任务实施符合相关操作流程，操作标准规范	
	创新性	任务实施和操作过程具有一定的创新性、美观性等	
	时效性	任务准时完成，具有一定的实用性或现实意义	
	成果质量	研学旅行活动资源方案具有一定的质量	
	总结与反思	能够及时进行总结与反思，且反思与总结较为全面、准确	
评估记录			
评估评价	评价内容及标准	评价结果	
	1.评估内容全面、到位； 2.评估符合相关操作标准； 3.评估准确、客观	学生或小组自查评语：	
		学生或组长签字：	日期： 年 月 日
		教师或企业专家评语：	
		教师或企业专家签字：	日期： 年 月 日

学习评价

对匹配研学旅行活动资源的学习表现和学习过程进行评价见表 2-3-10、表 2-3-11。

表 2-3-10　学习表现评价表

序号	评价内容	主要考核指标	评价主体																			
			自评（10%）					互评（20%）					师评（40%）					业评（30%）				
			A	B	C	D	E	A	B	C	D	E	A	B	C	D	E	A	B	C	D	E
1	态度（10分）	自主学习、求知欲、好奇心、积极性、抗压性、挑战困难																				
2	出勤（10分）	出勤次数																				
3	合作（25分）	合作态度、合作能力、合作效果																				
4	贡献（25分）	参与讨论、对小组贡献、帮助成员																				
5	反思（15分）	反思、总结、改进																				
6	增值（15分）	个人进步、提升																				
7	总计（100分）																					
8	评语		学生					小组					教师					企业				
9	签字及日期		学生： 日期：					组长： 日期：					教师： 日期：					企业： 日期：				

注释：

1. 等级 A、B、C、D、E 赋分标准：10 分（A. 9～10，B. 8～8.9，C. 7～7.9，D. 6～6.9，E. 6 分以下）；

　　　　　　　　　　　　　　　15 分（A. 14～15，B. 12～13.9，C. 10～11.9，D. 8～9.9，E. 8 分以下）；

　　　　　　　　　　　　　　　25 分（A. 24～25，B. 21～23.9，C. 18～20.9，D. 15～17.9，E. 15 分以下）。

2. 评价主体可根据具体任务进行选择，但提倡学生、学生之间、教师和企业四位一体进行评价。

3. 建议学习小组组长实行轮换制

表 2-3-11　学习过程评价表

序号	评价内容	主要考核指标	评价主体																		
			自评（10%）					互评（20%）					师评（40%）					业评（30%）				
			A	B	C	D	E	A	B	C	D	E	A	B	C	D	E	A	B	C	D	E
1	准备（15分）	分工；调研；研讨；学习深度、广度；资料丰度、准度、效度等																				
2	计划（15分）	计划描述或设计方案符合操作标准																				
3	决策（15分）	研讨、论证合理性、可行性，并改进完善																				
4	实施（35分）	流程与标准、实施难度、安全性、经济性、环保性等																				
5	检查（10分）	复盘检查、分析对比、完善和改进等																				
6	评估（10分）	完成度、规范性、创新性、美观度、实用性、时效性、成果质量等																				
7	总计（100分）																					
8	评语		学生					小组					教师					企业				
9	签字及日期		学生： 日期：					组长： 日期：					教师： 日期：					企业： 日期：				

注释：

1. 等级 A、B、C、D、E 赋分标准：10 分（A. 9～10，B. 8～8.9，C. 7～7.9，D. 6～6.9，E. 6 分以下）；

　　　　　　　　　　　15 分（A. 14～15，B. 12～13.9，C. 10～11.9，D. 8～9.9，E. 8 分以下）；

　　　　　　　　　　　35 分（A. 32～35，B. 28～31.9，C. 24～27.9，D. 21～23.9，E. 21 分以下）。

2. 评价主体可根据具体任务进行选择，但提倡学生、学生之间、教师和企业四位一体进行评价

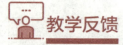

对匹配研学旅行活动资源的教学反馈见表 2-3-12。

表 2-3-12　教学反馈单

任务名称	匹配研学旅行活动资源		
典型工作过程描述	查询研学旅行活动资源→核实考察研学旅行活动资源→筛选匹配研学旅行活动资源→形成研学旅行活动资源方案		
调研反馈	调研内容	是否满意	理由描述
	学习内容		
	教学方法		
	小组合作		
	任务完成		
	能力培养		
改进建议			
整体评价	A. 90 ～ 100 (　　　), B. 80 ～ 89 (　　　), C. 70 ～ 79 (　　　), D. 60 ～ 69 (　　　), E. 0 ～ 59 (　　　)		

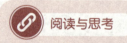 阅读与思考

钱学森惊险回国

爱国，是人世间最深层、最持久的情感。中华民族的爱国主义精神，有着深厚的历史、文化和情感积淀，已成为流淌在中华儿女血液里的精神基因。

我国当代杰出的科学家中，有三位姓钱的人物：钱学森、钱三强、钱伟长，人称"三钱"。他们都是出国留学后，怀着报效祖国的赤子之心回来的，其中钱学森的经历最为惊险。

钱学森 1935 年赴美国留学，在航空科学上取得了卓越的成就，成为有名的火箭专家。1949 年，他得知中华人民共和国成立，非常兴奋，决定回国参加建设。可是美国方面敌视中国，怕钱学森回国对他们不利，就千方百计地阻挠。美国海军次长还恶狠狠地说："我宁肯把他枪毙了，也不让他离开美国。他知道的太多了，一个人可顶五个师的兵力！"于是，美方无中生有，说钱学森是中国间谍，把他逮捕关押，后来虽然释放了，可又遭到严密监视。钱学森没有屈服，向美方提出严正抗议，回国的决心更大了。他在家里放好三只小箱子，准备随时启程。后来在中国政府的过问下，被美方扣留了 5 年的钱学森终于在 1955 年搭乘轮船回国了。他来到天安门广场，兴奋地说："我相信我一定能回来，现在终于回来了！"钱学森回国后，为我国导弹和航天事业做出了巨大贡献。

我们从这个世界匆匆而过，但是在生命的天平上，却有一个砝码的分量非同寻常。他超越了个人名利，"小来思报国，不是爱封侯。"他超越了家庭血缘，"终当移笑作忠臣，为我国家扶厄运。"他超越了生死考验，"捐躯赴国难，视死忽如归。"他甚至超越了时间的边界，没错，他是我们的祖国，"许国不复为身谋。"为了祖国，我们义无反顾，前人如此，我们亦如是。

思考：如何理解"家国情怀"和"爱国主义精神"？作为一名研学旅行活动策划人员，如何在研学旅行活动中匹配和融入"家国情怀"的相关资源？

2.3.2　研学旅行活动资源（场地）图片

 岗课赛证

一、判断题

商业性研学营地是依托自然景观、文物古迹、文教设施等社会公共资源，由政府部门或社会团体代表国家行使管理权的研学营地。（　　　）

二、单选题

1. 开展研学课程主要以体验性、参与性的项目为主，涉及生活素质教育、社会认知教育、体能拓展、自然教育、安全教育等内容的研学基地属于（　　　）研学旅行基地。

A. 科技　　　　　　　　B. 农业　　　　　　　　C. 文化　　　　　　　　D. 户外拓展

2. 研学旅行基地的划分依据主要以主题元素为主，可划分为科技研学旅行基地、农业研学旅行基地、文化研学旅行基地、户外拓展基地等。下列属于科技研学旅行基地的是（　　　）。

A. 展馆类　　　　　　　　　　　　　B. 博物馆

C. 少数民族村寨　　　　　　　　　　D. 爱国主义教育基地

三、多选题

根据研学旅行服务的对象，将研学旅行营地分为（　　　）。

A. 团体研学营地　　　B. 家庭研学营地　　　C. 学生研学营地　　　D. 儿童研学营地

四、简答题

简述筛选课程资源时，核实信息与实地考察的目的。

2.3.3　参考答案

任务四　制定研学旅行活动方案

任务描述

　　按照学校对研学旅行活动的实际需求，结合场地资源的实际情况，拟定合理、可行的研学旅行活动行程，制定具体的研学旅行活动方案，最终形成的方案要保证研学旅行活动线路、研学旅行活动中的吃、住、行、学等要素的合理性、完整性和可行性，同时也要凸显研学旅行活动方案的亮点与特色。

2.4.1　任务导学

任务要求

任务名称	制定研学旅行活动方案		
学时建议	4～6学时		
情境导入	带领研学旅行活动策划小组，拟定研学旅行活动的路线和行程，制定出符合学校需求的研学旅行活动方案		
实施场地	校内或校外实训基地		
任务目标	知识目标：掌握研学旅行线路设计、研学旅行活动方案的相关知识		
	能力目标：学会设计研学旅行线路和行程；能够制定出研学旅行活动方案		
	素质目标：养成团队合作意识、创新意识、安全意识		
典型工作过程描述	设计研学旅行活动线路→编制研学旅行活动行程→编制研学旅行活动方案		
	学习内容及过程		
学习要求	准备	确定学习方式（学习小组）；课前预习；知识准备；场地和条件准备	
	计划	制订研学旅行活动方案编写的任务计划，包括研学旅行主题、研学旅行目标、活动亮点、研学时间、研学对象、研学地点、研学内容或行程安排、组织分工、安全措施等	
	决策	论证并修改研学旅行活动方案编写计划	
	实施	（1）设计研学旅行活动线路。 （2）编排研学旅行活动行程。 （3）编制研学旅行活动方案	
	检查	（1）检查研学旅行活动方案的科学性。 （2）检查研学旅行活动方案的合理性。 （3）检查研学旅行活动方案的科学性与合理性，分析优点、缺点，并总结反思	
	评价	对研学旅行活动方案完成度、科学性、合理性、创新性和成果质量进行总结、反思并做出评价	

情境导入

　　通过对研学旅行活动资源全面、细致的评估之后，你将带领团队在按照学校的实际需求的原则下拟定研学旅行活动的基本行程，并制定最终的研学旅行活动方案。在开始此项任务之前，请回答下面的几个问题：

　　1. 拟定活动的基本行程时应重点确定哪些环节或基本要素？

　　2. 在制定研学旅行活动方案时应如何突出活动的亮点和特色？

3.如何向学校推介所制定的研学旅行活动方案？

只有解决了上述问题，你的活动方案才有可能获得通过。

理论准备

一、设计研学旅行线路

研学旅行线路的设计指研学行程中连接各个研学旅行地点的具体路径安排，大到城市与城市之间的线路，小到在一个县城中连接研学地点、餐厅、住宿的线路，都属于线路设计的范畴。在设计研学旅行线路时一般遵循以下原则：

（一）合理选择交通方式，不走回头路

合理选择交通方式主要指在选择交通道路时，在条件允许的情况下，尽量避免走回头路，以免浪费时间。例如，从北京前往陕西开展研学旅行活动，研学旅行地点分别为西安和延安，研学旅行活动主题以汉唐文化研究为主需要在西安进行四天，以红色教育为辅在延安进行一天，所以学校提出的研学旅行线路设想是先去西安后去延安，然后返回北京。根据这样的需求，可以设计两种方案：一是从北京前往西安，从西安前往延安，从延安返回北京；二是从北京前往西安，从西安前往延安，再从延安返回西安，再转车回北京。经过调查发现延安是过路车站，返回北京的车次较少，原定的返回时间很难满足研学的车票数量需求，第一种方案不现实。而第二种方案需要从延安返回西安，再进行转车，这样不仅走了很多回头路，还需要增加转车的环节，费时费力，也不可取。根据实际情况可设计第三种线路方案：从北京出发乘火车前往延安，从延安乘坐大巴车前往西安，然后再从西安返回北京。这样设计的原因是因为从北京前往延安、从西安返回北京的车次较多，车票容易购买，另外北京、西安作为始发站和终点站，可以从容地组织团组上下车。经过与校方商议，最终选择了第三种，也是最合理的线路方案。

（二）合理规划线路时间，保证准时进行

线路和行程不能是简单地将研学旅行地点串联起来，而是要综合考量研学地点位置、研学旅行活动的时长和研学地点之间的车程三个条件，通过对这三点的计算，才能得出合理的线路安排。比如，在设计北京的研学旅行活动时，有一项活动是在天安门广场观看升国旗仪式，进行爱国主义教育。但是研学旅行活动中还有其他旅行活动地点，包括故宫博物院、国家博物馆、八达岭长城、颐和园、圆明园、清华大学、北京大学等。那么在观看完升国旗仪式后该安排什么旅行活动呢？众所周知，故宫博物院、国家博物馆距离天安门都非常近，走路即可到达，那就直接选择这两个研学旅行地点吗？答案是否定的。因为升旗仪式时间随日出而定，在夏季有可能在5：00就已开始，之后再进行一个小时的爱国主义教育，也只有6：00，而故宫博物院的开放时间是8：30，国家博物馆的开放时间是9：00，这期间团组不好安排。在实际工作中，通常会在升旗仪式之后安排前往八达岭长城，这样的安排看似意外，其实合理。利用早高峰之前便利的交通条件前往长城，抵达后刚好开放，长城的研学旅行活动结束后可以顺路安排颐和园、圆明园、清华、北京大学等研学旅行地点，然后将故宫博物院和国家博物馆安排在后面几天的时间，这样的安排就合理地利用了时间。

（三）保证线路安全，排除安全隐患

在选择行车线路时，务必对当地交通、路况调查了解，首先选择高速路、国道，避免选择偏僻

的、可能存在安全隐患的线路，同时还要注意绕开施工道路。这些问题可以在研学旅行活动准备阶段加以落实。

（四）通过制作行程表单，完成线路设计

在实际工作中，线路设计通过制作行程单完成。行程单的内容包括：
（1）日期：用来显示活动的具体日期。
（2）地点：具体活动的地点。
（3）时间节点：通过时间节点来说明活动所用的时间。
（4）行程安排：用来展示具体的活动内容。

二、编制研学旅行活动行程

（一）安排研学旅行时间、地点

应按照学校的相关要求，选择适宜的时间和符合研学旅行主题与目标的研学地点。在编制研学旅行活动时需要根据市场调查的结果、研学旅行活动主题和研学旅行活动目标以及掌握的相关知识与技能确定研学旅行的时间和地点。

（二）选择大交通

在安排研学旅行行程时，经常会面临一个选择，是先设计研学旅行线路，同时查找合适的酒店、餐厅，最后再选择合适的车次（航班）；还是先选择合适的大交通方式，再来安排研学旅行线路。在实际工作中，通常会选择后者，因为大交通的方式是客观的，不能根据研学旅行活动的需求随意调整，比如火车的车次、飞机的航班，特别是在客运繁忙、票务紧张的时候，而研学旅行团组通常具有人数多、价格限制等特点，选择大交通的空间比较小。通常将选择大交通作为安排研学旅行行程的第一步。在选择大交通的时候需要从以下五个方面考虑：

1. 距离参考

一般情况下，如果从研学地点到始发地的距离在 500 千米以内、汽车车程在五小时以内，可以直接选择旅游汽车作为出行方式；如果距离在 500～2 000 千米，选择火车出行，具体是普通列车还是动车高铁，需综合其他因素考虑；如果距离在 2 000 千米以上，应该首先选择飞机出行，然后再综合其他因素考虑。

2. 直达优先

尽量选择可以把始发地点作为始发站，研学旅行地点作为终点站的大交通方式。尽量避免从过路站上下车、避免转车（机）的情况，给研学旅行活动的实施降低一定的难度。如果避免不了，则需要对所有的大交通方案进行调查，选择上下车时间、转车（机）时间充足合理的大交通方案，并给予这一环节足够的重视。

3. 时间合理

时间合理主要指出发和抵达的时间最好控制在每天的上午 9：00 至下午 6：00。这样的时间节点最容易衔接其他环节，如接送站、用餐、住宿等，同时也能最大程度上节省团员的体力，减少舟车劳顿。

4. 学校需求

学校对学生的综合能力是非常了解的，有时候会根据学情或者其他方面因素考虑提出大交通需求，这时应当将学校提出的需求作为首要条件考虑，再综合其他因素考虑。

5. 实际可行

根据上面的四个条件初步设计出大交通方案，接下来还要进一步验证该方案的可行性，主要从以下两个方面进行：

（1）数量因素。数量因素指是否有充足的车票（机票）数量。要注意需要确定的不仅是出发当日始发站的票数，还必须确定返程票的数量充足，二者缺一不可。此外，由于设计研学旅行活动方案与真正落实大交通还会有一定的时间差，要预判在出票当日是否有足够的票数，最好通过提前交纳定金等方式进行预订，以免出现变化。

（2）价格因素。大交通的费用占整个研学旅行活动费用的比重很大，一定要注意核查票价是否在预算之内，特别是航班的价格。若差距很大，超过预算，则需要及时调整出行方案。

（三）选择地接社

从研学旅行活动方案设计到组织实施，整个过程涉及各种各样的资源，如研学资源地、住宿地点、餐厅、旅游汽车等。这些资源的选择和使用都需要从业者专业的知识和丰富的经验，特别是当前往异地进行研学旅行活动时，更需要投入大量的精力。实际上，祖国地大物博，世界精彩辽阔，很难对每一个研学地点的资源都了如指掌。这时候，研学旅行承办方会采取与当地专业地接社合作的方式，通过地接社安排线路，选择资源，进行接待，配合完成对研学旅行服务保障工作。但需要说明的是，无论通过什么方式进行资源的采购和线路的安排，都必须严格按照研学旅行活动设计流程和服务保障标准进行把控。

选择地接社，可以从以下五个方面考察：

1. 地接社资质

地接社的规范性是研学旅行承办方选择合作伙伴的前提，是团组成员利益和作为研学承办方信誉的基本保证。考察地接社资质，包括地接社是否有国家颁发的《旅行社业务经营许可证》；是否通过了企业年审；是否足额缴纳了旅行社质量保证金；业务范围是否与承办方吻合；有无相对稳定的持证导游或研学旅行指导师；地接社经营是否遵守旅游行业相关政策法规和惯例等。

2. 地接社规模

规模庞大且人力、物力、财力雄厚的地接社，往往拥有更大、更成熟的供给网络，业务操作更先进、熟练，效率更高，是理想的合作伙伴。规模小的旅行社也有自身的优势，在价格、线路、服务等方面可回旋的余地更大。可以根据课程的实际情况，酌情选择合适的地接社。

3. 地接社商誉

商誉不好的地接社会给研学旅行承办方带来很大的服务隐患，因此考察地接社的商誉非常重要。一个商誉良好的地接社应该管理有序、操作规范、社会声誉好、行业中口碑好，无重大投诉和拖欠款项等现象，无不良诚信记录。

4. 地接社业务能力

地接社的业务水平包括其产品开发、接团经验、服务质量、游客评价、年接团量等情况。重点考察地接社是否具备接待团队的优质条件。

5. 地接社的报价

地接社的报价直接关系到研学团组的预算，因此研学旅行承办方要在同等条件下选择服务报价低且质量好的地接社作为合作伙伴。绝不能仅看报价的高低，低价格极可能导致低品质。在审核地接社的报价时应分析其报价的合理性，要兼顾团队质量、市场情况、旅游淡旺季以及地接社合理的收益等因素，通过审核报价选择性价比高的地接社开展合作。

如果选择地接社进行研学团组合作，对地接社的选择应该慎之又慎。一个好的地接社不仅能为团员提供良好的服务，还能为承办方赢得良好的声誉。如果发现已合作的地接社服务质量下降、出现投诉等情况时，需要对地接社进行调整，及时与其终止合作关系并寻找新的地接社。

（四）选择住宿场所

在研学旅行的行程设计中，住宿的选择主要是出于对整体行程合理性的考虑，基于最基本的选择标准，初步拟订住宿方案。在研学旅行活动准备的阶段，还需要依据更严格的住宿标准，通过对住宿地点进行实地考察才能最终确定。

在行程安排中对住宿地点的选择要注意以下四点：

1. 住宿地点的位置

住宿地点位置的选择对研学旅行行程的合理性至关重要，合理的住宿地点位置可以极大地节省团组在路途中的时间。住宿地点位置最好控制在距离研学旅行活动地点 40 分钟以内的车程，可以利用位置这一固定标准作为选择住宿地点的先决条件，再配合其他住宿标准进行选择。

2. 住宿地点的资质

住宿地点必须能够提供齐全的经营资质证明，包含《卫生许可证》《餐饮服务经营许可证》《消防检查合格证》《特种行业经营许可证》《税务登记证》（或《统一社会信用代码证》）等。

3. 住宿地点的价格

核算住宿地点的费用是否符合经费预算，这也是选择住宿地点的基本条件。

4. 住宿地点的接待能力

衡量住宿地点的接待能力，应主要考查其是否能够在研学期间有足够的标准房间接待团组，并且能保证把团组集中安排在相同或相邻的中低楼层。

在研学旅行活动方案设计阶段，可以先利用网上查询、电话咨询等方式筛选住宿地点，将符合标准的住宿地点作为备选，待研学旅行活动方案确定后，在研学旅行活动方案落实阶段进一步落实。

（五）选择用餐场所

在行程安排中，先根据选择餐厅的基本条件，通过餐厅提供的照片、菜单等信息进行初步筛选，然后可以在研学旅行活动方案落实阶段再通过实地考察进行确定。初步筛选可以从以下五个方面进行。

1. 合适的位置

研学旅行活动中餐厅位置的选择需要精心设计，由于每日的行程都不相同，在路途中选择合适的餐厅能够节省大量的时间。例如，把晚餐地点安排在研学地点与酒店之间，这样在回酒店休息的路上可以顺便享用晚餐，非常便利。

2. 研学需求调查

通过之前进行的研学旅行市场需求调查分析，结合学校提出的关于用餐的需求，可以将其作为选择餐厅的参考条件。

3. 餐厅的资质

餐厅能够提供齐全的食品经营资质，包含《卫生许可证》《食品经营许可证》《消防检查合格证》《税务登记证》（或《统一社会信用代码证》）等，这是为学生团组选择餐厅的硬性条件。

4. 餐厅的环境

餐厅是否有能力接待研学团组，环境是否整洁、卫生，菜品质量是否合格。可以要求餐厅提供环境照片及菜单，待验证符合条件后，可作为备选。

5. 餐厅的餐标

餐标指用餐的标准和价格，需要结合餐厅的菜品质量、用餐环境综合考虑，以符合预算和确保用餐质量为前提，选择性价比最高的餐厅。

（六）核算费用标准

费用核算是研学旅行活动方案设计的重要一环。研学旅行活动重在体现公益性，研学旅行活动的相关费用，也应体现公益性，要尽量公平、合理。一般来说，研学旅行活动的相关费用应包括：大交通费、车费、房费、餐费、景点或基地（营地）门票费、第三方机构的服务费、旅行社导游或研学旅行指导师服务费、保险费等。

三、编制研学旅行活动方案

研学旅行活动方案是科学指导研学旅行相关工作顺利开展的指南和书面计划。一般包括以下主要内容：研学旅行主题、研学旅行目标、活动亮点、研学时间、研学对象、研学地点、研学内容或行程安排、组织分工、安全措施等。

研学旅行活动方案没有固定的格式，但是在编制研学旅行活动方案时应重点考虑以下方面：符合学校要求；对接相关课程标准；确保安全；突出亮点和特色；兼顾"游"和"学"等。

在初学时，可以通过表 2-4-1 进行。

表 2-4-1 研学旅行活动设计表

活动名称								
活动主题								
核心目标								
活动亮点								
授课对象								
学生费用	元 / 人							
费用明细								
	日期	时间段	地点	课程安排	内容简介	学时 / 分钟	涉及学科	特殊要求
活动行程	第 1 天							
	第 2 天							
	……							

任务操作

按照准备、计划、决策、实施、检查和评估六步法的要求，与学习小组共同完成"制定研学旅行活动方案"系列任务操作单（表2-4-2～表2-4-7）。

表 2-4-2　任务准备单

任务名称	制定研学旅行活动方案		
典型工作过程描述	设计研学旅行活动线路→编制研学旅行活动行程→编制研学旅行活动方案		
学习小组	组长		成员	
	分工			
准备内容及操作标准	准备内容	操作标准描述（请在相关括号内勾选或填写）		
	组建学习小组	小组组建方式：教师随机分配（　　　），自愿组合（　　　），其他方式（　　　）；是否进行分工合理性论证（　　　）；是否建立小组内部合作机制（　　　）		
	课前预习	教材知识学习方法：小组学习（　　　），自学（　　　）；其他学习资讯（资料）获取方法：网络（　　　），图书（　　　），采访调研（　　　），小组座谈（　　　），通信咨询（　　　），其他（　　　）		
		学习内容描述（列出主要学习资料的名称、内容及类型。其中，类型是指文本、音频、视频、图片等资源）		
	能力与素质	线路设计能力（　　　）；行程设计能力（　　　）；文案撰写能力（　　　）；成本核算能力（　　　）；团队合作能力（　　　）；沟通协调能力（　　　）		
	场地与条件	选择的模拟演示场地为（　　　）；用到的相关设施设备有（　　　），是否熟练操作（　　　）；其他相关场地与条件需求（　　　）		
准备评价	评价内容及标准	评价结果		
	1. 小组分工合理；2. 预习具有深度、广度及资料丰度、准度、效度等；3. 能力与素质准备充分；4. 场地与条件准备完善	学生或小组自查评语：		
		学生或组长签字：　　　　　　　　　　日期：　　年　　月　　日		
		教师或企业专家评语：		
		教师或企业专家签字：　　　　　　　　日期：　　年　　月　　日		

表 2-4-3　任务计划单

任务名称	制定研学旅行活动方案	
典型工作过程描述	设计研学旅行活动线路→编制研学旅行活动行程→编制研学旅行活动方案	
学习小组	组长　　　　　　成员	
	分工	
计划步骤或内容及操作标准	计划步骤或内容	操作标准描述
	制定研学旅行活动线路设计草案	依据研学旅行线路设计原则，制定研学旅行活动线路草案（应包含研学旅行活动日期、地点、时间节点和活动内容等）
	制定研学旅行活动行程安排草案	根据研学旅行活动线路，细化行程，制定出研学旅行活动行程安排草案（应按自然天的时间段来安排研学旅行活动，具体应包含活动时间、地点、活动内容、交通方式、地接社、住宿地点、用餐地点、核算费用等）
	制定研学旅行活动方案草案	依据设计好的研学旅行线路及行程安排，制定研学旅行活动方案草案（草案可以制作成表单形式，表单中应包含研学旅行活动主题、目标、活动亮点、时间、地点、活动内容、大交通、地接社、住宿场所、用餐场所、费用核算等内容）
计划描述		
计划评价	评价内容及标准	评价结果
	1.计划或方案全面、具体，步骤清晰；2.计划描述或设计方案等符合操作标准	学生或小组自查评语：
		学生或组长签字：　　　　　　　　日期：　年　月　日
		教师或企业专家评语：
		教师或企业专家签字：　　　　　　日期：　年　月　日

表 2-4-4　任务决策单

任务名称	制定研学旅行活动方案			
典型工作过程描述	设计研学旅行活动线路→编制研学旅行活动行程→编制研学旅行活动方案			
学习小组	组长		成员	
	分工			
决策内容及操作标准	决策内容	操作标准描述		
	研学旅行活动名称	研学旅行活动名称、主题简洁、新颖、生动、吸引人		
	研学旅行核心目标	研学旅行核心目标定义具象、可观察、可衡量且可操作性强，能体现社会责任感、实践能力和创新精神提升		
	研学旅行活动亮点	研学旅行活动亮点具体、独特、吸引人		
	研学旅行活动时间和地点	研学旅行活动时间和地点安排合理，内容符合域情、校情、生情		
	研学旅行活动内容	研学旅行活动内容与研学旅行活动主题、目标、实施之间的联系紧密、对应性强		
	研学旅行活动要素	大交通、地接社、住宿场所、用餐场所等相关要素安排符合相关要求		
	研学旅行活动费用	研学旅行费用合理，符合公益属性		
决策记录				
决策评价	评价内容及标准	评价结果		
	1.研学旅行活动线路设计合理、完整、要素齐备； 2.研学旅行活动行程安排合理、要素齐备； 3.研学旅行活动方案的草案内容全面、亮点突出，具有可行性和落地性； 4.完善和改进措施具有针对性	学生或小组自查评语：		
		学生或组长签字：　　　　　　日期：　　年　　月　　日		
		教师或企业专家评语：		
		教师或企业专家签字：　　　　日期：　　年　　月　　日		

表 2-4-5　任务实施单

任务名称	制定研学旅行活动方案	
典型工作过程描述	设计研学旅行活动线路→编制研学旅行活动行程→编制研学旅行活动方案	
学习小组	组长　　　　　　　成员	
	分工	

实施流程及操作标准	实施流程	实施操作标准描述
	制定研学旅行活动方案	完善研学旅行活动方案草案，形成研学旅行活动方案终稿
	小组汇报研学旅行活动方案	小组展示和汇报研学旅行活动方案（需制作汇报 PPT，并展示终稿文案）

实施效果及相关成果	

实施评价	评价内容及标准	评价结果				
	1. 实施操作符合相关流程和标准要求； 2. 实施难易程度适当； 3. 彰显团队合作能力	学生或小组自查评语：				
		学生或组长签字：	日期：　年　月　日			
		教师或企业专家评语：				
		教师或企业专家签字：	日期：　年　月　日			

表 2-4-6　任务检查单

任务名称	制定研学旅行活动方案		
典型工作过程描述	设计研学旅行活动线路→编排研学旅行活动行程→编制研学旅行活动方案		
学习小组	组长		成员	
	分工			
检查内容及检查标准	检查内容	检查标准描述		
	内容检查	研学旅行活动方案内容完整、丰富、具有可落地性		
	操作检查	研学旅行活动方案编制过程符合操作标准		
	效果分析	研学旅行活动方案符合相关要求，具有科学性、合理性		
	完善改进	总结研学旅行活动方案的优缺点，分析难点和不足，提出完善和改进建议		
检查记录				
检查评价	评价内容及标准	评价结果		
	1. 复盘检查具体、到位； 2. 对比分析全面、深刻； 3. 改进措施合理、可行	学生或小组自查评语：		
		学生或组长签字：	日期：　年　月　日	
		教师或企业专家评语：		
		教师或企业专家签字：	日期：　年　月　日	

表 2-4-7　任务评估单

任务名称	制定研学旅行活动方案		
典型工作过程描述	设计研学旅行活动线路→编制研学旅行活动行程→编制研学旅行活动方案		
学习小组	组长		成员	
	分工			
评估内容与评估标准	评估内容	评估标准描述		
	完成度	准备充分，计划具体，决策正确，实施顺利，检查全面，评价客观		
	规范性	任务实施符合相关操作流程，操作标准规范		
	创新性	任务实施和操作过程具有一定的创新性、美观性等		
	时效性	任务准时完成，具有一定的实用性或现实意义		
	成果质量	研学旅行活动方案具有一定的质量		
	总结与反思	能够及时进行总结与反思，且反思与总结较为全面、准确		
评估记录				
评估评价	评价内容及标准	评价结果		
	1.评估内容全面、到位；2.评估符合相关操作标准；3.评估准确、客观	学生或小组自查评语：		
		学生或组长签字：	日期：　年　月　日	
		教师或企业专家评语：		
		教师或企业专家签字：	日期：　年　月　日	

学习评价

对制定研学旅行活动方案的学习表现和学习过程进行评价见表2-4-8、表2-4-9。

表 2-4-8　学习表现评价表

序号	评价内容	主要考核指标	评价主体																			
			自评（10%）					互评（20%）					师评（40%）					业评（30%）				
			A	B	C	D	E	A	B	C	D	E	A	B	C	D	E	A	B	C	D	E
1	态度（10分）	自主学习、求知欲、好奇心、积极性、抗压性、挑战困难																				
2	出勤（10分）	出勤次数																				
3	合作（25分）	合作态度、合作能力、合作效果																				
4	贡献（25分）	参与讨论、对小组贡献、帮助成员																				
5	反思（15分）	反思、总结、改进																				
6	增值（15分）	个人进步、提升																				
7	总计（100分）																					
8	评语		学生					小组					教师					企业				
9	签字及日期		学生： 日期：					组长： 日期：					教师： 日期：					企业： 日期：				

注释：

1. 等级 A、B、C、D、E 赋分标准：10分（A. 9～10，B. 8～8.9，C. 7～7.9，D. 6～6.9，E. 6分以下）；

　　　　　　　　　　15分（A. 14～15，B. 12～13.9，C. 10～11.9，D. 8～9.9，E. 8分以下）；

　　　　　　　　　　25分（A. 24～25，B. 21～23.9，C. 18～20.9，D. 15～17.9，E. 15分以下）。

2. 评价主体可根据具体任务进行选择，但提倡学生、学生之间、教师和企业四位一体进行评价。

3. 建议学习小组组长实行轮换制

表 2-4-9　学习过程评价表

序号	评价内容	主要考核指标	评价主体																				
			自评（10%）					互评（20%）					师评（40%）					业评（30%）				
			A	B	C	D	E	A	B	C	D	E	A	B	C	D	E	A	B	C	D	E
1	准备（15分）	分工；调研；研讨；学习深度、广度；资料丰度、准度、效度等																				
2	计划（15分）	计划描述或设计方案符合操作标准																				
3	决策（15分）	研讨、论证合理性、可行性，并改进完善																				
4	实施（35分）	流程与标准、实施难度、安全性、经济性、环保性等																				
5	检查（10分）	复盘检查、分析对比、完善和改进等																				
6	评估（10分）	完成度、规范性、创新性、美观度、实用性、时效性、成果质量等																				
7	总计（100分）																					
8	评语		学生					小组					教师					企业				
9	签字及日期		学生： 日期：					组长： 日期：					教师： 日期：					企业： 日期：				

注释：

1. 等级 A、B、C、D、E 赋分标准：10分（A. 9～10，B. 8～8.9，C. 7～7.9，D. 6～6.9，E. 6分以下）；

　　　　　　　　　　　　15分（A. 14～15，B. 12～13.9，C. 10～11.9，D. 8～9.9，E. 8分以下）；

　　　　　　　　　　　　35分（A. 32～35，B. 28～31.9，C. 24～27.9，D. 21～23.9，E. 21分以下）。

2. 评价主体可根据具体任务进行选择，但提倡学生、学生之间、教师和企业四位一体进行评价

对制定研学旅行活动方案的教学反馈见表2-4-10。

表2-4-10　教学反馈单

任务名称	制定研学旅行活动方案		
典型工作过程描述	设计研学旅行活动线路→编制研学旅行活动行程→编制研学旅行活动方案		
调研反馈	调研内容	是否满意	理由描述
	学习内容		
	教学方法		
	小组合作		
	任务完成		
	能力培养		
改进建议			
整体评价	A.90～100（　　），B.80～89（　　），C.70～79（　　），D.60～69（　　），E.0～59（　　）		

🔗 阅读与思考

千年药乡，"药"香千年

2015年6月，浙江省第一批37个省级特色小镇创建名单正式公布，以中药材历史经典产业为主导的"磐安江南药镇"名列其中。江南药镇位于磐安县新渥镇境内，距离磐安县城不到10千米。自古以来磐安便是浙江省中药材之乡，尤其盛产以"白术、元胡、玄参、白芍、玉竹"为代表的磐五味，被誉为"天然的中药材资源宝库"。中国药材城"磐安浙八味市场"是长三角地区唯一的大型药材特产批发地。磐安以此为基础，以浙江省特色小镇为发展契机，打造融"秀丽山水、人文景观、生态休闲、旅游度假、康体养生"于一体的江南药镇。

江南药镇定位为"药材天地、医疗高地、养生福地、旅游胜地"，通过培育中医药健康产业、旅游服务业和养生养老产业三大新兴产业，融产业、旅游、社区、人文功能于一体，建设成为以中草药文化为主，集高端中药产业、旅游度假养生、区域联动发展的特色小镇，塑造一个尊重和传承中国中医药文化、一个人与自然和谐共生、一个可持续发展的精致特色小镇。

突出特色能够提升旅游目的地的品牌价值和知名度。一个有特色、有内涵、有意义的旅游目的地，不仅能够吸引更多游客的关注和参观，同时也能够提升目的地的声誉和影响力，进而吸引更多的游客和投资者，形成良性的发展循环。江南药镇突出地方特色、整合产业优势、形成产业集群，让"小特产"成为"大产业"，为地方文旅、经济发展注入了"活水"。无论干什么，都要找准定位、发挥特色优势，方能有所作为。

　　思考： 如何理解研学旅行活动方案的特色和亮点？在编制研学旅行活动策划方案时，如何能够突出特色和亮点？

2.4.2　研学旅行
活动方案案例

 岗课赛证

一、判断题

研学旅行活动的住宿接待地点必须能够提供齐全的经营资质证明，包含《卫生许可证》《餐饮服务经营许可证》《消防检查合格证》《特种行业经营许可证》《税务登记证》（或《统一社会信用代码证》）等。（　　）

二、单选题

一般情况下，如果从研学地点到始发地的距离在500千米以内、汽车车程在五小时以内，可以直接选择（　　）作为出行方式。

A. 徒步　　　　　　　B. 旅游汽车　　　　　　　C. 火车　　　　　　　D. 飞机

三、多选题

1. 在选择地接社时，一般要从（　　）等方面进行考察。

A. 资质　　　　　　　B. 信誉　　　　　　　C. 业务能力　　　　　　　D. 报价

2. 在初步设计出大交通方案后，还要验证方案的可行性，一般主要从（　　）等方面进行检验。

A. 票的数量　　　　　　B. 票的价格　　　　　　C. 票的种类　　　　　　D. 票的日期

四、简答题

简述设计研学线路时应遵循的一般原则。

2.4.3　参考答案

项目三　研学旅行课程设计

项目描述

　　在学习研学旅行课程设计相关知识与技能的基础上，能够根据研学旅行活动方案的要求，完成研学旅行课程设计，包括设计出符合不同学段学生特点的课程主题、课程目标、课程内容以及课程手册等。

学习导图

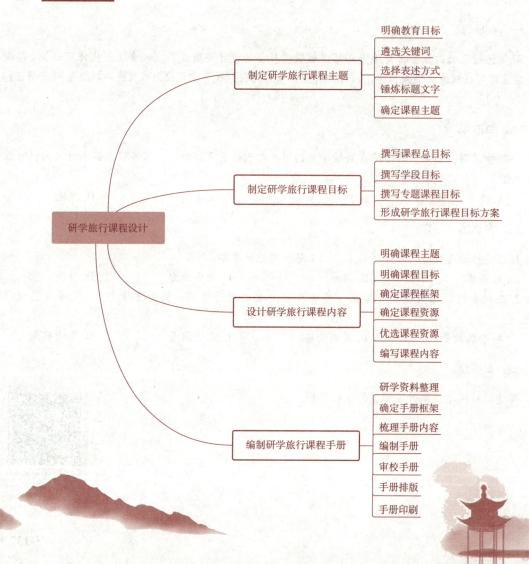

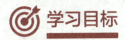 学习目标

总目标	1. 通过学习研学旅行课程设计理论及方法，形成研学旅行课程开发人员工作岗位应具备的知识、技能和素质。 2. 能根据研学旅行课程开发人员工作流程、操作标准，完成研学旅行课程开发人员典型工作任务，包括研学旅行课程主题选择与目标设计、研学旅行课程内容设计、研学旅行实践教学活动设计、研学旅行工作手册及学习手册编制等。 3. 通过研学旅行课程开发人员典型工作任务及职业体验，养成良好的创新意识、职业道德和职业素养
知识目标	1. 能够理解研学旅行课程设计的内涵和意义。 2. 能够识记和复述课程设计的主要理论思想。 3. 能够识记和复述研学旅行课程设计基本原则、主要流程、基本策略、设计方法及内容要求等相关知识
能力目标	1. 能够根据要求完成研学旅行课程主题选择与目标设计。 2. 能够根据要求完成研学旅行课程内容设计。 3. 能够根据要求完成研学旅行实践教学活动设计。 4. 能够根据要求完成研学旅行工作手册及学习手册的编制
素养目标	1. 通过小组学习和自我学习，提升自身团队合作能力和自主学习能力。 2. 通过完成研学旅行课程设计典型工作任务，养成良好的创新意识、职业道德和职业素养。 3. 通过完成研学旅行课程设计典型工作任务，深刻理解"教书育人""立德树人"

任务一　制定研学旅行课程主题

▌任务描述

3.1.1　任务导学

在熟悉和掌握研学旅行课程主题设计的内涵、依据、原则、方法和步骤等相关理论知识的基础上，能够依据用户需求和给定资源，制定出研学旅行课程主题。

▌任务要求

任务名称	制定研学旅行课程主题	
学时建议	2～4课时	
情境导入	依据用户需求和给定资源，制定研学旅行课程主题	
实施场地	课堂或机房	
任务目标	知识目标：能够识记和复述研学旅行课程主题设计的内涵、依据、原则、方法、步骤等相关知识	
	能力目标：能够依据用户需求和给定资源，制定研学旅行课程主题	
	素质目标：养成团队合作能力、项目执行能力，体会精益求精的职业精神	
典型工作过程描述	明确教育目标→遴选关键词→选择表述方式→锤炼标题文字→确定课程主题	
学习要求	学习内容及过程	
	准备	确定学习方式（学习小组）；课前预习；能力与素质准备；场地和条件准备
	计划	制定研学旅行课程主题编写草案
	决策	讨论和修改研学旅行课程主题编写草案
	实施	撰写并汇报研学旅行课程主题
	检查	检查研学旅行课程主题的合理性，可提交给用户，根据用户反馈意见调整完善
	评价	对研学旅行课程主题的规范性、合理性、成果质量、总结与反思等情况做出评价

▌情境导入

作为某研学旅行服务机构的课程研发人员，接到为当地某小学设计一门研学旅行课程的任务。该校地处城乡接合部，学生吃苦耐劳、勤奋刻苦，亟须开阔视野，提升科学素养。请你依据该校校情、学情及校方的相关要求，为这门研学旅行课程制定出具有吸引力的主题。

📋 理论准备

一、研学旅行课程设计

研学旅行课程设计是将课程理念转化为具体、可操作的课程实践活动的关键过程，根据具体的育人目标要求，在综合利用研学旅行资源的基础上，编制课程主题、课程目标、课程内容、课程标准、课程实施方案、课程实施策略、课程教案、课程教材（教学资料）等一系列有计划、有目的、有结构、有逻辑的系统化过程。研学旅行课程设计一般要经过课程主题设计、课程目标设计和课程框架（课程内容）设计三个步骤。

研学旅行的核心特征是亲身体验性，在设计研学旅行课程时必须首先关注这一特性。同时，研学旅行课程的设计还可以从人的全面发展的角度出发，从人与自然、人与社会和人与自我三个维度展开设计活动。针对参与者的特点，研学旅行课程应考虑到不同学段、班级、小组和个人的差异，有针对性地进行设计。此外，研学旅行课程设计还需要围绕课程主题和课程目标进行。

二、研学旅行课程设计的理论依据

研学旅行课程设计需要综合考量国家教育方针政策、教育学、心理学以及课程理论等多方面的理论依据，以确保研学旅行课程目标的达成。这些理论依据的运用，能够为研学旅行课程的设计提供科学、合理的指导，确保课程内容丰富、形式多样，符合学生的认知规律，提高学生的综合素质。

（一）国家教育方针政策

国家教育方针政策是指导教育事业发展的战略原则和行动纲领，旨在明确教育事业发展方向。研学旅行课程主题的设计最根本的就是全面贯彻党的教育方针与政策，解决好培养什么人、怎样培养人、为谁培养人的根本问题。

研学旅行课程设计也必须坚持马克思主义的指导地位，贯彻习近平新时代中国特色社会主义理论，建设社会主义办学方向，落实立德树人的根本任务，坚持教育为人民服务、为中国共产党治国理政服务、为巩固和发展中国特色的社会主义制度服务、为改革开放和社会主义现代化建设服务，努力培养担当民族复兴伟大任务的时代新人，培养德智体美劳全面发展的社会主义建设者和接班人。

在进行研学旅行课程设计时，还必须注重素质教育和核心素养这两个基本的理论依据，同时还要遵循《中小学德育工作指南》提出的"五育并举"以及《中小学综合实践活动课程指导纲要》《关于全面加强新时代大中小学劳动教育的意见》《大中小学劳动教育指导纲要（试行）》等政策文件的相关要求。

（二）教育学和心理学

教育学和心理学在本质上是研究学生身心发展规律的科学。因此，研学旅行课程设计必须依据教育学和心理学的相关理论。

（三）课程理论

研学旅行课程还包含国防教育课程、自然主义教育课程、劳动教育课程等内容。在制定研学旅行课程时，要遵循研学旅行课程设计的相关理论。

三、研学旅行课程设计原则

研学旅行课程设计主要有以下几个原则。

（一）教育性原则

在研学旅行活动中，要注重知识性、科学性和趣味性，培养学生的社会责任感、创新精神和实践能力，同时要避免只旅行不学习或只学习不旅行的现象。

（二）体验性原则

研学旅行的核心理念是通过研究性学习和旅行体验，培养学生的实践能力和创新精神。因此，在课程设计和实施过程中，应注重学生的实践操作和亲身体验，加强书本知识与生活经验的联系。

（三）综合性原则

研学旅行应从德育为先和人才培养的根本目标出发，站在综合教育的角度，整合学校内、跨界和地区特性的资源，以全面规划和集成资源为切入点，进行规划、设置和实施。

（四）开放性原则

研学旅行课程主题凸显研学旅行课程的开放性特征。研学旅行课程面向学生的是整个生活世界，活动内容应打破学科界限，选择与学生的生活密切相关的综合性活动内容，鼓励学生跨领域、跨学科学习，为学生自主活动留出余地。

（五）安全性原则

研学旅行课程的安全性是研学旅行课程开展和实施的关键因素。作为校外综合实践活动，研学旅行课程涉及的范围广、开放性强、集体出行难度大，中小学生的安全意识薄弱，还有诸多不可控制因素，这些是造成研学旅行课程实施的安全隐患。因此，研学旅行课程设计首先必须考虑安全因素，选择安全的研学旅行目的地，设计安全的研学旅行活动内容，制定切实可行的安全预防措施及必要的应急预案，确保研学旅行各环节的安全性。

（六）融合性原则

研学旅行课程是一种多学科融合的综合性课程，在课程主题、课程目标的制定，研学旅行资源的选择与开发，研学活动内容和活动环节的设计等方面需要注重融合性。在课程类型上可开发自然类、历史类、地理类、科技类、人文类、体验类等多种类型的研学课程体系；在研学旅行资源利用上，可充分调动校内、校外及周边资源，将学校课程和校外综合实践活动相结合；在课程内容设计上，尽量丰富多样，进行多学科或跨学科融合，以发挥研学旅行课程的综合实践功能。

（七）因地制宜的原则

研学旅行课程应根据不同地域的资源状况设计开发，凸显地域特色。利用身边的、社区的时空环境开发设计相应的研学旅行课程，有利于节约经费和时间，同时地理环境中的要素相互联系并相互制约，对学生的素养提升同样有育人的效果。

四、研学旅行课程主题设计

研学旅行课程主题指研学旅行课程的主旨与核心，狭义上讲是指研学旅行课程的名称。研学旅行课程主题，往往是吸引人关注的最好切入点。研学旅行课程主题的选取是一个"取名"过程，也是内容提炼过程，名称的选取一定要聚焦研学旅行活动内容，要和研学旅行课程的设计息息相关。在名称设计和选取时要坚持以内容为主，即"名副其实"。一个好的主题名称就是一个好的教育素材。

研学旅行课程主题的设计应遵循教育部等 11 部门印发《关于推进中小学生研学旅行的意见》中的规定，即小学应以乡情为主、初中应以县情或市情为主、高中应以省情或国情为主。设计研学旅行课程主题应当依托各种资源进行，包括现代科学技术和社会发展的相关内容。此外，学校还可以考虑跨越学科界限，进行跨界组合和学科知识重组，设计出更多优秀的主题内容。

五、研学旅行课程主题类型

教育部等 11 部门印发《关于推进中小学生研学旅行的意见》指出："各基地要将研学旅行作为理想信念教育、爱国主义教育、革命传统教育、国情教育的重要载体，突出祖国大好风光、民族悠久历史、优良革命传统和现代化建设成就，根据小学、初中、高中不同学段的研学旅行目标，有针对性地开发自然类、历史类、地理类、科技类、人文类、体验类等多种类型的活动课程。"据此，可以将研学旅行课程主题划分为以下几个类型。

（一）红色革命传统教育主题

历史是最好的教科书。历史上，无数革命先辈抛头颅、洒热血，为民族独立和解放事业开展了不屈不挠的斗争，彰显了民族精神和革命斗争精神，留下了许许多多红色遗迹。根据学生的年龄特点、学科特点和教育培养重点，将这些宝贵的红色资源与研学旅行相结合，展开各种形式的研学旅行教育活动，引导学生了解革命历史、增长革命斗争知识，学习革命斗争精神，进行爱国主义教育，传承革命斗争精神和民族精神，培养学生的民族认同感，培育新的时代精神。

（二）中华传统历史文化主题

中华文明绵延上下五千年，有着顽强的生命力。它博大精深、引人向往，是中华儿女的宝贵财富。在研学旅行中，可结合当地的人文资源，让学生体会到中华文化的魅力，树立民族自信心。时机成熟时，还可以与市内外、省内外和国内外友好学校进行交流互访，让学生领略不同地域文化的差异。

（三）祖国大好河山和国、省、乡情主题

祖国地域辽阔，各地风景不尽相同，风土人情更是千差万别。在研学旅行过程中，可带领学生了解和感受当地的地貌特征、动物、植物、生态环保、风土人情等方面，体会这些因素之间的联系，激发他们对国家、家乡、自然的热爱。

（四）科技国防主题

科技的发展已经渗透到生活的各个角落，人们享受着科技带来的便利。在研学旅行活动中，可以通过参观科技馆、天文馆、航空航天馆、工业和农业场馆（所）等，探究科技在人类社会发展各方面的应用，联系生活实际深入了解科技原理。同时，可以组织学生进行国防知识学习，包括国防中应用的科学技术、军事训练等。

（五）社会生活主题

深入社会生活进行学习和探究，了解不同的社会分工，如对交通、卫生、饮食、就业情况等进行观察，体会经济社会发展带来的巨大变化，增强社会角色体验，体会每种社会角色的重要性，培养学生的社会责任感。

（六）体能拓展训练主题

"德、智、体、美、劳"五育并举是教育发展的必然趋势，其中"体"不可忽视。可以到野外针对学生体能提高开展研学旅行活动，在保障安全的基础上训练体能，让学生掌握一些地理知识、急救护理知识，培养学生在恶劣环境下的生存能力，锻炼他们的意志。

六、研学旅行课程主题设计的基本原则

（一）立德树人原则

研学旅行课程应当始终以立德树人为根本任务，积极倡导社会主义核心价值观。通过帮助学

生了解国家实际情况，培养他们的爱国情怀，开阔视野，增长知识，提升社会责任感、创新精神和实践能力；让学生领略祖国大好河山，感受中华传统美德，传承革命光荣传统及改革开放的伟大成就，增强中华民族的文化自信。因此，在设定研学旅行课程主题时，必须将立德树人原则作为首要的考量因素。

（二）教育性原则

研学旅行课程主题名称，亦称研学旅行课程标题，是研学旅行课程核心内容的集中体现和概括。对于研学旅行课程来说，一个突出教育性的标题能够充分展现课程的内在价值。主题名称应当凸显教育性原则，通过名称直接传达课程的教育意义与价值。

（三）题文一致性原则

在设定课程主题名称时，题文一致性是最基本的原则。课程主题应当准确地概括课程的核心内容、主旨和精神实质。主题名称的内容必须真实、准确，文字简练，语义清晰明了。主题名称应明确传达出课程的内涵与目标，使学生能直观了解和体会课程内容，无须进行额外的猜测或推断。

（四）科学性原则

由于研学旅行课程的教育性质，主题名称的设定必须遵循科学性原则。这里的科学性主要指两个方面：一方面，选用的词汇应当是科学、专业的术语，应使用已经证实的结果，避免使用通俗的俚语或未经证实的内容；另一方面，表达的方式应当符合学生的阅读习惯，同时表达的内容应符合科学认知的规律。

（五）规范性原则

规范性原则主要涉及课程主题名称用词的规范及主题风格的适宜性。主题名称应当突出实践性，体现研学旅行的特征，并反映时代的发展和科技的进步。主题风格应当符合学生的身心发展阶段及综合素质培养的需求。

七、研学旅行课程主题设计的基本要求

（一）确保准确规范

课程名称应准确反映课程内容，使用规范的表述方式。课程名称应与研学旅行的主题紧密相关，确保名副其实。同时，课程名称的内涵应恰当，既不过于笼统，也不过于狭窄，能清晰地传达研学对象和内容。例如，"国学研学旅行课程之旅"这一名称过于宽泛，若改为"基于《论语》的孔子治学之道研学之旅"，则更加准确明晰。

（二）力求简洁醒目

课程名称应简短明了，避免冗长烦琐。《现代汉语词典》对标题的定义是"标明文章、作品等内容的简短语句"。课程名称应简短独特，富有创意，避免使用概念化的语言，尽量使用形象、具体的表述方式。同时，课程名称的表达方式应符合阅读习惯，避免使用过于晦涩的语言。

（三）追求新奇有趣

新颖独特和引人入胜是课程名称的重要特点。课程名称应尽量反映研学旅行活动内容的独特性

和价值，使用醒目、生动的关键词。同时，课程名称也应具有一定的时尚性，紧密结合当前社会发展，把握时代发展的脉搏。

（四）贴近学生实际

课程名称应贴近学生的生活实际，适应不同年龄段学生的特点。针对小学生的研学旅行课程应注重趣味性、生活化；针对初中生的研学旅行课程应注重新颖性和挑战性；针对高中生的研学旅行课程应注重思考性。在确定课程名称时，根据学生的年龄特征和研学内容的特点，选择适合的标题。好的课程名称能有效地引导师生进入研学情境，为研学旅行活动的开展奠定良好的基础。

八、研学旅行课程主题设计的常用方法

研学旅行课程因其特有的体验性、研究性特点，主题的命名应更加注重教育性和体验性。常用的命名方法主要有聚焦法、抽取法、创新法、"地点＋"法等。

（一）聚焦法

教育部发布的《中小学综合实践活动课程指导纲要》推荐了152个活动主题。由于客观存在的城乡差异和学情差异，所推荐的主题都比较宽泛，具体到实际研学旅行课程主题，因其缺乏具体的研究对象，不具有直接作为课程主题的条件。如果参考这些主题，可以对某一主题进一步聚焦，使之具备可行性和具体化。结合研学旅行课程实际，只需要根据研学旅行资源实际，进一步聚焦主题就可以作为研学旅行课程主题，是当前研学旅行最为方便的一种主题遴选方式。

（二）抽取法

抽取法就是抽取研学旅行课程中的关键词作为标题。这是课程名称命名的常用方法，也是比较稳妥、有效的方法。研学旅行课程主题分为单一研学旅行主题与综合研学旅行主题，命名时可以抽取不同的关键词作为主题名称。

（三）创新法

创新法是先对研学旅行课程内容进行提炼，再围绕研学主旨发挥想象和联想，以各种手法创新性地设计标题的方法。创新时可以融入文学构词法，可以借用学科专业词汇，还可以运用辩证手法。例如，黄河主题研学中使用的"行走地上河"的"走"，"探寻农业科技"的"寻"，都凸显了学生的学习方式及过程，同时涵盖了研学旅行的主题内容。

（四）"地点＋"法

研学旅行课程设计实践中还有地点＋研学内容、地点＋研学方式、地点＋主题内容命名法等几种命名方法。例如，黄河三角洲研学旅行课程设计中的"领略湿地文化""探秘鸟类世界""探寻农业科技"的直观表述，都是对课程目标及内容的提升。

九、研学旅行课程主题设计的步骤

研学旅行课程方案是研学旅行活动的重要行动指南，直接决定着研学旅行课程线路的设计和研学资源的选择。研学旅行的主题、内容及环节设置，目的地选择，甚至人员配备、服务支撑等，均要以研学旅行课程方案为基础并在其指导下进行。一个好的主题会让研学旅行课程方案富有吸引力和导向性，命名的过程就是对研学旅行课程内容的提炼过程。一般来说，研学旅行课程主题的设计，需要经过以下几个步骤：

（一）明确教育目标

教育目标是遴选课程内容、设计研学旅行课程方案的依据，也是研学旅行课程主题设计的首要考虑因素。有针对性地拟定教育目标是做好研学旅行工作的第一步。教育目标需要明确而具体，尽量保证可行性，不能大而全，过于空泛。例如，结合学校德育教育目标开展的红色革命历史教育、劳动教育、感受中华传统美德教育等目标就较为明确。反之，诸如培养学生创新精神、实践能力，让学生热爱大自然等就相对空泛，不适合作为教育目标。

（二）遴选关键词

需要从课程内容、活动组织方式等方面选取关键词，或凝练主题内涵进行创新，从而选取列入标题的相关内容。如果选用的是教育部推荐的活动主题，也需要针对推荐主题的聚焦内容提取关键词或凝练研学内涵并加以创新。

（三）选择表述方式

文学手法、对比手法、辩证法、抽取法等，都能让主题名称具有可读性，且充分体现课程的主旨及教育目标。

（四）锤炼标题文字

用压缩标题的内容、删除标题中多余的字词、改变标题的叙述方式、适当采用简称等方式反复推敲和锤炼标题，可以让课程主题变得准确、简洁、新颖，从而适合参与研学的学生和对象群体。

（五）确定课程主题名称

经过上述程序之后，就可以把拟定的课程主题名称交给研学旅行课程设计师资团队商议，如无异议，便可确定下来。如有异议，再次根据以上步骤思考，直至被师资团队认可。

任务操作

按照准备、计划、决策、实施、检查和评估六步法的要求，与学习小组共同完成"制定研学旅行课程主题"系列任务操作单（表 3-1-1 ～表 3-1-6）。

表 3-1-1　任务准备单

任务名称	制定研学旅行课程主题		
典型工作过程描述	明确教育目标→遴选关键词→选择表述方式→锤炼标题文字→确定课程主题		
学习小组	组长		成员
	分工		
准备内容及操作标准	**准备内容**	**操作标准描述**（请在相关括号内勾选或填写）	
	组建学习小组	小组组建方式：教师随机分配（　　），自愿组合（　　），其他方式（　　）；是否进行分工合理性论证（　　）；是否建立小组内部合作机制（　　）	
	课前预习	教材知识学习方法：小组学习（　　），自学（　　）；其他学习资讯（资料）获取方法：网络（　　），图书（　　），采访调研（　　），小组座谈（　　），通信咨询（　　），其他（　　）	
		相关资料描述（列出主要资料的名称、内容及类型。其中，类型是指文本资源、音频资源、视频资源、图片资源等）	
	能力与素质	信息搜集能力（　　）；沟通能力（　　）；协作能力（　　）	
	场地与条件	选择的模拟演示场地为（　　）；用到的相关设施设备有（　　），是否熟练操作（　　）；其他相关场地与条件需求（　　）	
准备评价	**评价内容及标准**	**评价结果**	
	1. 小组分工合理；2. 预习具有深度、广度及资料丰度、准度、效度等；3. 能力与素质准备充分；4. 场地与条件准备完善	学生或小组自查评语：	
		学生或组长签字：　　　　　　日期：　　年　　月　　日	
		教师或企业专家评语：	
		教师或企业专家签字：　　　　日期：　　年　　月　　日	

表 3-1-2　任务计划单

任务名称	制定研学旅行课程主题		
典型工作过程描述	明确教育目标→遴选关键词→选择表述方式→锤炼标题文字→确定课程主题		
学习小组	组长		成员
	分工		
计划步骤或内容及操作标准	计划步骤或内容	操作标准描述	
	明确教育目标	根据校方需求，并依据专家及教师意见，制定研学旅行教育目标方案（应包含研学旅行活动场所分析、研学旅行活动内容分析、研学旅行资源特色提炼、学情及学生特征描述等内容）	
	遴选关键词	分析关键词依据，列出关键词遴选表单（关键词应充分表现课程内容、资源特点、活动组织方式等）	
	选择表述方式	从文学手法、对比手法、辩证法、抽取法等方法中选择一种或几种	
	锤炼标题文字	列出备选标题文字，反复推敲、锤炼，描述取舍原因	
	确定课程主题	经过优化对比分析，确定主题名称	
计划描述			
计划评价	评价内容及标准	评价结果	
	1.计划或方案全面、具体，步骤清晰；2.计划描述或设计方案等符合操作标准	学生或小组自查评语：	
		学生或组长签字：　　　　　日期：　　年　　月　　日	
		教师或企业专家评语：	
		教师或企业专家签字：　　　　日期：　　年　　月　　日	

表 3-1-3 任务决策单

任务名称	制定研学旅行课程主题					
学时分配	课前	>30 分钟	课中	20～30 分钟	课后	>30 分钟
典型工作过程描述	明确教育目标→遴选关键词→选择表述方式→锤炼标题文字→确定课程主题					
学习小组	组长		成员			
	分工					

决策内容及操作标准	决策内容	操作标准描述
	论证研学旅行课程主题方案的合理性、可行性	研学旅行活动教育目标明确、具体、可行
		关键词遴选依据充分，能充分表现课程内容、资源特点、活动组织方式等
		表达方式得当（利用文学手法、对比手法、辩证法、抽取法等某一种方法，具有可读性，且充分体现课程的教育目标）
		标题文字历经打磨、分析、对比、优化，符合相关原则、要求，切实可行

决策记录	

决策评价	评价内容及标准	评价结果
	1.决策过程具体、有序、可控； 2.决策意见利于成果完善和改进，具有合理性和可行性； 3.决策结果利于成果质量提升	学生或小组自查评语：
		学生或组长签字： 日期： 年 月 日
		教师或企业专家评语：
		教师或企业专家签字： 日期： 年 月 日

表 3-1-4　任务实施单

任务名称	制定研学旅行课程主题		
典型工作过程描述	明确教育目标→遴选关键词→选择表述方式→锤炼标题文字→确定课程主题		
学习小组	组长		成员
	分工		
实施流程及操作标准	实施流程	实施操作标准描述	
	小组汇报和展示研学旅行课程主题方案	小组汇报课程主题制定过程、思路，并展示最后成果	
		小组成员已经掌握研学旅行课程主题的依据、原则、方法、要求等相关知识与技能，学会应用	
		研学旅行课程主题设计步骤清晰（包含明确教育目标、遴选关键词、选择表述方式、锤炼标题文字、确定课程主题名称等）	
		研学旅行课程主题方案文本美观、逻辑清晰、内容全面	
实施效果及相关作品			
实施评价	评价内容及标准	评价结果	
	1.实施操作符合相关流程和标准要求； 2.实施过程顺利； 3.成果具有一定的实用性； 4.彰显团队合作能力	学生或小组自查评语：	
		学生或组长签字：　　　　　　　　日期：　年　月　日	
		教师或企业专家评语：	
		教师或企业专家签字：　　　　　　日期：　年　月　日	

表 3-1-5　任务检查单

任务名称	制定研学旅行课程主题		
典型工作过程描述	明确教育目标→遴选关键词→选择表述方式→锤炼标题文字→确定课程主题		
学习小组	组长		成员
	分工		
检查内容及检查标准	检查内容	检查标准描述	
	内容检查	研学旅行课程主题类型归属明确，符合相关设计原则和设计要求	
	操作检查	研学旅行课程主题设计步骤正确，方法得当，操作规范	
	过程检查	准备、计划、决策、实施过程完整，流程清晰，能够及时完善和总结经验	
	结果检查	成果经一线教师及研学旅行指导师评估，广泛征求意见，获得普遍赞同	
检查记录			
检查评价	评价内容及标准	评价结果	
	1. 复盘检查到位； 2. 对比分析全面、深刻； 3. 完善和改进措施合理、可行	学生或小组自查评语：	
		学生或组长签字：	日期：　　年　　月　　日
		教师或企业专家评语：	
		教师或企业专家签字：	日期：　　年　　月　　日

表 3-1-6　任务评估单

任务名称	制定研学旅行课程主题					
典型工作过程描述	明确教育目标→遴选关键词→选择表述方式→锤炼标题文字→确定课程主题					
学习小组	组长		成员			
	分工					
评估内容与评估标准	评估内容	评估标准描述				
	完成度	准备充分，计划具体，决策正确，实施顺利，检查全面，评价客观				
	规范性	任务实施符合相关操作流程和操作规范				
	创新性	研学旅行课程主题具有一定的创新性、特色性				
	时效性	任务准时完成，具有一定的实用性或现实意义				
	成果质量	研学旅行课程主题具有一定的质量				
	总结与反思	能够及时进行总结与反思，且反思与总结较为全面、准确				
评估记录						
评估评价	评价内容及标准	评价结果				
	1. 评估内容全面、到位； 2. 符合评估操作标准； 3. 评估准确、客观	学生或小组自查评语： 学生或组长签字：　　　　　　　　　日期：　　年　　月　　日				
		教师或企业专家评语： 教师或企业专家签字：　　　　　　　　日期：　　年　　月　　日				

学习评价

对制定研学旅行课程主题的学习表现和学习过程进行评价见表 3-1-7、表 3-1-8。

表 3-1-7 学习表现评价表

序号	评价内容	主要考核指标	评价主体																		
			自评（10%）					互评（20%）					师评（40%）					业评（30%）				
			A	B	C	D	E	A	B	C	D	E	A	B	C	D	E	A	B	C	D	E
1	态度（10分）	自主学习、求知欲、好奇心、积极性、抗压性、挑战困难																				
2	出勤（10分）	出勤次数																				
3	合作（25分）	合作态度、合作能力、合作效果																				
4	贡献（25分）	参与讨论、对小组贡献、帮助成员																				
5	反思（15分）	反思、总结、改进																				
6	增值（15分）	个人进步、提升																				
7	总计（100分）																					
8	评语		学生					小组					教师					企业				
9	签字及日期		学生： 日期：					组长： 日期：					教师： 日期：					企业： 日期：				

注释：
1. 等级 A、B、C、D、E 赋分标准：10 分（A. 9 ~ 10，B. 8 ~ 8.9，C. 7 ~ 7.9，D. 6 ~ 6.9，E. 6 分以下）；
   15 分（A. 14 ~ 15，B. 12 ~ 13.9，C. 10 ~ 11.9，D. 8 ~ 9.9，E. 8 分以下）；
   25 分（A. 24 ~ 25，B. 21 ~ 23.9，C. 18 ~ 20.9，D. 15 ~ 17.9，E. 15 分以下）。
2. 评价主体可根据具体任务进行选择，但提倡学生、学生之间、教师和企业四位一体进行评价。
3. 建议学习小组组长实行轮换制

表 3-1-8　学习过程评价表

序号	评价内容	主要考核指标	评价主体																			
			自评（10%）					互评（20%）					师评（40%）					业评（30%）				
			A	B	C	D	E	A	B	C	D	E	A	B	C	D	E	A	B	C	D	E
1	准备（15分）	分工；调研；研讨；学习深度、广度；资料丰度、准度、效度等																				
2	计划（15分）	计划描述或设计方案符合操作标准																				
3	决策（15分）	研讨、论证合理性、可行性，并改进完善																				
4	实施（35分）	流程与标准，实施难度、安全性、经济性、环保性等																				
5	检查（10分）	复盘检查，分析对比，完善和改进等																				
6	评估（10分）	完成度、规范性、创新性、美观度、实用性、时效性、成果质量等																				
7	总计（100分）																					
8	评语		学生				小组				教师				企业								
9	签字及日期		学生： 日期：				组长： 日期：				教师： 日期：				企业： 日期：								

注释：
1. 等级 A、B、C、D、E 赋分标准：10分（A. 9～10，B. 8～8.9，C. 7～7.9，D. 6～6.9，E. 6 分以下）；
　　　　　　　　　　　　　　15分（A. 14～15，B. 12～13.9，C. 10～11.9，D. 8～9.9，E. 8 分以下）；
　　　　　　　　　　　　　　35分（A. 32～35，B. 28～31.9，C. 24～27.9，D. 21～23.9，E. 21 分以下）。
2. 评价主体可根据具体任务进行选择，但提倡学生、学生之间、教师和企业四位一体进行评价

教学反馈

对制定研学旅行课程主题的教学反馈见表3-1-9。

表 3-1-9 教学反馈单

任务名称	制定研学旅行课程主题		
典型工作过程描述	明确教育目标→遴选关键词→选择表述方式→锤炼标题文字→确定课程主题		
调研反馈	调研内容	是否满意	理由描述
	学习内容		
	教学方法		
	小组合作		
	任务完成		
	能力培养		
改进建议			
整体评价	A.90～100（ ），B.80～89（ ），C.70～79（ ），D.60～69（ ），E.0～59（ ）		

 阅读与思考

毛泽东教毛岸英扫厕所

1937年，毛泽东同志带着儿子毛岸英在延安凤凰山某地居住。当时毛岸英只有十四五岁。

在毛泽东住的院外有个小厕所。这里以前一直由警卫班的同志打扫，可是一连很多天厕所总是在战士们去之前就被打扫干净了。战士们心中很是纳闷儿。

一个大雪过后的清晨，战士们很早就起来扫雪。当警卫班长准备去扫厕所附近的积雪时，发现厕所外的积雪早被打扫完了。"是谁打扫的呢？"大家估摸着，一时却猜不出来。忽然，班长听厕所里有人说话："你到炉灶里掏些灰，用筐子挑来，往厕所里撒一撒。"多么熟悉的声音啊，班长立刻就听出了这是毛泽东同志和毛岸英的对话。

原来，毛泽东同志为了培养毛岸英从小爱劳动的好习惯，特意和毛岸英一起来打扫厕所。从这以后，警卫战士们经常可以看到一个小男孩打扫厕所，很少间断过。

党的十九大报告提出"弘扬劳模精神和工匠精神，营造劳动光荣的社会风尚和精益求精的敬业风气"。每一位劳动者会用汗水开启最美的底色，坚定勇敢地前行。劳动是神奇的，劳动是伟大的，无数的劳动者用自己智慧和勤劳的双手，不仅编织了这个五彩斑斓的世界，而且创造了人类社会的灿烂文化。劳动不分贵贱，劳动最光荣，劳动和每个人息息相关，保持劳动本色，尊重劳动人民，亲手建造我们的美好世界。

思考：如何理解新时代"劳动精神"？作为一名研学旅行课程设计人员，如何将"劳动最光荣"的思想融入研学旅行课程当中？又如何激发中小学生主动发扬"劳动精神"呢？

岗课赛证

一、判断题

1. 研学旅行课程设计的理论依据要紧跟国家教育方针政策，教育学、心理学理论则可以忽略。（   ）

2. 研学旅行课程设计过程中，应注重学生的实践操作和亲身体验。（   ）

二、单选题

1. 研学旅行的核心特征是（   ）。

    A. 亲身体验性　　　　B. 娱乐性　　　　　　C. 集体性　　　　　　D. 户外拓展

2. 研学旅行课程设计过程中首先要考虑（   ）。

    A. 知识性　　　　　　B. 趣味性　　　　　　C. 安全性　　　　　　D. 开放性

三、多选题

1. 研学旅行课程主题设计的基本原则包括（   ）、规范性等。

    A. 立德树人　　　　　B. 教育性　　　　　　C. 题文一致　　　　　D. 科学性

2. 研学旅行课程主题设计的常用方法包括聚焦法、（   ）、"地点+"法等。

    A. 抽取法　　　　　　B. 头脑风暴法　　　　C. 语义迁移法　　　　D. 创新法

四、操作题

依托家乡的非物质文化遗产资源，设计面向八年级的研学旅行课程主题。

要求：符合参与学生的认知水平；契合当地研学资源实际；具有较强的特色。

3.1.2　参考答案

任务二　制定研学旅行课程目标

▊ 任务描述

在熟悉和掌握研学旅行课程目标设计的依据、原则、方法和步骤等相关理论知识的基础上，能够依据用户需求和给定资源，制定切实可行的研学旅行课程目标。

3.2.1　任务导学

▊ 任务要求

任务名称	制定研学旅行课程目标		
学时建议	2～4学时		
情境导入	依据用户需求与给定资源，制定研学旅行课程目标		
实施场地	课堂或机房		
任务目标	知识目标：能够识记和复述研学旅行课程目标设计的内涵、依据、原则、方法、步骤等相关知识		
	能力目标：能够依据用户需求与给定资源，遵循相关原则，按照设计步骤，利用设计方法，制定出切实可行的研学旅行课程目标		
	素质目标：养成团队合作能力、项目执行能力，体会精益求精的工匠精神		
典型工作过程描述	撰写课程总目标→撰写学段目标→撰写专题课程目标→形成研学旅行课程目标方案		
	学习内容及过程		
学习要求	准备	确定学习方式（学习小组）；课前预习；能力与素质准备；场地和条件准备	
	计划	制定研学旅行课程目标草案（内容包括研学课程总目标、学段目标、专题课程目标）	
	决策	论证研学旅行课程目标草案	
	实施	汇报和演示研学旅行课程目标方案	
	检查	检查研学旅行课程目标方案的合理性，并及时完善改进（可提交给用户，根据用户反馈意见调整完善改进）	
	评价	对研学旅行课程目标方案的规范性、成果质量、评价合理性、总结与反思情况做出评价	

▊ 情境导入

作为某研学旅行服务机构的课程研发人员，接到为当地某小学设计一门研学旅行课程的任务。依据该校校情、学情、校方的相关要求以及已经确定的研学旅行课程主题，为这门研学旅行课程制定明确、具体、可测量的课程目标。

理论准备

研学旅行课程目标是在课程设计与开发过程中要实现的具体要求，是指一定阶段内期望学生在德、智、体、美、劳等方面应达到的程度。课程目标具有重要的导向性和引领指导价值，既是落实立德树人、培养人才的根本任务，也是对研学旅行课程开发、实施和评价提出的总体性质量要求，可以引领研学旅行课程开发和实施的方向，是课程内容、课程实施、课程评价的重要参考标准。

一、研学旅行课程目标的意义

（一）研学旅行课程目标是研学旅行活动设计的基本前提

研学旅行课程目标的分析与确定是研学旅行活动设计的起点。首先，它使研学旅行有了明确的方向，确定了组织者对学生学习结果的期望，即达到的水平和程度；其次，它为是否完成研学旅行任务提供了测量和评价的标准。

（二）研学旅行课程目标是研学旅行课程设计的基本依据

研学旅行课程目标是研学旅行活动的出发点和归宿，是研学旅行课程开发者对学生达到的研学成果或最终行为的明确阐述。一切研学旅行活动都是围绕研学旅行目标进行和展开的。就其本身而言，它具备支配研学实践活动的内在规定性，起着支配和指导研学过程的作用，也是研学旅行课程开发者进行研学旅行课程设计的基本依据。

二、研学旅行课程目标的作用

在研学旅行实践活动中，研学旅行课程目标主要有以下几个方面的作用。

（一）导向作用

要保证研学旅行课程的导向作用，必须要求研学旅行课程目标明确而具体。这个明确而具体包含三层意思：一是研学旅行课程本身没有含糊不清之处，没有不好理解的地方；二是研学旅行课程开发者对研学旅行目标应"心知肚明"；三是研学旅行主体——学生必须明确自己要研学的目标是什么，即研学任务的具体化。

（二）激励作用

合理的研学旅行任务应该是符合学情，符合"最近发展区"原理的。当研学旅行课程与学生的内部需要相一致的时候，学生为了满足有关的内部需要，就会为达到研学旅行任务目标（研学旅行课程目标）而努力。

（三）标准作用

标准作用是指为研学旅行评价提供评价标准的功能。研学旅行课程目标的作用启示：在研学互动过程中要及时评价，及时反馈。首先，研学效果评价最重要的就是评判研学旅行活动是否达到了预期目标，在多大程度上达到了预期目标；其次，研学旅行目标是否能够实现也是评价研学旅行课程授课质量和研学旅行课程质量的依据。

三、研学旅行课程目标设计依据

研学旅行课程目标设计的主要依据有国家政策、教育理论、课程理论和学校课程教学目标等。

（一）国家政策依据

近年来，国家陆续出台了系列政策性文件，对研学旅行课程目标提出了相应要求。

2014 年 8 月 9 日，国务院发布《国务院关于促进旅游业改革发展的若干意见》（国发〔2014〕31 号），明确提出按照全面实施素质教育的要求，将研学旅行、夏令营、冬令营等作为青少年爱国主义和革命传统教育、国情教育的重要载体，纳入中小学生日常德育、美育、体育教育范畴，增进学生对自然和社会的认识，培养其社会责任感和实践能力。

2016 年 3 月 18 日，教育部发布《关于做好全国中小学研学旅行实验区工作的通知》（基一司函

〔2016〕14号）提出，研学旅行应当拥有培养中小学生的创新精神和实践能力的目标。

2016年11月30日，教育部等11部委发布《关于推进中小学生研学旅行的意见》（教基一〔2016〕8号），提出研学旅行应当拥有立德树人、培养人才的目标。应当让广大中小学生在研学旅行中感受祖国大好河山，感受中华传统美德，感受革命光荣历史，感受改革开放伟大成就，增强对坚定"四个自信"的理解与认同；同时学会动手动脑，学会生存生活，学会做人做事，促进身心健康、体魄强健、意志坚强，促进形成正确的世界观、人生观、价值观，培养他们成为德智体美全面发展的社会主义建设者和接班人。

2017年9月，教育部发布《中小学德育工作指南》，指出开展各类主题实践、劳动实践、研学旅行、志愿服务等，增强学生的社会责任感、创新精神和实践能力，提出研学旅行是实践育人的重要途径，也是立德树人的有效方式。

2017年9月25日，教育部发布《中小学综合实践活动课程指导纲要》（教材〔2017〕4号），指出综合实践活动课程目标以培养学生综合素质为导向。强调学生综合运用各学科知识，认识、分析和解决现实问题，提升综合素质，着力发展核心素养，特别是社会责任感、创新精神和实践能力，以适应快速变化的社会生活、职业世界和个人自主发展的需要，迎接信息时代和知识社会的挑战。

2017年12月6日，《教育部办公厅发布关于公布第一批全国中小学生研学实践教育基地、营地名单的通知》（教基厅函〔2017〕50号），指出各省级教育行政部门要指导各地各校充分利用研学实践教育基地（营地），组织开展丰富多彩的研学实践教育活动，提高小学生的社会责任感、创新和实践能力。

2020年3月20日，中共中央、国务院颁布《关于全面加强新时代大中小学劳动教育的意见》，明确了劳动教育的总体目标，强调劳动教育是中国特色社会主义教育制度的重要内容，要全面贯彻党的教育方针，坚持立德树人，把劳动教育纳入人才培养全过程，贯通大中小学各学段，贯穿家庭、学校、社会各方面，把握育人导向，遵循教育规律，创新体制机制，注重教育实效。实现知行合一，促进学生形成正确的世界观、人生观、价值观。

（二）教育理论依据

研学旅行是一种特殊的教育活动。研学旅行课程目标的设计应依据教育学和心理学等领域相关基础理论的支撑。

在我国，"读万卷书，行万里路""知行合一"等一直是非常重要的教育理念，这与研学旅行的目的相契合。西方国家也高度重视实践教育，如法国哲学家卢梭的自然主义教育思想、美国实用主义哲学家杜威的经验学习理论、瑞士心理学家让·皮亚杰的建构主义认知理论、美国心理学家罗杰斯的人本主义教育理论、美国教育家大卫·库伯的体验学习理论等，都为研学旅行课程目标的设计提供了重要的参考依据。

研学旅行是一种能够影响学生世界观、人生观、价值观的教育活动。其课程目标的设计需要教育心理学、认知发展心理学、体验心理学等心理学理论的支撑。

教育心理学是主要研究教育和教学过程中教育者和受教育者心理活动现象及其产生和变化规律的心理学分支。教育心理学从教育的角度研究人的心理规律，为实际教育教学提供科学的理论指导。课程目标的设计需要教育心理学的支撑。

认知发展心理学最有影响的理论是皮亚杰的心理发展观。他认为儿童的认识发展是一个由低向高的顺序发展的过程，既不可跨越，也不可逆转。这不仅为编制适合于学生思维和认知发展水平的课程体系提供了理论依据，也为研学旅行课程开发人员设计研学旅行课程目标提供了理论指导。

体验心理学方面，大卫·库伯提出了著名的四阶段"体验式学习圈模型"。根据学习圈理论，学习者的学习风格可大致分为四类：经验型学习者、反思型学习者、理论型学习者和应用型学习者。库伯认为，这四种类型的学习风格不存在优劣的价值判别，它们之间有一定的互补性。因此，在设计研学旅行课程目标时要特别考虑这种差异的存在。

（三）课程理论依据

课程理论是指课程设计的理论基础和基本原理。

美国著名教育学家、课程理论专家，被誉为"现代课程理论之父"的拉尔夫·泰勒曾对课程目标的重要性做出了论断。他强调"在整个教育还未开始之前，就应该先把课程目标确定下来，这样课程目标就具有了定位性、先导性"。他认为课程目标来源于对学生的研究、对当代社会生活的研究和学科专家的建议。他指出学生才是课程目标陈述的主体，这为研学旅行课程目标的编写奠定了理论基础。例如，通过研学旅行，提升学生的综合实践能力。

美国著名的教育家和心理学家、国际教育评价协会评价和课程专家布鲁姆在1956年提出了认知领域教育目标分类，掀起了20世纪教育目标分类的热潮。布鲁姆将认知领域从低到高依次分为知道、领会、应用、分析、综合、评价六个层次。美国学者克拉斯沃尔提出：在情感领域，依据价值内化的程度，情感可分为接受、反应、价值化、组织、价值的性格化五级。1972年，辛普森提出，将动作技能领域的目标分为知觉、定势、指导下的反应、机械动作、复杂的外显反应、适应、创新七级。以上理论都为研学旅行课程目标的设计提供了理论依据。尤其是布鲁姆的教育目标分类理论，对我国的课程改革产生了重大影响，是我国新课程三维目标"知识与技能""过程与方法""情感态度与价值观"提出的理论依据，也为研学旅行课程目标的制定提供了理论和实践依据，是指导研学旅行课程目标设计的重要工具。

（四）学校课程教学目标依据

目前我国学校课程教学目标主要有三维目标、核心素养目标、综合素质目标、劳动教育目标。

1. 三维目标

三维目标是指教育教学过程中应该达到的三个目标维度即知识与技能、过程与方法、情感态度与价值观。目前，学校的新课程改革从全面发展、以人为本的理念出发，提出"三位一体"的课程改革方案，即从知识与技能、过程与方法、情感态度与价值观三个维度对课程目标进行建构。三维目标为研学旅行课程目标的维度设计提供了参考，研学旅行课程目标设计也应该涵盖三维目标的内容。

3.2.2 课程的三维目标解析

2. 核心素养目标

核心素养目标是指学生应具备的能够适应终身发展和社会发展需要的必备品格和关键能力。我国学生核心素养培养以"全面发展的人"为核心，其框架由文化基础、自主发展、社会参与三个方面构成，综合表现为人文底蕴、科学精神、学会学习、健康生活、责任担当、实践创新六大素养，具体细化为国家认同等十八个基本要点（图3-2-1）。核心素养目标是课程目标新的理论基础，是当今时代发展对教育目标的重新定位，从根本上回答了"立什么德、育什么人"的问题。核心素养框架体系为研学旅行课程目标设计提供了新的理论基础，研学旅行课程目标的设计应当融入核心素养。

3. 综合素质目标

综合素质目标为研学旅行课程目标维度的确定提供了依据。2017年9月教育部颁发《中小学综合实践活动课程指导纲要》（以下简称《纲要》），明确规定了综合实践活动的课程总目标，即学生能从个体生活、社会生活及与大自然的接触中获得丰富的实践经验，形成并逐步提升对自然、社会和自我之内在联系的整体认识，具有价值体认、责任担当、问题解决、创意物化等方面的意识和能力。因此综合实践活动课程在提出总目标的基础上，具体分为价值体认、责任担当、问题解决、创意物化四个方面内容，并对小学、初中、高中三个学段分别提出学段目标。研学旅行作为综合实践活动课程的组成部分，《纲要》对综合实践活动课

3.2.3 六大核心素养及十八个基本点

程目标的规定，是研学旅行课程目标编写的主要依据。

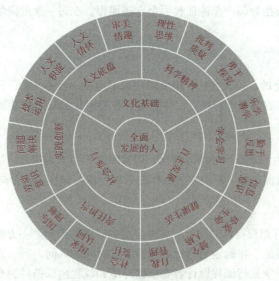

图 3-2-1　十八个基本要点图

4. 劳动教育目标

劳动教育目标是研学旅行活动中劳动教育课程目标设计的基本依据。2020 年 7 月 7 日教育部颁发《大中小学劳动教育指导纲要（试行）》明确指出劳动教育的总体目标：准确把握社会主义建设者和接班人的劳动精神面貌、劳动价值取向和劳动技能水平的培养要求，全面提高学生劳动素养，使学生树立正确的劳动观念、具有必备的劳动能力、培育积极的劳动精神、养成良好的劳动习惯和品质。劳动教育目标四维理论即树立正确的劳动观念、具有必备的劳动能力、培育积极的劳动精神、养成良好的劳动习惯和品质，对我国目前的研学旅行劳动教育课程改革产生重大影响，是我国各级各类劳动教育课程目标设计最重要的理论依据。

3.2.4 《中小学综合实践活动课程指导纲要》

四、研学旅行课程目标设计的基本原则

研学旅行课程目标的设计必须遵循以下几个基本原则。

（一）政治性原则

研学旅行以立德树人、培养人才为根本目的。研学旅行指导师是从事立德树人工作的教育工作者，最终目的是培养新时代中国特色社会主义接班人。研学旅行课程目标设计必须突出政治特性，强调立德树人目标，才能实现教书育人的目的。

（二）可测性原则

可测性原则是指陈述课程目标时，应力求目标准确、具体，表达清晰，体现目标的操作性和可检测性。课程目标的表述要详细规定学生所要达到的发展水平，有明确的数据或可观测的表现，并使之具体化，便于指导师、学生和研学旅行活动各方管理者检测是否达成目标。要避免含糊不清和不切实际，否则难以理解和把握，无法在研学旅行教学中执行。

（三）多维性原则

多维性原则力求使学生获得全面发展，体现目标的多维性。知识与技能的传授并非教学的唯一任务，甚至有时都不是主要目标，还需要注重研学旅行过程与方法的设计，更要有情感、态度、价值观提升的内容。每一位指导师，无论任教哪个专题课程，在每一次的研学旅行课堂上都必须思考学生的全面发展问题。

（四）针对性原则

课程目标不应是固定的、公式化的，维度顺序也不应是一成不变的，而应相对精准地体现研学旅行课程的性质、课程内容的重点与难点、学生及其在特定社会时期的发展需求。

（五）实际性原则

实际性是指根据学生的素质、经历等情况，以实际工作要求为指导，确定切合实际的可达成的目标。为此，应考虑在目前条件下所设立的目标是否可行或可操作，是否高不可攀或没有意义。

（六）时限性原则

时限性是指研学旅行课程目标的制定和实施会受到时间的限制。一方面，研学旅行课程目标都是要求在特定时间内达成的，在确定目标时必须指明其时间的区间。另一方面，在不同的时段，课程目标是发展变化的。研学旅行课程设计者要根据环境和课程内部条件的变化，及时制定出新的课程目标。没有时间限制的课程目标不仅没有办法考核，而且容易造成考核结果不公平。

（七）层次性原则

层次性原则是指课程目标设计要考虑到地域差异、学生个体的差异及学习结果的层次性、差异性。根据这些差异制定相应的课程目标，以保障课程目标的针对性。

（八）灵活性原则

在研学旅行课程的开展过程中，研学旅行课程目标受到所处外部环境和内部环境的影响，会表现出较大的差异性，具有随时被调整或改变的可能，也就是说：课程目标并不是一经确定就一成不变的。在课程目标的设计过程中，一方面需要考虑到未来可能的变化情况，使课程目标的设计更符合科学性；另一方面，在外部环境等影响因素有变化时，需要随时调整课程的目标，以更好地适应课程的开展。此外，研学旅行活动的全面性原则，要求人人参与，力求每个学生都获得发展，不让任何一个学生掉队。这就要求研学旅行课程目标应体现目标的灵活性，考虑学生之间的差异。指导师教学的高标准就是不管学生的学识高低，都要激发他们对学习的兴趣和热情，让学生喜欢刨根问底，引发学生深入思考。

五、研学旅行课程目标的构成要素

制定研学旅行课程目标必须依据研学课程标准、研学的具体内容和学生学情特点的要求。研学目标的确定要全面、具体、恰当。具体指在本次研学旅行课程中能够具体实现的。恰当指要求的程度要符合研学旅行课程标准的要求及学生的实际，过高过低都是不科学的，是可操作、可观察、可评价的。

研学旅行课程目标表述必须具备四个基本要素：一是体现了谁？（学习者——主体或对象）；二是做什么？（可观察到的研学行为）；三是在什么条件下？（支持研学的环境）；四是做到什么程度？（研学行为的标准）。

六、研学旅行课程目标的写作技巧

研学课程教学目标的写作有四个操作要求：一是确定研学的知识目标。二是确定研学旅行过程所具备的能力、方法，培养目标及其教学实施策略。三是确定引导学生情感、态度、价值观目标的研学选点及研学实施策略。四是正确表述研学课程的三维目标写作技巧。

一个完整的课程目标包括 ABCD 四个要素，具体如下：

A（audience）：行为主体，意为"学习者"，这里指学生，是目标表述中的主语。行为目标在描写时应指向学生的学习行为，而不是教师的教授行为。规范的行为目标开头应当要清楚地表明达成目标的行为主体是学生，如"学生……""能辨认……""能背诵……""能解释……""能评价……"等描述。

B（behavior）：行为动词，说明学生通过学习能做什么，是目标表述句中的谓语和宾语。这是目标表述中最基本的成分，不能省略。课程目标应采用可观察、可操作、可检验的行为动词描述，如知道、归纳、列举、感受、参加等。

C（condition）：行为条件，说明上述行为在什么条件下产生，是目标表述的状语。例如，"通过小组探究学习，制定……""在网上收集材料，检验……"等。

D（degree）：表现程度，规定学生达到上述行为的最低标准，用来测量学生学习结果所达到的程度。如"能准确无误地说出……""详细地写出""客观正确地评价……"等表述中的状语部分，正是限定了目标水平的表现程度，以便检测。

例如，"通过观看视频，学生在 40 分钟课内独立地完成一幅水果绘画作品"。"通过观看视频"是行为条件，"学生"是行为主体，"40 分钟课内独立地"是表现程度，"完成一幅水果绘画作品"是行为动词。

七、研学旅行课程目标的设计方式

完整的研学旅行课程目标体系包括三类：结果性目标、体验性目标、表现性目标。因此，目标陈述也有相应的三种基本方式：结果性目标陈述方式、体验性目标陈述方式、表现性目标陈述方式。

3.2.5　研学旅行课程三维目标的写作技巧

（一）结果性目标陈述方式

结果性目标说明学生的学习结果是什么，指教学过程结束后学生身上所发生的行为变化。这种目标指向具有精确性、具体性、可操作性的特点，主要应用于"知识与技能"领域。结果性目标细分为"知识"和"技能"两个子领域。"知识"分为了解、理解和应用三个水平，"技能"分为模仿、独立操作和迁移三个水平。

1. 了解水平

包括再认或回忆知识；识别辨认事实或举出证据例子；描述对象的基本特征等。行为动词常用说出、背诵、辨认、回忆、选出、举例、列举、复述、描述、识别、再认等。例如，"运用地质年代表等资料，简要描述地球的演化过程"。

2. 理解水平

包括把握内在逻辑联系；与已有知识建立联系；进行解释、推断、区分、扩展、提供证据；收集、整理信息等。常用的行为动词有解释、说明、阐明、比较、分类、归纳、概述、概括、判断、区别、提供、转换、猜测、预测、收集、整理等。例如，"运用示意图，说明地球的圈层结构"。

3. 应用水平

包括在新的情境中使用抽象的概念、原则；进行总结、推广；建立不同情境下的合理联系等。常用的行为动词有应用、使用、质疑、设计、解决、撰写、拟定、检验、总结、推广、证明、评价等。例如，"结合实例，说明不同生态系统（类型）对人类活动的影响"。

4. 模仿水平

包括在原型示范和具体指导下完成操作；对所提供的对象进行模拟、修改等。常用的行为动词有模拟、重复、再现、模仿、例证、临摹、扩展、缩写等。例如，"绘制太阳大气的圈层结构图"。

5. 独立操作水平

包括独立完成操作；进行调整与改进；尝试与已有技能建立联系等。常用的行为动词有完成、表现、制定、解决、拟定、安装、绘制、测量、尝试、实验等。例如，"会用简单的实验仪器，能测量一些基本的物理量"。

6. 迁移水平

包括在新的情境中运用已有技能；理解同一技能在不同情境中的适用性等。常用的行为动词有联系、转换、灵活运用、举一反三、触类旁通等。例如，"根据旅游资源和交通运输状况，结合实例设计旅游出行的时间、线路，设计景区内部线路"。

（二）体验性目标陈述方式

体验性目标主要是描述学生自己的心理感受、情绪体验。所采用的行为动词是体验性的、过程性的。这种方式指向无须结果化的或难以结果化的课程目标，主要运用于"过程与方法""情感态度与价值观"领域。体验性目标分为三个层次水平，即经历（感受）水平、反应（认同）水平和领悟（内化）水平。

1. 经历（感受）水平

经历（感受）水平包括独立从事或合作参与相关活动、建立感性认识等。常用的行为动词有经历、感受、参加、参与、尝试、寻找、讨论、交流、合作、分享、参观、访问、考察、接触、体验等。例如，"在特定的活动中，学生获得一些初步的经验"。

2. 反应（认同）水平

反应（认同）水平包括在经历基础上表达感受态度和价值判断；做出相应的反应等。常用的行为动词有遵守、拒绝、认可、认同、承认、接受、同意、反对、愿意、欣赏、称赞、喜欢、关注、重视、尊重、爱护、珍惜、蔑视、拥护等。例如，"喜欢阅读，感受阅读的乐趣"。

3. 领悟（内化）水平

领悟（内化）水平包括具有相对稳定的态度；表现出持续的行为；具有个性化的价值观念等。常用的行为动词有形成、养成、具有、热爱、树立、建立、坚持、保持、确立、追求等。例如，"具有学习和研究物理的好奇心与求知欲"。

（三）表现性目标陈述方式

表现性目标旨在培养学生的创造性，强调学习及其结果的个性化。表现性目标的陈述，不是规定学生在教学过程结束后应该展示的行为结果，而是强调学生在此情境中获得的个人意义。表现性目标主要应用于对实践类和艺术类课程的陈述。表现性目标关注的不是事先规定的结果，而是学生在生活中的创造性表现，它为学生提供了活动的领域，至于结果则是开放性的，其对学习结果和水平未进行界定，因此在课程评价上具有一定的难度。

复制水平表现性目标划分为复制和创作两个水平。

1. 复制水平

复制水平是在指导师的提示下重复某项活动；利用可得到的资源，复制某项作品、产品或某种操作活动；按指导师指令或提示，利用多种简单技能完成某项任务等。其行为动词一般用从事、做、说、画、写、表演、模仿、表达、演唱、展示、复述等。例如，"能够用打击乐器或其他声音材料合奏或为歌曲伴奏"。

2. 创作水平

创作水平是按照提示，从事某种较复杂的创作；按照自己的思想和可得到的资源完成某种服务，利用多种技能创作某种产品。其行为动词一般用设计、制作、描绘、涂染、编织、雕塑、收藏、表演、编演、编曲、扮演、创作等。例如，"能够以各种声音材料或不同的音乐表现形式，即兴编创音乐故事、音乐游戏并参与表演"。

八、研学旅行课程目标的设计步骤

研学旅行课程目标分为主题课程总目标、学段目标和专题课程目标。主题课程总目标是根据教育目的和培养目标制定的，是教育目的和培养目标在教育活动中的具体化。主题课程总目标指示该课程的基本任务，是全部课程活动的出发点。学段目标是根据课程总目标和学生身心发展水平制定的，也就是不同学段的课程目标。研学旅行专题课程目标，是根据总目标、学段目标和课程资源属性制定的，是研学旅行课程学段目标在具体专题课程中的细化目标。与总目标和学段目标不同，专题课程目标的要求则更加具体、更具可操作性。

（一）总目标的设计步骤

总目标受学生的研究、当代社会生活的研究、专家的建议三方面因素的影响。总目标的设计一般要经历以下六个基本步骤。

（1）研究教育目的与培养目标。

（2）分析课程目标来源因素。

（3）分析研学旅行课程类型。

（4）形成课程目标草案。

（5）进行论证与修改。

（6）确定总目标。

（二）学段目标的设计步骤

学段目标要考虑课程总目标和学生的身心发展水平两方面的因素，为不同学段（小学、初中、高中）的学生设计出内涵性质相同而要求不同的课程目标。学段目标的设计一般经历以下六个基本步骤。

（1）研究课程总目标。

（2）分析不同学段的学生身心发展水平和认知规律。

（3）分解课程总目标并制定各学段目标。

（4）审查讨论学段目标。

（5）修订审查后的学段目标。

（6）确定学段目标。

（三）专题课程目标的设计步骤

专题课程目标要考虑学段目标和具体的课程资源两方面因素。专题课程目标的设计一般经历以下七个基本步骤。

（1）研究课程学段目标。

（2）分析不同学段的学生身心发展水平和认知规律。

（3）了解具体课程资源的属性和特点。

（4）撰写具体课程目标。

（5）审查讨论具体目标。

（6）修订审查后的目标。

（7）确定课程目标。

任务操作

按照准备、计划、决策、实施、检查和评估六步法的要求，与学习小组共同完成"制定研学旅行课程目标"系列任务操作单（表3-2-1～表3-2-6）。

表3-2-1　任务准备单

任务名称	制定研学旅行课程目标		
典型工作过程描述	撰写课程总目标→撰写学段目标→撰写专题课程目标→形成研学旅行课程目标方案		
学习小组	组长		成员
	分工		
准备内容及操作标准	**准备内容**	**操作标准描述**（请在相关括号内勾选或填写）	
	组建学习小组	小组组建方式：教师随机分配（　　），自愿组合（　　），其他方式（　　）；是否进行分工合理性论证（　　）；是否建立小组内部合作机制（　　）	
	课前预习	教材知识学习方法：小组学习（　　），自学（　　）； 其他学习资讯（资料）获取方法：网络（　　），图书（　　），采访调研（　　），小组座谈（　　），通信咨询（　　），其他（　　）	
		相关资料描述（列出主要资料的名称、内容及类型。其中，类型是指文本资源、音频资源、视频资源、图片资源等）	
	能力与素质	信息搜集能力（　　）；沟通能力（　　）；协作能力（　　）	
	场地与条件	选择的模拟演示场地为（　　）； 用到的相关设施设备有（　　），是否熟练操作（　　）； 其他相关场地与条件需求（　　）	
准备评价	**评价内容及标准**	**评价结果**	
	1. 小组分工合理； 2. 预习具有深度、广度； 3. 预习资料具有丰度、准度、效度等； 4. 能力与素质准备充分； 5. 场地与条件准备完善	学生或小组自查评语：	
		学生或组长签字：　　　　　　　日期：　年　月　日	
		教师或企业专家评语：	
		教师或企业专家签字：　　　　　日期：　年　月　日	

表 3-2-2　任务计划单

任务名称	制定研学旅行课程目标		
典型工作过程描述	撰写课程总目标→撰写学段目标→撰写专题课程目标→形成研学旅行课程目标方案		
学习小组	组长		成员
	分工		
计划步骤或内容及操作标准	计划步骤或内容		操作标准描述
	制定课程总目标设计草案		草案应包含研究教育目的与培养目标分析、课程目标来源因素分析、研学旅行课程类型分析
	制定课程学段目标设计草案		草案应包含课程总目标分析、课程总目标分解、学情分析即不同学段的学生身心发展水平和认知规律分析
	制定专题课程目标设计草案		草案应包含课程学段目标分析、学情分析即不同学段的学生身心发展水平和认知规律分析、课程资源属性和特点分析
计划描述			
计划评价	评价内容及标准		评价结果
	1.计划或方案全面、具体，步骤清晰；2.计划描述或设计方案等符合操作标准	学生或小组自查评语：	
		学生或组长签字：	日期：　年　月　日
		教师或企业专家评语：	
		教师或企业专家签字：	日期：　年　月　日

表 3-2-3　任务决策单

任务名称	制定研学旅行课程目标		
典型工作过程描述	撰写课程总目标→撰写学段目标→撰写专题课程目标→形成研学旅行课程目标方案		
学习小组	组长		成员	
	分工			
决策内容及操作标准	决策内容	操作标准描述		
	课程总目标设计草案	（1）论证草案的合理性和可行性。 （2）论证草案要素的全面性及阐述的清晰性。 （3）论证课程总目标描述的准确性		
	课程学段目标设计草案	（1）论证草案的合理性和可行性。 （2）论证草案要素的全面性及阐述的清晰性。 （3）论证课程学段目标的准确性		
	专题课程目标设计草案	（1）论证草案的合理性和可行性。 （2）论证草案要素的全面性及阐述的清晰性。 （3）论证专题课程目标描述的准确性		
决策记录				
决策评价	评价内容及标准	评价结果		
	1. 各草案内容完整、要素齐备； 2. 各目标描述清晰、简洁、准确； 3. 各草案改进和完善措施具有合理性、可行性	学生或小组自查评语：		
		学生或组长签字：　　　　　　　　　日期：　年　月　日		
		教师或企业专家评语：		
		教师或企业专家签字：　　　　　　　日期：　年　月　日		

表 3-2-4 任务实施单

任务名称	制定研学旅行课程目标						
典型工作过程描述	撰写课程总目标→撰写学段目标→撰写专题课程目标→形成研学旅行课程目标方案						
学习小组	组长		成员				
	分工						
实施流程及操作标准	实施流程		实施操作标准描述				
	小组汇报和演示研学旅行课程目标方案		小组汇报准备充分、思路清晰、描述准确				
			展示过程流畅、完整				
			展示内容全面（包含课程目标、学段目标和专题目标）				
			成果符合相关要求，具有一定的质量				
实施效果及相关作品							
实施评价	评价内容及标准		评价结果				
	1.实施操作符合相关标准要求； 2.实施准备充分； 3.实施完整、流畅； 4.彰显团队合作能力		学生或小组自查评语：				
			学生或组长签字：		日期：	年 月 日	
			教师或企业专家评语：				
			教师或企业专家签字：		日期：	年 月 日	

表 3-2-5　任务检查单

任务名称	制定研学旅行课程目标			
典型工作 过程描述	撰写课程总目标→撰写学段目标→撰写专题课程目标→形成研学旅行课程目标方案			
学习小组	组长		成员	
	分工			
检查内容及 检查标准	检查内容	检查标准描述		
	内容检查	方案内容全面、重点突出；目标描述准确、具体、可测量		
	操作检查	依据充分，步骤清晰，操作规范，符合相关原则要求		
	过程检查	整理、分析各方意见，总结经验教训；提出完善和改进措施；交由一线教师及研学旅行指导师评估，广泛征求意见		
	成果检查	文案设计美观，逻辑清晰，要素齐全，内容翔实，写作技巧熟练		
检查记录				
检查评价	评价内容及标准	评价结果		
	1. 复盘检查到位； 2. 对比分析全面、深刻； 3. 完善和改进措施合理、可行	学生或小组自查评语：		
		学生或组长签字：	日期：　年　月　日	
		教师或企业专家评语：		
		教师或企业专家签字：	日期：　年　月　日	

表 3-2-6 任务评估单

任务名称	制定研学旅行课程目标		
典型工作过程描述	撰写课程总目标→撰写学段目标→撰写专题课程目标→形成研学旅行课程目标方案		
学习小组	组长	成员	
	分工		

评估内容与评估标准	评估内容	评估标准描述	
	完成度	准备充分，计划具体，决策正确，实施顺利，检查全面，评价客观	
	规范性	任务实施符合相关操作流程和操作规范	
	创新性	任务实施和操作过程具有一定的创新性	
	时效性	任务准时完成，具有一定的实用性或现实意义	
	成果质量	文本方案具有一定的质量	
	总结与反思	能够及时进行总结与反思，且反思与总结较为全面、准确	

评估记录			

评估评价	评价内容及标准	评价结果	
	1.评估内容全面、到位； 2.评估符合相关操作标准； 3.评估准确、客观	学生或小组自查评语：	
		学生或组长签字：	日期： 年 月 日
		教师或企业专家评语：	
		教师或企业专家签字：	日期： 年 月 日

学习评价

对制定研学旅行课程目标的学习表现和学习过程进行评价见表 3-2-7、表 3-2-8。

表 3-2-7 学习表现评价表

序号	评价内容	主要考核指标	评价主体																			
			自评（10%）					互评（20%）					师评（40%）					业评（30%）				
			A	B	C	D	E	A	B	C	D	E	A	B	C	D	E	A	B	C	D	E
1	态度（10分）	自主学习、求知欲、好奇心、积极性、抗压性、挑战困难																				
2	出勤（10分）	出勤次数																				
3	合作（25分）	合作态度、合作能力、合作效果																				
4	贡献（25分）	参与讨论、对小组贡献、帮助成员																				
5	反思（15分）	反思、总结、改进																				
6	增值（15分）	个人进步、提升																				
7	总计（100分）																					
8	评语		学生					小组					教师					企业				
9	签字及日期		学生： 日期：					组长： 日期：					教师： 日期：					企业： 日期：				

注释：
1. 等级 A、B、C、D、E 赋分标准：10 分（A. 9～10，B. 8～8.9，C. 7～7.9，D. 6～6.9，E. 6 分以下）；
　　　　　　　　　　　　　15 分（A. 14～15，B. 12～13.9，C. 10～11.9，D. 8～9.9，E. 8 分以下）；
　　　　　　　　　　　　　25 分（A. 24～25，B. 21～23.9，C. 18～20.9，D. 15～17.9，E. 15 分以下）。
2. 评价主体可根据具体任务进行选择，但提倡学生、学生之间、教师和企业四位一体进行评价。
3. 建议学习小组组长实行轮换制

表 3-2-8　学习过程评价表

序号	评价内容	主要考核指标	评价主体																			
			自评（10%）					互评（20%）					师评（40%）					业评（30%）				
			A	B	C	D	E	A	B	C	D	E	A	B	C	D	E	A	B	C	D	E
1	准备（15分）	分工；调研；研讨；学习深度、广度；资料丰度、准度、效度等																				
2	计划（15分）	计划描述或设计方案符合操作标准																				
3	决策（15分）	研讨、论证合理性、可行性，并改进完善																				
4	实施（35分）	流程与标准、实施难度、安全性、经济性、环保性等																				
5	检查（10分）	复盘检查、分析对比、完善和改进等																				
6	评估（10分）	完成度、规范性、创新性、美观度、实用性、时效性、成果质量等																				
7	总计（100分）		学生					小组					教师					企业				
8	评语																					
9	签字及日期		学生：日期：					组长：日期：					教师：日期：					企业：日期：				

注释：

1. 等级 A、B、C、D、E 赋分标准：10 分（A. 9～10，B. 8～8.9，C. 7～7.9，D. 6～6.9，E. 6 分以下）；

15 分（A. 14～15，B. 12～13.9，C. 10～11.9，D. 8～9.9，E. 8 分以下）；

35 分（A. 32～35，B. 28～31.9，C. 24～27.9，D. 21～23.9，E. 21 分以下）。

2. 评价主体可根据具体任务进行选择，但提倡学生、学生之间、教师和企业四位一体进行评价

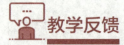 **教学反馈**

对制定研学旅行课程目标的教学反馈见表 3-2-9。

表 3-2-9　教学反馈单

任务名称	制定研学旅行课程目标		
典型工作过程描述	撰写课程总目标→撰写学段目标→撰写专题课程目标→形成研学旅行课程目标方案		
调研反馈	调研内容	是否满意	理由描述
	学习内容		
	教学方法		
	小组合作		
	任务完成		
	能力培养		
改进建议			
整体评价	A. 90～100（　　），B. 80～89（　　），C. 70～79（　　），D. 60～69（　　），E. 0～59（　　）		

 **阅读与思考**

陆游筑书巢

陆游是浙江绍兴人，祖父陆佃是王安石的学生，做过尚书右丞；父亲陆宰是藏书家，也当过京西路转运副使；母亲是北宋中期著名御史唐介的孙女。生于书香门第、官宦世家，如此背景使他从小就受到爱国主义思想熏陶，也养成勤读书、善读书的良好习惯。

一次，父亲陪小陆游在屋外习武后来到他的房间，看见他的房间到处是书，父亲很生气，就说他的房间不像个房子，倒像一个窝，小陆游听后就给自己的住房取名叫"书巢"。可父亲却不赞同，他觉得现在有房子住怎么可以叫巢呢，以前那些所谓的巢是因为没有住房。小陆游却说自己房间的书柜、床上、地上到处是书，就可以叫"书巢"了。父亲也就作罢，并告诉他要在书巢里发愤苦读。他遵循父亲的教诲，一生勤于读书，笔耕不辍，诗、词、文、史、书俱有很高成就，留下了九千多首诗，成为我国历史上一位杰出的大文学家。

任何成功都来之不易。古今中外众多创造了辉煌壮丽人生的志士仁人，多在青年时期就确立了正确的人生目标，并且为了实现自己的人生目标而默默耕耘、不懈努力，最终抵达成功的彼岸。正所谓"无奋斗，不青春"。

思考： 如何理解树立远大目标的重要性？作为一名研学旅行课程设计人员，如何引导学生树立远大的目标？又如何引导学生为了实现目标而不懈努力？

岗课赛证

一、判断题

1. 知识与技能是研学旅行教学的唯一任务。（　　）

2. 制定研学旅行课程目标需要根据学生的素质、经历等实际情况，确定切合实际的目标。（　　）

二、单选题

1. 研学旅行课程目标的根本目的是（　　）。

  A. 提高成绩　　　　　B. 强身健体　　　　　C. 立德树人　　　　　D. 愉悦身心

2. 研学旅行专题课程目标设计要考虑（　　）和具体的课程资源。

  A. 总目标　　　　　B. 校方需求　　　　　C. 基地资质　　　　　D. 学段目标

三、多选题

1. 完整的研学旅行课程目标体系包括（　　）。

  A. 结果性目标　　　　B. 评价性目标　　　　C. 体验性目标　　　　D. 表现性目标

2. 研学旅行课程目标主要有（　　）作用。

  A. 导向　　　　　B. 标准　　　　　C. 激励　　　　　D. 约束

四、操作题

按照研学旅行目标设计与陈述方法，设计一节红色研学课程目标。

要求：确定目标性质；明确过程与方法；清晰可实现。

3.2.6　参考答案

任务三　设计研学旅行课程内容

▌任务描述

　　熟悉和掌握研学旅行课程内容的含义、特点、类别、原则和依据、选择方法及收集整理方法等相关理论知识基础，能够根据研学旅行课程主题和课程目标，筛选和匹配相适应的研学旅行资源，并在此基础上设计出符合不同学段学生特点的研学旅行课程内容。

3.3.1　任务导学

▌任务要求

任务名称	设计研学旅行课程内容		
学时建议	6 ～ 8 学时		
情境导入	根据研学旅行课程主题和目标，完成研学旅行课程内容设计		
实施场地	课堂或机房		
任务目标	知识目标：理解课程内容与研学旅行课程内容两个概念；掌握研学旅行课程内容的组织逻辑；掌握研学旅行课程内容的选择原则		
	能力目标：辨析课程内容与学科知识、课程内容与社会生活经验、课程内容与学习者经验之间的关系；结合实际说明研学旅行课程内容的选择程序		
	素质目标：养成团队合作能力、项目执行能力、创新意识		
典型工作过程描述	明确课程主题→明确课程目标→确定课程框架→框定课程资源→优选课程资源→编写课程内容		
学习要求	学习内容及过程		
	准备	确定学习方式（学习小组）；课前预习；搜集资料；能力与素质准备；场地和条件准备	
	计划	编制研学旅行课程内容设计方案	
	决策	论证和修改研学旅行课程内容设计方案	
	实施	设计研学旅行课程内容	
	检查	检查课程内容科学性与可行性	
	评价	对课程内容的规范性、成果质量、评价合理性、总结与反思情况做出评价	

▌情境导入

　　作为某研学旅行服务机构的课程研发人员，接到为当地某小学设计一门研学旅行课程的任务。根据已经确定的研学旅行课程主题和课程目标，并依托所在城市及周边乡村的研学资源，为该校初二年级的学生设计出一天的研学旅行课程内容。

📋 理论准备

一、研学旅行课程内容

　　研学旅行课程内容具备系统性和完整性。它以科学规范的方式呈现，涵盖了学生参观、旅行、考察和体验的研学点、旅游景区、活动场馆、基地（营地）等资源及其所承载的文化、技术、概念、原理、方法和价值观等。

研学旅行课程内容是由一个个课程单元组成。每个课程单元之间既互相独立又相互联系，每个课程单元都有着自己独立的课程目标、课程内容、课程实施、课程评价等环节。这些课程单元共同为实现研学旅行课程目标而服务，共同构成一个具有逻辑关系的研学旅行课程体系。

由于研学旅行课程在国家、学校、基地（营地）、研学中介服务机构等层面有不同的要求和目的，各层面的课程内容也有所不同。对于国家层面和学校层面的研学旅行课程，根据《关于推进中小学生研学旅行的意见》，其内容涵盖了自然类、历史类、地理类、科技类、人文类、体验类等多个领域。对于某个研学基地（营地），其课程内容是指学生到达基地（营地）后需要参与的若干活动项目，这些项目是基于基地（营地）的资源进行设计和开发的。对于研学中介服务机构层面的研学旅行课程，其内容主要是指某一研学旅行路线应包含的若干目的地及活动。

二、研学旅行课程内容设计

研学旅行课程内容设计是以课程主题和课程目标为核心，依据学生的身心发展规律、认知现状和认知特点，经过研学旅行课程资源匹配，对学习内容进行策划和选编，进而形成系统的研学旅行课程体系。

研学旅行课程内容设计需要遵循一定的原则，运用一定的方法，经过一定的流程才能顺利完成。它不仅包含了学生研学旅行过程中参观、考察、体验的旅游景区、活动场馆、基地（营地）等资源的筛选，还包括对资源本身所承载的历史、文化、自然、地理、科学、技术等相关学科知识及所传递出来的思想和价值观等相关内容的精心组织、策划和设计。

三、研学旅行课程内容设计原则

（一）目的性原则

《关于推进中小学生研学旅行的意见》强调，组织研学旅行活动旨在促进学生对社会主义核心价值观的学习与践行，激发对党、国家及人民的热爱之情；推动实施素质教育，创新人才培养模式，引导学生主动适应社会，促进书本知识与社会实践的深度融合；提高国民生活质量，满足日益增长的学生旅游需求，培养文明旅游意识，养成良好的旅游行为习惯。这些总体目的不能直接适用于所有学校的研学旅行活动，需进一步具体化。这是因为直接运用这些宏观目的可能导致研学旅行活动的可操作性较差，最终无法实现预期目标。在策划研学旅行活动时，还需考虑学校自身的办学文化与可用的研学旅行课程资源，缺乏研学旅行课程资源支撑的目的将失去意义与价值。在设计研学旅行课程内容时，需关注三个层面：一是国家对研学旅行目标的规定；二是全校范围内的研学旅行目标；三是特定年级与单次研学的目标。学校的研学旅行目标通常受其办学理念、教育哲学及办学特色的指导。例如，注重生态教育的学校在策划研学旅行时可能更关注自然与地理类研学内容，而注重人文教育的学校可能更关注人文、历史及体验类内容。

（二）系列性原则

为了实现特定的教育目标或目的，仅仅依靠一次教育活动或一个学习内容是不足以实现的。对于研学旅行教育而言，这种情况尤为明显。研学旅行具有极大的开放性，其课程内容的目的指向性没有学科知识的目的指向性强，学生在研学旅行过程中的注意力、专注度也没有课堂教学强。为了设计合适的研学旅行课程内容，有必要围绕同一研学旅行目标，选择多样化的、类似的研学旅行课程资源。只有当学生有机会以不同的方式接触同样的资源，或以同样的方式接触不同但类似的资源时，研学旅行目标才能真正实现，研学旅行活动才能给学生带来真正的收获，才能对学生的发展产生积极而深刻的影响。此外，作为课程，研学旅行的内容也必须是系列化的。因为单一的、独立的内容无法形成体系，因此也难以成为课程。

（三）丰富性原则

丰富性原则强调在设计研学旅行课程内容时，应尽量涵盖主题范围内的不同类别或性质的资源，以实现多样化的教育功能，应优先选择能够促进学生多方面素质发展的研学旅行课程内容。虽然某一特定内容主要侧重于某一特定素质的发展，但它通常也会涉及其他素质。如果各种不同的素质在各种研学旅行活动中都得到关注和发展，研学旅行的效果将会更加理想，学生的进步也会更加全面和稳固。丰富性原则至少包含两个方面的含义：一是选择能够促进多方面素质发展的内容；二是选择能够采用多种学习方式的内容。这是因为学生的素质发展不仅受到所学内容的影响，还受到学习方式的影响。采用不同的学习方式，同样的内容可以带来不同的素质提升。

（四）实践性原则

实践性原则是指研学旅行课程内容应该设计哪些需要学生实践的项目，注重学生的感官参与、动手操作、身心体验。在教室讲授研学旅行的课程，或在线上观看研学旅行的课程，不是真正的研学旅行课程。研学旅行课程的选择一定要因地制宜，呈现地域特色，引导学生走出校园，使学生在与日常生活不同环境的接触中拓宽视野、丰富知识、了解社会、亲近自然。

（五）可行性原则

可行性原则是指在设计研学旅行课程时，一定要基于现有的条件，考虑落实的可能性，包括学生的经济状况、当地的交通条件、学校的组织能力、医疗以及安全条件等。比如，组织全校学生去国外研学旅行，很有价值也很有意义，但对于许多学生而言，可能经济上有困难，因此学校就不宜组织这类研学旅行。又如，组织学生去新开发的景区实施研学旅行，由于景区属于新区，交通、医疗、救援、后勤保障、餐饮、住宿等配套系统都可能不完善，万一出现意外，相关人员就得不到及时的救援，同样不宜组织。

四、研学旅行课程内容的设计步骤

研学旅行课程内容的设计，大致要经历以下几个步骤。

（一）明确课程主题

研学旅行课程主题就是研学旅行活动的中心思想的具体表达，是研学旅行活动的灵魂，能反映参与者、资源、目的地之间内在的、真实的关系，其主要阐明通过研学旅行课程要达到什么样的目的，或解决什么问题，或研究什么样的课题，或让学生有什么样的收获等。研学旅行课程主题的确定，需要围绕研学旅行课程目标、内容、实施和评价等环节进行凝练。

（二）明确课程目标

课程内容的选择必须围绕课程目标进行。第一，课程本身应该是具体化的，只有围绕课程目标进行选择，才能保证所选择出的资源、材料或活动拥有共同的特征，否则课程内容将是零散素材的堆积。第二，如果课程内容的选择不围绕课程目标进行，那么课程目标永远也无法实现。第三，课程目标与课程内容具有特定的对应性，即一定的目标需要一定的内容去完成，不同的目标需要不同的内容。就研学旅行课程设计来说，在选择内容之前，目标应该是已经确定的，但在选择内容时需要再次明确目标、保持目标意识，使内容的选择更具有针对性。

（三）确定课程框架

课程目标明确以后，就需要确定课程框架。课程框架就是课程的架构，就是课程的结构体系。如果学校的研学旅行课程目标明确，就需要进一步思考这些目标如何落实到各年级。对于小学而言，需要确定四、五、六年级分别研学什么；对于初中而言，要确定一、二年级分别研学什么；对于高中而言，要确定一、二年级分别研学什么。每一个年级还要分上、下学期，每个学期各研学什么都要明确、有计划。表面上看，这是一个研学内容的分配问题或研学旅行目标的分解问题，但需要综合考虑学生的特点、可用资源、目标的递进性等因素。例如，如果初中学校以"上善若水"为全校的研学旅行主题，那么初一年级的研学可以河、湖、湿地等为主，初二年级的研学可以江海、水利设施、城市供排水系统等为主。

研学旅行课程框架一般包含的基本要素有课程主题类型、课程主题名称、学情分析、学习目标、课程重点、课程难点、安全隐患、授课对象、授课地点、教学用具、活动流程、成果展示、考核评价、总结反思、拓展学习等。表3-3-1为一份研学旅行单元课程设计的样表，仅供参考。

表3-3-1 研学旅行单元课程框架设计样表

单元课程名称					
课程主题类型	（例如课程是属于自然类、历史类、地理类、科技类、人文类、体验类等）				
课程主题名称					
学情分析					
学习目标	（参照课程目标来确定学习目标，一般用三维目标来描述）				
课程重点					
课程难点					
安全隐患					
适宜季节			活动时长		分钟/小时
授课对象	（ ）小学4～6年级 （ ）初一、初二 （ ）高一、高二	扩展对象	（ ）学前 （ ）小学1～3年级 （ ）高三年级 （ ）亲子 （ ）其他	授课师生比	
授课地点	省份		城市	区县	
	详细地址				
教具清单	序号	名称	单位	数量	备注
	1				
	2				
	3				
	4				

续表

教学内容或活动流程（关键点、流程）	确认方案	主要成员	姓名	主要职责	姓名	主要职责	
		研究背景					
		研究内容					
		研究假设					
		关键步骤	时间	阶段目标	关键任务描述	研究形式	研究方法
		成果展示形式					
	体验探究设计						
	成果展示	所需教具					
		详细内容					
	复盘评价	所需教具					
		评价标准	评价等级				
			努力达成	合格	良好	优秀	
	拓展延伸	广度					
		深度					

在实际操作过程中，课程内容的设计没有固定框架，只要要素齐备就好了。设计过程本身就是一个发挥主观能动性的过程，设计者凭借自身的智慧和专业技术，设计出丰富多样、形式各异的课程内容。

（四）框定课程资源

研学旅行课程内容的设计建立在研学旅行资源选择的基础之上。只有根据研学旅行主题和目标的要求，同时结合学生学情分析，对研学旅行目的地的资源、场地等进行筛选和匹配，才能设计出能够实现研学旅行主题和目标的课程内容。

确定好课程框架后，就需要确定可以利用的课程资源，仔细考虑研学旅行课程资源，应将可用的资源尽可能都列出来，以便后续选择使用。

即使按照"小学阶段以乡土乡情为主、初中阶段以县情市情为主、高中阶段以国情为主"的方式组织研学旅行活动，也可能需要对研学旅行课程资源进行选择。对于某个年级的学生来说，一学期可能最多参加一次研学旅行活动，而每所学校可选的研学旅行课程资源非常丰富。随着学段的提高，研学范围越来越广，研学资源越丰富，选择的余地也越大，也越需要慎重地选择。

（五）优选课程资源

当所有可供使用的研学旅行课程资源被列出来后，就需要对每个资源进行审查，必要时需进行现场考察，或查阅相关资料，深入了解每个资源的状况，力争把握每个资源的全貌。根据每个年级实际研学的需要与可能性，选择那些可行性最大、教育价值最好、适合学校的研学旅行课程资源，将优选出来的资源分配到各个年级中形成体系。

以上是以学校为主体设计研学旅行课程时选择课程资源的程序，当以研学基地（营地）为主体进行研学旅行课程设计时，研学旅行课程资源选择的程序可能就不一样了。这是因为对于具体的研学基地（营地），研学旅行课程资源就是自己拥有的资源，不存在选择的问题，只存在如何深度开发的问题。因此，对于具体的研学基地（营地）而言，其课程内容在下列意义上存在选择：如何根据教育的需要、学校的需要、不同学段研学的需要，选择研学基地或营地内对应的场所与活动。每个研学基地（营地），通常有多个具体的场所，每个场所可以开展不同的研学旅行活动，并不是说每个研学团队来了，研学基地（营地）都组织一样的活动，而是要根据实际需要与情况为不同的研学团队匹配不同的活动。

（六）设计单元课程内容

在设计研学旅行课程内容时，需要充分利用现有的教学资源，包括硬件设施、软件工具、课程资料、教师资源等，以确保课程内容丰富、具有实际意义和富有创新性。

随着研学旅行的不断成熟和发展，研学旅行课程主题类型越来越丰富多样。按照教学方法来说，可以把研学旅行课程分为参观式学习课程、体验式学习课程、探究性学习课程、社会学习类课程、服务性学习课程等。不同类型的课程其课程内容的设计方法是不尽相同的。

1. 参观式学习课程内容设计

这类课程通过组织学生到各种旅游景点、名胜古迹、文博场馆、工厂企业、科研院所等相关场地进行参观、学习、观摩，以此来巩固已学知识或获得新知识。这类课程的关键是参观的实物和研学旅行指导师或讲解员讲解的内容。这类课程的内容设计一般应该分为以下几个部分：

（1）学情分析，就是了解学生对相关知识掌握的基本情况。在充分了解学情的基础上，准确把握课程内容设计的深度和广度；另一方面也有利于根据学生的知识基础选择适当的学习方式。

（2）明确学习目标。根据学情分析和学校的要求确定学习目标。学习目标的制定方法和研学旅行课程目标的方法大致类似。

（3）明确参观内容。研学旅行地点一般内容丰富，知识信息量也比较大，就要根据学习目标和时间选择和安排研学课程内容。

（4）明确讲解内容。参观内容确定后，要根据具体的参观实物设计讲解内容。讲解内容需与学校相关课程相衔接，以完成教学目标或学习目标为前提，要利于学生温故知新和拓展知识领域。同时还要确保讲解内容的真实性、准确性和思想性，要利于引导学生树立正确的人生观、价值观和世界观。

（5）设计学习方式。学习方式可以分为根据参观路线顺序听讲解参观学习和通过设计任务让学生带着任务参观学习。

（6）组织与实施。听讲解参观学习则需要对学生进行分组，每组配备一名讲解教师，讲解教师按照参观路线带领学生有序参观。带着学习任务参观则需要制定任务规则和学习规则，研学指导师要在参观过程中进行规则把控，确保学生按照任务目标进行参观学习。此外，这里还需要设计教学过程中使用的教具，如讲解词或其他辅助性教学设施设备。

（7）进行考核评价。不论是哪一种学习方式，研学旅行指导师都应在参观结束后，组织学生对参观活动进行总结、对学生学习情况进行评价或对任务完成情况进行复盘检查和评价，如有需要则让学生进行成果展示。成果展示是学校评价研学旅行质量优劣的重要指标之一，也在一定程度上代表着学生研学旅行课程的收获。在设计成果展示方式时，应围绕学校课程需求和旅行课程目标进行。研学旅行成果种类繁多、形式丰富，大体可以分为物化类成果和互动类成果。物化类成果一般包括研学日记、研学手册、观后感、读后感、调查报告、工作方案、绘画作品、手工艺品、摄影摄像作品、视频作品等。互动类成果一般有交流分享会、成果汇报会、文艺演出、演讲比赛、知识竞赛等。

2. 体验式学习课程内容设计

体验式学习课程通过精心设计活动、游戏或情境，让学生置身其中，通过调动学生的视觉、听觉、味觉、触觉、嗅觉等五感观察、认识事务或知识，并引导学生将其应用到生活和学习中，从而实现自我知识、能力以及态度的提升与重构。这种课程重在设计体验活动和营造情境，因此，对课程资源的要求较高。在设计课程内容时，首先要对课程资源或研学资源进行深度开发，然后才能进行相关的设计。具体来说可分为以下几部分：

（1）明确学习目标。体验式学习目标的制定与依托的资源及课程场景息息相关，因此，在确定学习目标前应大致确定研学旅行课程资源，结合资源特点和资源多能承载的教学内容而确定学习目标。

（2）依托课程资源设定课程场景。课程场景就是课程具体执行的场所。具体应满足：与研学旅行单元课程主题和目标相符、无安全隐患、最好能排除外界干扰，利于学生全身心投入场景中，而且要适合体验式学习，能够让学生亲身参与其中。

（3）设计学习内容。首先是设计知识、技能和素养等内容。例如，深入挖掘研学地点本身所涉及的基本知识和其所承载的历史文化、所反映出来的科学道理、所蕴含的社会规律和思想价值，将这些内容梳理出来，设计成体验性活动，让学生学习和体验这些内容，掌握相关理论和技能，升华情感和养成价值观。例如，研学地点选在某现代农业产业园，首先，可以为学生讲授现代化农业发展进程及所取得的重大成就；其次，可以让学生将现代农业的发展和我国几千年的农耕文化联系起来，引导学生学习农耕文化；最后，可以让学生下地插秧，体验农民的辛苦，懂得"珍惜粮食"，崇尚"劳动光荣"。

（4）设计教学过程。教学过程包含教学准备、教学导入、组织与实施等环节。在教学准备上，首先，需要最大限度地发挥研学地点的资源优势，并对设定的教学场景进行必要的布置和装饰，营造出良好的情境氛围；其次，可采用文字、视频、图片、音乐等方式渲染时空氛围、设计故事情节，调动学生全身心投入相应的角色中；再次，需要做好教具准备以及让学生为进行体验式学习做好身体准备，因为很多时候需要学生的参与、体验、动手操作等；最后，还需要确定体验活动的相关规则或要求，包括活动条件、时间、操作标准等，以确保课程秩序、教学管理和学生安全。教学导入方式很多，一般有讲故事、看视频、做游戏、答题闯关等。组织与实施就是研学指导师引导和带领学生进行活动体验，包括基于环境的认知体验、基于活动的探索体验和基于人员的交流体验等。同时也包含引导学生进行成果展示与成果分享。

（5）设计考核与评价。制定合适的考核方式（如考试、作品评定、小组讨论等），检验学生的学习效果，并对课程进行反思，以便不断完善课程内容和方法。在体验活动结束后，研学指导师应对学生的综合表现做出考核，对由体验活动形成的相关成果进行评价。

（6）设计总结与反思或课外拓展环节。在体验式学习结束后，教师还应引导学生对学习过程进行归纳、总结和反思，并引导学生进行课外拓展。

3. 探究性学习课程内容设计

探究性学习课程就是从自然、社会和生活中选择某一专题进行探索和研究，并在探索和研究过程中主动获取知识、构建知识、应用知识，以分析和解决问题。

在设计探究性学习课程内容时，同样要先进行学情分析，明确课程的学习目标，除此之外，还要设计以下内容：

（1）选择探究的问题。即根据研学旅行资源地的特点，挖掘可探究的学习元素，明确问题的研究方向。在挖掘学习元素时，需要将学科知识与自然环境、社会生活、科学技术、历史文化、地域特点、学科知识的拓展延伸以及学生的个人发展相结合，选出一个有价值的问题研究方向。

（2）确定探究课题。在确定问题探究方向之后，需要确定具体的研究课题。最理想的方式就是让学生根据自己的兴趣爱好自选研究课题。但是在进行设计时，需要对自选研究课题提出相关要求，如结合学生的认知水平和能力水平，对研究课题的可行性、必要性（价值）、科学性、合理性等方面做出要求。

（3）设计课题探究方案。首先，要划分课题小组，制定时间要求；其次，要确定探究方法，如观察法、调查法、测验法、文献法、访谈法、实验法、案例分析法、经验总结法等；再次，要列出在课题探究过程中可能遇到的困难及解决办法；最后，需要列出参考文献清单和开展探究的条件，如图书资料、实验设备、交通工具等。

（4）设计课题研究评价方案。评价内容多样化，如包括探究设计能力、信息搜集能力、工具书使用能力、实验试验能力、写作能力、知识应用能力、思维思辨能力、分析总结能力、答辩表达能力、团队合作意识、创新能力、学习和研究态度等；评价主体多元化，如学校教师、学生自己、家长、同学之间、小组之间、研学指导师等。同时还要注意评价及时化和评价过程化。

4. 社会学习类课程内容设计

社会学习类课程是指通过研学旅行的方式，利用社会生活场景，设计出能够培养学生掌握社会生活经验、社会知识、社会行为技能，培养学生具备社会责任感和社会公民基本素养的课程内容。这类课程往往与其他类型的课程组合在一起学习。

这类研学旅行课程内容的设计，一般需要包括以下几方面：

（1）学情分析。分析学生的生活能力、自理能力、沟通能力、认知能力、身心特征、情感特点及原有的生活经验。

（2）明确学习目标。社会学习类课程主要培养学生的社会责任感和公民素养。

（3）设计学习内容。这类课程的学习内容，多是围绕学习目标进行。例如，可以设计下列活动：文明出行、低碳出行、文明旅游、文明用餐、文明乘车（机）、遵守公共秩序等；使用消防器材、地震逃生、火灾逃生等；珍惜粮食、节约粮食、节约用纸、节约用电、节约用水等；爱护环境、保护环境等。通过这些活动，将学生置身在社会生活场景中，让学生对社会现象、社会行为产生正确的认知，进而培养学生的社会责任感和良好的公民素养。

（4）课程组织与实施。这类课程可以通过教师讲授式、学生体验式和学生探究式等方式进行。教师讲授式是将设计好的课程内容向学生进行讲解和说明，往往比较细致全面，易于操作，但学生不能亲身体验，理解和感受程度可能不深，学习效果不显著。学生体验式则让学生在真实的社会场景中，通过亲身体验获得认知，再加上研学指导师的引导，学生的理解和感受会很深，学习效果也比较显著，但是随机性比较大、课程内容不是十分具体。探究式主要是设计一些探究性课题，让学生在真实的社会场景中学习、分析、感受、研究，再经过研学指导师的引导，充分发挥学生的主观能动性完成课题，这种组织方式会让学生有很深的印象，学习效率也会较高，但是这种方式会限制在一定范围内，课程内容不是十分丰富。无论是哪一种形式，在进行课程组织和实施前都需要制定相关的活动规则、纪律要求以及避免安全事故的发生。

（5）考核评价。需要对学生学习过程和学习成果做出考核评价。

5. 服务性学习课程内容设计

服务性学习课程是指依据学生的知识和技能水平，利用研学旅行地点的特殊性，让学生以某种职业角色进行某种职业体验，也就是事前设计好有针对性的服务方案，让学生根据方案开展服务活动。这种课程是对学生职业生涯渗透的一种有效方式，也是培养学生社会责任感的重要途径。这类课程可以与其他类课程一同进行。这类课程要求很高，一般适用于初中年级的学生。这类课程的设计，一般应包含以下内容：

（1）学情分析。需要分析学生的知识水平、技能水平、原有经验、个人特长等情况，制定出相应的服务方案。

（2）明确学习目标。根据学情分析，明确课程的学习目标。这类课程的学习目标，与社会学习类课程类似，主要是培养学生的社会责任感、公民意识、公民素养和职业素养。但是不同的是，要通过"职业体验"完成。

（3）设计服务内容（方案）。服务内容可以是某种职业的体验，如体验讲解员、导游员、生活管理员、活动策划者、摄影记者、新闻记者、摄像师等。根据职业角色，设计相关的服务内容。

（4）划分服务小组。根据研学旅行的团组人数和研学旅行课程内容的要求，将学生分成服务小组，一般以 6～8 人为宜。

（5）服务准备和服务实施。一般来讲，要根据服务小组的人数配置研学旅行指导师。研学指导师的责任主要有三方面：首先是指导学生制定工作方案。工作方案是服务小组开展服务活动的依据，一般需要确定工作目标、工作内容、工作流程、人员分工、物资准备等。研学旅行指导师要和学生一起研讨、论证工作方案，就其可行性、落地性、安全性、合理性等进行评估和完善。其次，在开展服务活动之前，研学旅行指导师还需指导服务小组召开工作方案说明会，以确保服务小组清楚地了解其工作内容、工作要求、工作目标等。必要时，还应指导服务小组进行服务的模拟操练。最后，研学旅行指导师还应该指导和监督学生开展服务活动。在学生服务过程中，及时进行纠偏或激励，以最大限度激发服务小组的工作热情，取得最好的服务效果。

（6）总结反思。在服务性学习课程结束后，服务小组应对服务工作进行总结汇报，反思服务过程中存在的问题，并能够提出完善和改进措施。

（7）考核评价。根据服务性学习课程的内容，设计考核内容、考核方式、考核手段及学习成果评价。

3.3.2 研学旅行
课程内容设计案例

🏛 任务操作

按照准备、计划、决策、实施、检查和评估六步法的要求，与学习小组共同完成"设计研学旅行课程内容"系列任务操作单（表3-3-2～表3-3-7）。

表3-3-2　任务准备单

任务名称	设计研学旅行课程内容		
典型工作过程描述	明确课程主题→明确课程目标→确定课程框架→框定课程资源→优选课程资源→编写单元课程内容		
学习小组	组长		成员	
	分工			
准备内容及操作标准	准备内容	操作标准描述（请在相关括号内勾选或填写）		
	组建学习小组	小组组建方式：教师随机分配（　　），自愿组合（　　），其他方式（　　）；是否进行分工合理性论证（　　）；是否建立小组内部合作机制（　　）		
	课前预习	教材知识学习方法：小组学习（　　），自学（　　）； 其他学习资讯（资料）获取方法：网络（　　），图书（　　），采访调研（　　），小组座谈（　　），通信咨询（　　），其他（　　）		
		相关资料描述（列出主要资料的名称、内容及类型。其中，类型是指文本资源、音频资源、视频资源、图片资源等）		
	能力与素质	信息搜集能力（　　）；沟通能力（　　）；协作能力（　　）		
	场地与条件	选择的模拟演示场地为（　　）； 用到的相关设施设备有（　　），是否熟练操作（　　）； 其他相关场地与条件需求（　　）		
准备评价	评价内容及标准	评价结果		
	1.小组分工合理； 2.预习具有深度、广度及资料丰度、准度、效度等； 3.能力与素质准备充分； 4.场地与条件准备完善	学生或小组自查评语：		
		学生或组长签字：　　　　　　　日期：　　年　　月　　日		
		教师或企业专家评语：		
		教师或企业专家签字：　　　　　　日期：　　年　　月　　日		

表 3-3-3 任务计划单

任务名称	设计研学旅行课程内容		
典型工作过程描述	明确课程主题→明确课程目标→确定课程框架→框定课程资源→优选课程资源→编写单元课程内容		
学习小组	组长		成员	
	分工		
计划步骤或内容及操作标准	计划步骤或内容	操作标准描述	
	研学旅行课程内容设计计划	明确课程主题和课程目标	
		制定课程基本框架	
		列出初步框定的课程资源	
		列出筛选后的课程资源	
		编写单元课程内容草案	
计划描述			
计划评价	评价内容及标准	评价结果	
	1.计划或方案全面、具体,步骤清晰; 2.计划描述或设计方案等符合操作标准	学生或小组自查评语:	
		学生或组长签字:	日期: 年 月 日
		教师或企业专家评语:	
		教师或企业专家签字:	日期: 年 月 日

表3-3-4 任务决策单

任务名称	设计研学旅行课程内容		
典型工作过程描述	明确课程主题→明确课程目标→确定课程框架→框定课程资源→优选课程资源→编写单元课程内容		
学习小组	组长		成员
	分工		
决策内容及操作标准	决策内容	操作标准描述	
	研学旅行课程内容设计计划	论证凝练的课程主题是否具有特色和亮点	
		论证课程目标分析是否准确，是否与课程主题相适应	
		论证课程框架搭建是否合理，是否要素齐备	
		论证框定的课程资源是否具有合理性，是否与课程主题和课程目标关联密切	
		论证筛选和优化后的课程资源是否具有代表性和典型性，是否能够更好地实现课程目标	
		论证课程内容编写草案是否思路清晰、要素全面、流程正确	
决策记录			
决策评价	评价内容及标准	评价结果	
	1.论证分析充分；2.设计计划内容全面，具有合理性、可行性；3.完善和改进措施得当、及时	学生或小组自查评语：	
		学生或组长签字：	日期： 年 月 日
		教师或企业专家评语：	
		教师或企业专家签字：	日期： 年 月 日

表 3-3-5　任务实施单

任务名称	设计研学旅行课程内容		
典型工作过程描述	整理课程资料→明确课程主题→明确课程目标→确定课程框架→框定课程资源→优选课程资源→编写单元课程内容		
学习小组	组长		成员
	分工		
实施流程及操作标准	**实施流程**	**实施操作标准描述**	
	编制单元课程内容	（1）单元课程内容至少包括课程主题、课程目标、学情分析、授课对象、重点、难点、课程内容、教学用具、活动流程、学习评价等内容。 （2）课程内容设计符合相关原则，要素齐全，逻辑清晰，具有合理性、科学性和一定的特色，能够实现课程目标	
	汇报单元课程内容	（1）小组汇报准备充分，流畅清晰，重点突出。 （2）课程内容设计文本美观实用，具有可行性和落地性，具有一定的质量	
实施效果及相关作品			
实施评价	**评价内容及标准**	**评价结果**	
	1.实施操作符合相关标准要求； 2.实施难易程度适当； 3.实施过程完整、顺畅； 4.彰显团队合作能力	学生或小组自查评语： 学生或组长签字：　　　　　　　日期：　　年　　月　　日	
		教师或企业专家评语： 教师或企业专家签字：　　　　　　日期：　　年　　月　　日	

表3-3-6 任务检查单

任务名称	设计研学旅行课程内容		
典型工作过程描述	整理课程资料→明确课程主题→明确课程目标→确定课程框架→框定课程资源→优选课程资源→编写单元课程内容		
学习小组	组长		成员
	分工		
检查内容及检查标准	检查内容	检查标准描述	
	试用	方案由研学旅行指导师、校内教师、家长等进行适用或评估,广泛征求意见	
	反思	整理、分析各方意见,总结经验教训	
	调整	提出完善和改进措施,对课程内容进行调整	
	定稿	确定研学旅行课程内容设计方案	
检查记录			
检查评价	评价内容及标准	评价结果	
	1.复盘检查到位; 2.对比分析全面、深刻; 3.完善和改进措施合理、可行	学生或小组自查评语: 学生或组长签字: 日期: 年 月 日 教师或企业专家评语: 教师或企业专家签字: 日期: 年 月 日	

表 3-3-7　任务评估单

任务名称	设计研学旅行课程内容		
典型工作过程描述	整理课程资料→明确课程主题→明确课程目标→确定课程框架→框定课程资源→优选课程资源→编写单元课程内容		
学习小组	组长		成员
	分工		
评估内容与评估标准	评估内容	评估标准描述	
	完成度	准备充分，计划具体，决策正确，实施顺利，检查全面，评价客观	
	规范性	任务实施符合相关操作流程和操作规范	
	创新性	任务实施和操作过程具有一定的创新性	
	时效性	任务准时完成，具有一定的时效性或现实意义	
	成果质量	文本成果美观实用，具有一定的质量	
	总结与反思	能够及时进行总结与反思，且反思与总结较为全面、准确	
评估记录			
评估评价	评价内容及标准	评价结果	
	1. 评估内容全面、到位； 2. 评估符合相关操作标准； 3. 评估准确、客观	学生或小组自查评语： 学生或组长签字：　　　　　　　日期：　　年　　月　　日	
		学生或小组自查评语： 学生或组长签字：　　　　　　　日期：　　年　　月　　日	

学习评价

对设计研学旅行课程内容的学习表现和学习过程进行评价见表3-3-8、表3-3-9。

表 3-3-8 学习表现评价表

序号	评价内容	主要考核指标	评价主体																			
			自评（10%）					互评（20%）					师评（40%）					业评（30%）				
			A	B	C	D	E	A	B	C	D	E	A	B	C	D	E	A	B	C	D	E
1	态度（10分）	自主学习、求知欲、好奇心、积极性、抗压性、挑战困难																				
2	出勤（10分）	出勤次数																				
3	合作（25分）	合作态度、合作能力、合作效果																				
4	贡献（25分）	参与讨论、对小组贡献、帮助成员																				
5	反思（15分）	反思、总结、改进																				
6	增值（15分）	个人进步、提升																				
7	总计（100分）																					
8	评语		学生					小组					教师					企业				
9	签字及日期		学生： 日期：					组长： 日期：					教师： 日期：					企业： 日期：				

注释：
1. 等级A、B、C、D、E赋分标准：10分（A. 9～10，B. 8～8.9，C. 7～7.9，D. 6～6.9，E. 6分以下）；
   15分（A. 14～15，B. 12～13.9，C. 10～11.9，D. 8～9.9，E. 8分以下）；
   25分（A. 24～25，B. 21～23.9，C. 18～20.9，D. 15～17.9，E. 15分以下）。
2. 评价主体可根据具体任务进行选择，但提倡学生、学生之间、教师和企业四位一体进行评价。
3. 建议学习小组组长实行轮换制

表 3-3-9　学习过程评价表

序号	评价内容	主要考核指标	评价主体																		
			自评（10%）					互评（20%）					师评（40%）					业评（30%）				
			A	B	C	D	E	A	B	C	D	E	A	B	C	D	E	A	B	C	D	E
1	准备（15分）	分工；调研；研讨；学习深度、广度；资料丰度、准度、效度等																				
2	计划（15分）	计划描述或设计方案符合操作标准																				
3	决策（15分）	研讨、论证合理性、可行性，并改进完善																				
4	实施（35分）	流程与标准、实施难度、安全性、经济性、环保性等																				
5	检查（10分）	复盘检查、分析对比、完善和改进等																				
6	评估（10分）	完成度、规范性、创新性、美观度、实用性、时效性、成果质量等																				
7	总计（100分）																					
8	评语		学生					小组					教师					企业				
9	签字及日期		学生： 日期：					组长： 日期：					教师： 日期：					企业： 日期：				

注释：

1. 等级A、B、C、D、E赋分标准：10分（A. 9～10，B. 8～8.9，C. 7～7.9，D. 6～6.9，E. 6分以下）；

　　　　　　　　　　　　　　15分（A. 14～15，B. 12～13.9，C. 10～11.9，D. 8～9.9，E. 8分以下）；

　　　　　　　　　　　　　　35分（A. 32～35，B. 28～31.9，C. 24～27.9，D. 21～23.9，E. 21分以下）。

2. 评价主体可根据具体任务进行选择，但提倡学生、学生之间、教师和企业四位一体进行评价

对设计研学旅行课程内容的教学反馈见表 3-3-10。

表 3-3-10　教学反馈单

任务名称	设计研学旅行课程内容		
典型工作过程描述	整理课程资料→明确课程主题→明确课程目标→确定课程框架→框定课程资源→优选课程资源→编写单元课程内容		
调研反馈	调研内容	是否满意	理由描述
	学习内容		
	教学方法		
	小组合作		
	任务完成		
	能力培养		
改进建议			
整体评价	A. 90～100（　　　），B. 80～89（　　　），C. 70～79（　　　），D. 60～69（　　　），E. 0～59（　　　）		

刘更生：以心琢物，以技传世

　　刘更生是中国非物质文化遗产京作硬木家具制作技艺第五代代表性传承人。他从事京作硬木家具制作与古旧家具修复40余年，从一名木工成长为北京一级工艺大师。刘更生获得过全国五一劳动奖章、北京市劳动模范、北京大工匠、2021年"大国工匠年度人物"等荣誉称号。

　　京作硬木家具起源于明清时期，制作技艺复杂，集实用性和艺术性于一身。来自马里的留学生张衣笙和来自津巴布韦的留学生路修远来到北京龙顺成京作非遗博物馆，与京作硬木家具制作技艺传承人刘更生进行深入交流。

　　推开博物馆的大门，迎面而来的是古朴浓重的历史气息。一件件精美的文物家具仿佛在诉说着数百年来的故事。这些京作硬木家具年代各异，雕刻着独特而精美的纹路样式，每一个花纹上，都凝聚着匠心独运；每一个凹凸间，都蕴含着工匠的智慧。留学生们被这些精美的展品所吸引，在宝藏前驻足欣赏。

　　刘更生向他们介绍了一把精致的椅子。这是亚洲太平洋经济合作组织（APEC）会议上的专用椅，采用了传统工艺与现代技术相结合，运用传统精美的榫卯工艺结合精雕细琢，融合现代的滑轮，完美地弥补了传统木椅外观精美但厚重、移动能力差的缺陷。张衣笙和路修远对榫卯结构产生了兴趣，刘更生便带着留学生们通过模型的拆分，为留学生们讲解，让他们亲手体验鲁班锁，感受榫卯结构的奥秘，留学生们不禁感叹京作硬木家具的精巧神奇。

　　通过与刘更生的交谈，留学生们了解到每一步工序都有着极高的精密度和复杂的工艺处理，这都需要制作者有极强的耐心和长期的经验积累，非一朝一夕能完成。刘更生用40余年的时间精心打磨每一件作品，勤学苦练，也用时光打磨出了愈发精湛的手艺。

　　以心琢物，以技传世，一代京作大师由此诞生。刘更生"择一事，终一生"的态度让留学生们敬佩，他们不仅了解了京作硬木家具的复杂做工，更被工匠们的处世态度和一丝不苟的工作态度所感动。像刘更生这样的手艺人，很多都是少说多做，40年来刘更生始终和木头打交道，榫卯之间，练就了他"望、闻、问、切"的技术绝活，其中故宫博物院、颐和园和香山等多处古旧家具的修复、复刻工作，都有他的身影。

以热爱之心，继非物质文化遗产，光耀"京作"技艺；传中华文明，令文物"起死回生"，重现故宫精美；筑传世杰作，展中国古法工艺，为中华文化融入生机活力。

没有高度的文化自信，没有文化的繁荣兴盛，就没有中华民族伟大复兴。文化自信源于文化认同，文化认同源于对民族文化的深厚情感。作为中华优秀传统文化的重要组成部分，非物质文化遗产对传递民族文化、凝聚民族认同、重塑民族精神、增强文化自信具有重要意义。

思考：什么是非物质文化遗产？如果你是一名研学旅行课程的设计人员，将如何在研学旅行课程设计中活化利用我国丰富多彩的非物质文化遗产？如何让学生通过非物质文化遗产研学旅行来增强文化自信？

3.3.3 《关于进一步加强非物质文化遗产保护工作的意见》

岗课赛证

一、多选题

1. 设计单元课程内容时需要充分利用现有教学资源，如（　　　）。

　　A. 硬件设施　　　　　　B. 软件工具　　　　　　C. 课程资料　　　　　　D. 教师资源

2. 研学旅行课程教学过程主要有教学准备、（　　　）等环节。

　　A. 教学导入　　　　　　B. 组织实施　　　　　　C. 营销宣传　　　　　　D. 食宿保障

二、简答题

研学旅行课程内容的设计，大致需要哪几个步骤？

三、案例分析

从2006年起，国务院决定每年六月的第二个星期六为中国的"文化遗产日"。从2004年开始，中宣部、教育部把每年9月定为"中小学弘扬和培育民族精神月"，希望在青少年中普及非遗知识。这几年，非物质文化遗产从一个陌生的名词变成了全社会关注的热点。

非物质文化遗产作为一种良好的社会资源，将它与研学旅行结合在一起，一方面可以丰富研学旅行的内容层次，使活动形式多元化，另一方面研学旅行帮助非遗开拓了其传习人群体规模，让"人"和"物"有了生命力，更重要的是，非遗文化以研学旅行为载体有效实施，其鲜活的教育意义不容小觑。请阅读以下材料（见二维码内容），谈一谈你对非遗＋研学的认识。

3.3.4 "诗画江南，非遗传承"研学旅行课程设计思路

3.3.5 参考答案

任务四　编制研学旅行课程手册

▌任务描述

　　在掌握研学旅行课程手册设计的理论知识和实践技能的基础上，厘清研学旅行课程手册的设计思路，构建研学旅行课程手册框架，设计和制作出通俗易懂、简洁明快、科学实用的研学旅行课程手册（学生手册和工作手册）。

3.4.1　任务导学

▌任务要求

任务名称		编制研学旅行课程手册
学时建议		4～6学时
情境导入		为某学校五天四晚的研学旅行课程，设计和制作研学旅行课程手册
实施场地		课堂或机房
任务目标		知识目标：能够识记和复述研学旅行课程手册的功能、原则、流程、框架结构和主要内容等相关知识
		能力目标：能够应用所学知识完成研学旅行课程手册的设计与制作
		素质目标：提升文案写作能力、图文设计能力；养成团队合作能力、项目执行能力、安全责任意识
典型工作过程描述		研学资料整理→确定手册框架→梳理手册内容→编制手册→审校手册→手册排版→手册印刷
学习要求	学习内容及过程	
	准备	确定学习方式（学习小组）；课前预习；能力与素质准备；场地和条件准备
	计划	制订研学旅行课程手册编制计划
	决策	论证和修改研学旅行课程手册编制计划
	实施	编写和汇报研学旅行课程手册（学生手册和工作手册）
	检查	（1）检查和审核研学旅行课程手册内容的完整性与可行性； （2）小范围试用，根据受试者反馈意见调整完善
	评价	对研学旅行课程手册的规范性、成果质量、合理性、总结与反思情况做出评价

▌情境导入

　　北京市某学校组织初二年级学生前往内蒙古自治区开展五天四晚的研学旅行活动。研学课程地点分别在呼和浩特市内蒙古博物院、内蒙古自然博物馆、甲兰板研学村，包头市达茂旗希拉穆仁草原，鄂尔多斯市响沙湾旅游景区等。如果你是某研学旅行服务机构的课程研发人员，你能设计一门人文类＋自然类主题的研学旅行课程吗？课程设计完成后，你能为该课程制作出研学旅行课程手册（学生手册和工作手册）吗？

🧑‍🏫 理论准备

一、研学旅行课程手册

　　研学旅行课程手册是研学旅行不可或缺的重要学习载体，一般分为学习手册和工作手册。

（一）研学旅行课程手册（学习手册）是学生研学的好帮手

　　（1）研学旅行课程手册是研学旅行准备阶段的"预习卡"。研学旅行课程手册能让学生提前了解研学旅行行程及课程内容，并在其引导下进行充分的准备和预习，做好态度、心理、知识、能力等各方面的准备，引导学生温故知新。

（2）研学旅行课程手册是研学旅行实践探究中的"学习单"。在研学旅行课程手册的引领下，学生可以从自然、社会和生活中开展学习；在观察、记录和思考中主动获取知识。研学旅行课程手册的课程内容有助于引导学生综合运用各学科知识，分析、解决问题，形成理性思维、评判质疑和探究精神；可以有效地促进交流协作，使学生将自己的创意、方案付诸现实，转化为物品或作品，并将成果进行展示与分享。

（3）研学旅行课程手册是学生学习过程的"记录册"。研学旅行手册不仅记录了学生学习的全过程，还记录了学生核心素养、社会责任感、创新精神和实践能力等提升的过程；还能有助于学生在研学过程中认识自我、发现自我，引导学生认识到未来的努力方向和发展方向。此外，研学旅行课程手册还会成为学生成长过程中最珍贵的美好记忆。

（4）研学旅行课程手册是对学习效果进行总结评价的"成绩册"。研学旅行课程手册一般按照相关理念设计全面而细致的考核评价内容、标准、方式、手段等，是检验学生学习过程和学习效果的重要工具，有助于引导学生温故知新的考核和评价环节对学生学习全过程进行总结评价。

（二）研学旅行课程手册（工作手册）是研学旅行组织者的好助手

（1）研学旅行课程手册是研学旅行指导师进行研学活动组织和实施的依据。研学旅行课程手册涉及大量的信息、数据和流程等内容，将这些内容整理编排后，可以形成一系列工作信息表和工作执行表。这些表单对研学旅行指导师顺利组织和实施研学活动发挥着重要的作用。

（2）研学旅行课程手册是研学旅行组织者确保研学活动顺利进行的"安全手册"。研学旅行的第一要素是安全。在研学旅行课程手册中会处处体现安全注意事项和安全隐患点，这贯穿于研学旅行活动全过程，引导研学旅行组织者按照研学旅行安全注意事项安排研学旅行课程及课程的组织与实施。

（3）研学旅行课程手册是研学旅行指导师的重要教学文件。研学旅行课程手册根据不同的研学旅行对象进行不同的内容设计，根据不同的校情、学情有层次地编排，内容涵盖研学旅行课程主题、课程目标、学习目标、学情分析、重点难点、教学用具、教学模式、教学方法、教学内容、评估考核办法等一系列内容，是研学旅行指导师熟悉学情、熟悉课程、熟悉教学的重要文件。

二、研学旅行课程手册设计原则

（一）针对性原则

研学旅行课程手册依附于行程，为学生更好地开展研学旅行活动使用。研学旅行课程手册内容应该包括课程简介和课程设计的四个要素，即课程目标、课程内容、课程实施和课程评价，这是手册的主体部分；另外手册编写上要从研学旅行线路、资源的特色出发，有针对性地根据学生发展需要找到最佳结合点，做到因生制宜、因地制宜、因时制宜。

（二）图文相结合／趣味性原则

研学旅行课程手册应该图文并茂，形式新颖。研学旅行课程手册应符合研学旅行中"旅行"，能够让师生提前了解研学旅行课程。在学习资源信息简介插入行程中的风景图片、图表，在各环节内容中增加趣味性设计，使师生阅读起来更直观，增强其趣味性和吸引力。

（三）实用性原则

研学旅行课程手册要方便实用。学生可以直接在手册上进行信息记录、完成作业，教师可以依据研学手册上的学习任务完成情况对学生进行学习成果的评价。除此之外，手册还应包含安全注意事项和应急措施、行前物品备忘检查表、导师团队人员电话信息、学生小组成员电话信息、驻地医院和派出所联系信息等内容。

（四）科学性原则

研学旅行课程手册要体现教育的功能和特征，内容设计要符合研学旅行课程的基本原理。研学旅行课程手册在主题立意上必须科学，围绕研学旅行主题活动设计而编制；在内容上必须保证科学性，语言准确、表述明了、图表规范；评价上要科学，应体现评价方式多样化、评价主体多元化。

三、研学旅行课程手册设计流程

一个好的研学旅行课程手册，和研学旅行课程是相辅相成的。研学旅行课程手册没有统一固定的格式，不同地域、不同学段、不同主题、不同课程的研学旅行课程手册也大不相同，研学旅行课程手册设计元素也有所差别，但是大致流程却是大同小异的，一般包括前期准备、分模块编写、统稿、审核修订、排版印刷等。其中，编写内容尽可能表格化、图文化，还可设计二维码链接内容；排版印刷应注重美观、清晰、图文并茂，字体应相对统一、规范。

四、研学旅行课程手册框架内容

（一）研学旅行课程手册——学生手册

研学旅行课程手册——学生手册，一般应该包含以下内容。

1. 课程概况

（1）前言。前言部分的目的主要是向学生介绍研学旅行课程，说明研学旅行目的，提出研学旅行期望或相关要求，设计时应重点突出、内容精炼、语言简洁、感染力和吸引力强。一般可以包括学校寄语、学校校训、学校理念、手册设计理念、手册使用指南等。

（2）课程简介。课程简介一般包括课程背景、课程介绍、课程特色、课程目标、行程安排等内容。其中行程安排环节，应详细列出各学习单元、行程途中的时间节点，每一景点参观学习时长、集合地点，各段行程的交通工具类别，所乘车、船、飞机的车次或航班号（由于学生手册是行前设计印发的，而车次、航班等可能是变化的，因此车次、航班等信息可设计成空格，确定了以后，可人工填写）。

（3）行前准备。行前准备一般包括旅行规划、财务规划、行前生活物资、学习资料、生活知识、文化知识准备以及行前注意事项等。

2. 单元课程介绍

研学旅行课程是系统的体系，由一个个单元课程组成，因此研学旅行课程的内容介绍应分单元陈述。每个单元课程内容的介绍应包括：单元标题，课程地点，课程时长，涉及的相关学科，单元学习目标，课程资源概述，过程性课程任务（包括自主学习指导、项目研究、实践探究、合作分享、拓展延伸等相关内容），课后作业，文明行为的即时性指导与评价，安全注意事项。

3. 安全保障

安全保障是学习手册的重要内容，重在增强学生的安全意识，记住安全注意事项，掌握安全应急处理常识，这些都是确保研学顺利进行的重要保障。安全保障一般应包括安全注意事项（如住宿注意事项、用餐注意事项、行进注意事项、财务安全注意事项、用药安全注意事项、乘车安全注意事项等）、组织纪律要求、出行常识（出行规范、身心管理、疾病防范等）、安全风险评估（隐患点）、紧急备忘与医疗救护或应急处理办法等。安全保障内容应根据研学团组的具体情况设计，应重点突出、实用性强。

4. 课程评价

课程评价是指对学生的学习效果进行评价。课程评价部分最好提供过程性评价和成果性评价的评价量表。评价的主体应该是多元的，包括教师、学生、研学旅行指导师、家长等。评价应尽量多样化，包括量化评价、质性评价、过程性评价（课前、课中、课后）、增值评价、自我评价、小组评价等。例如，过程性评价中，课前可对行前物资准备、学习资料准备、知识准备等内容进行评价；课中评价内容可涉及学习态度、组织纪律、时间观念、安全意识、文明意识、环保意识、自我管理、团队合作能力、沟通表达能力、解决问题能力、创新能力等；课后可从作业完成程度、成果交流情况等方面进行评价。

5. 学习成果

学习成果是检验学生研学旅行课程学习效果的重要手段。学习成果可以是研究报告、研学论文、活动总结、设计作品、影像作品、汇报演出等，没有固定的要求，只要能够反映出研学旅行学习效果就可以。

6. 附件

为确保研学旅行课程的顺利实施，有些内容可以在附件中呈现。附件主要包括：行前物品备忘检查表、安全应急预案、重要信息通讯录（研学指导师联系电话和交通、医疗、安保等部门负责人的联系方式，附近医院，派出所）、教学反馈表以及用餐、住宿、交通、活动安排表等。

3.4.2　研学旅行
课程手册案例

（二）研学旅行课程手册——工作手册

工作手册是研学指导师进行研学旅行活动准备、组织和实施的依据和指南。工作手册一般涉及大量信息、数据、流程以及根据这些编排整理成的信息表、执行表、注意事项等相关内容。

工作手册没有固定的格式和固定的内容，根据研学旅行指导师的工作经验和研学旅行团组的数量也有繁、简的区别。工作手册往往和学生手册配合使用，两个手册的内容应该有所区别，不必重复。一般来说，应该设以下几个内容：

1. 前言

前言简要介绍研学旅行对象基本情况（学校、学生、学情、目的等），提出研学旅行服务和保障的相关期望或相关要求。设计时应力求简练、重点突出。

2. 工作执行表

（1）活动安排表：主要体现活动内容、行程安排。一般应包括日期、时间、地点、活动内容及用时安排、工作内容（包含每一环节的工作执行人、具体工作任务、操作内容等）、注意事项（如证件要求、纪律要求、操作要求、乘车须知等）。

（2）物资清单。研学旅行出发前有一些必备物资需要准备，制作物资清单可以帮助工作人员充分准备，同时也能对研学旅行活动细节进行梳理。物资清单一般包括基础保障类、文件资料类、课程应用类等。基础保障类，如研学指导师工作服、胸卡、手举牌、车头牌、横幅、行李牌、对讲机及充电器、发射器、接收器、腰麦等，团组研学内容不同要求也不同。文件资料类，如学生手册、工作手册、研学任务单、景区介绍信、保险单（电子版）、火车票票单等。课程应用类，如课程工具包、活动奖品等。

3. 工作信息表

研学旅行活动的顺利开展需要大量的信息做支撑，一般会制作一些信息表，如团队信息表、分车信息表、大巴车（火车）座位信息表、分餐信息表、分房信息表、学生信息表、教师信息表等。信息表的制作应尽量翔实、实用。

（1）团队信息表：一般包括学校名称、年级班级、师生人数、研学地点、出行日期、出发和返回信息、用餐安排（按日）、用餐标准、住宿酒店安排（按日）、房间标准及用房数量、服务保障注意事项等。

（2）分车信息表：是将所有参与研学旅行活动、需要乘坐车辆的人员按车号进行分车的表单。一般来说，先把所有车辆进行排号，然后把每一辆车包含的司机（姓名、联系方式）、研学指导师（姓名、联系方式）、研学领队（姓名、联系方式）、学生车长（姓名、联系方式）、学生人数（包括统计男生、女生人数以及所在班级信息）、学校教师人数（包括统计男性和女性以及联系方式）等。

（3）火车座次信息表：用于记录研学课程中每个人的乘车信息，包括车辆分配和座位分配，以及去程和返程，以确保安全、有序、迅速乘车。具体包括车次、乘车时间、车厢人数分配信息以及往返列车经停站信息。车厢内人数分配，一是需要列出车厢号、座位号、学生姓名、总人数，如1车07号B。二是列出每一车厢的教师、研学领队或研学旅行指导师、随队医生或救护人员的姓名、座位号、联系方式等。

（4）分餐信息表：一般以班级为单位，10人为一桌，分成若干桌，每一桌需要注明学生姓名，如果有教师及其他人员一起用餐，则需要标明其姓名。在制作分餐信息表时，还可以做出参考餐单：一般注明日期、午餐还是晚餐、餐厅名称、餐厅位置、餐厅特色、主要餐品、特色餐品、特殊用餐人员及是否为过生日的学生准备蛋糕等。

（5）分房信息表：如果团组人数较多，分房信息表会较为复杂。一般来说，需要统计出男生人数和女生人数，然后按照班级顺序，具体进行分房信息表的制作。例如，呼包鄂五日的行程，可以按8月1日呼和浩特市1晚、8月2日包头市1晚、8月3日鄂尔多斯市2晚、8月4日呼和浩特市1晚制作表单，然后注明每一晚住宿房间的安排情况，要具体到学生班级、姓名、楼层、房间号，还要标注每一层楼的教师或研学旅行指导师的姓名、联系方式。教师分房信息表相对简单，一般包括时间、地点、楼层、房间号。分房信息表单也可以列出每日要住宿的酒店或营地的名称、位置、特色等信息。

（6）学生信息表：学生信息表包含所有学生基本信息，是掌握研学旅行团组人员信息的基本表单。一般首先列出所在班级、班主任、研学指导师姓名及联系方式。其次，列出学生姓名、性别、民族、出生日期、身份证号、联系方式、家长联系方式、病患史及过敏信息、往返乘车信息等，还可以根据实际需求增加身高、体重、血型等。此表单必须反复核实，确保准确，因为很多工作安排都需要依据这个表单。如果团组人数较多，可以按照大巴车序号或以班级为单位制作，以方便使用。

（7）教师信息表：一般包括姓名、负责年级、职务、研学课程职责、性别、联系方式、身份证号、大巴车车号、往返乘车座位号等。

（8）注意事项：包括出行注意事项、入住酒店须知、参观游览须知等相关内容。

任务操作

按照准备、计划、决策、实施、检查和评估六步法的要求，与学习小组共同完成"编制研学旅行课程手册"系列任务操作单（表3-4-1～表3-4-6）。

表3-4-1　任务准备单

任务名称	编制研学旅行课程手册				
典型工作过程描述	研学资料整理→确定手册框架→梳理手册内容→编制手册→审校手册→手册排版→手册印刷				
学习小组	组长		成员		
	分工				
准备内容及操作标准	准备内容	操作标准描述（请在相关括号内勾选或填写）			
	组建学习小组	小组组建方式：教师随机分配（　　），自愿组合（　　），其他方式（　　）；是否进行分工合理性论证（　　）；是否建立小组内部合作机制（　　）			
	课前预习	教材知识学习方法：小组学习（　　），自学（　　）； 其他学习资讯（资料）获取方法：网络（　　），图书（　　），采访调研（　　），小组座谈（　　），通信咨询（　　），其他（　　）			
		相关资料描述（列出主要资料的名称、内容及类型。其中，类型是指文本资源、音频资源、视频资源、图片资源等）			
	能力与素质	信息搜集能力（　　）；沟通能力（　　）；写作能力（　　）；图文编辑能力（　　）；团队合作能力（　　）			
	场地与条件	选择的模拟演示场地为（　　）； 用到的相关设施设备有（　　），是否熟练操作（　　）； 其他相关场地与条件需求（　　）			
准备评价	评价内容及标准	评价结果			
	1. 小组分工合理； 2. 预习具有深度、广度及资料丰度、准度、效度等； 3. 能力与素质准备充分； 4. 场地与条件准备完善	学生或小组自查评语：			
		学生或组长签字：		日期：　年　月　日	
		教师或企业专家评语：			
		教师或企业专家签字：		日期：　年　月　日	

表 3-4-2 任务计划单

任务名称	编制研学旅行课程手册		
典型工作过程描述	研学资料整理→确定手册框架→梳理手册内容→编制手册→审校手册→手册排版→手册印刷		
学习小组	组长		成员
	分工		
计划步骤或内容及操作标准	计划步骤或内容	操作标准描述	
	制订研学旅行课程手册编制计划	分析研学旅行活动方案及研学旅行课程，结合活动及课程内容、教学素材、研学基地、服务保障等相关资料，设计出研学旅行课程手册框架结构（包括学生手册和工作手册）	
		根据设计的研学旅行课程手册框架结构，梳理手册主要内容（包括列出核心内容的编写思路和依托素材）	
		制定研学旅行课程手册编制流程及时间进度表	
计划描述			
计划评价	评价内容及标准	评价结果	
	1. 计划或方案全面、具体，步骤清晰；2. 计划描述或设计方案等符合操作标准	学生或小组自查评语：	
		学生或组长签字：	日期：　年　月　日
		教师或企业专家评语：	
		教师或企业专家签字：	日期：　年　月　日

表 3-4-3　任务决策单

任务名称	编制研学旅行课程手册		
典型工作过程描述	研学资料整理→确定手册框架→梳理手册内容→编制手册→审校手册→手册排版→手册印刷		
学习小组	组长		成员	
	分工			
决策内容及操作标准	决策内容		操作标准描述	
	论证和修改研学旅行课程手册编制计划		论证研学旅行课程手册框架结构的合理性、针对性和可行性（重点关注是否与研学旅行活动方案及研学旅行课程、教学素材、研学基地、服务保障等具有密切关联），并提出完善和修改意见、措施	
			论证研学旅行课程手册内容的全面性、核心要素的完整性，并提出完善和修改意见、措施	
			论证编写流程和时间进度的合理性、时效性，并提出完善和修改意见、措施	
决策记录				
决策评价	评价内容及标准		评价结果	
	1. 研学旅行课程手册框架结构的合理性、可行性； 2. 研学旅行课程手册内容及核心要素的合理性、可行性； 3. 研学旅行课程手册编写流程和时间进度的合理性、可行性； 4. 相关完善和改进意见、措施的合理性和可行性		学生或小组自查评语： 学生或组长签字：　　　　　　　日期：　　年　　月　　日 教师或企业专家评语： 教师或企业专家签字：　　　　　日期：　　年　　月　　日	

表 3-4-4 任务实施单

任务名称	编制研学旅行课程手册		
典型工作过程描述	研学资料整理→确定手册框架→梳理手册内容→编制手册→审校手册→手册排版→手册印刷		
学习小组	组长		成员
	分工		

实施流程及操作标准	实施流程	实施操作标准描述	
	编制、审校、排版、印刷	工作手册内容全面（包含课程概况、单元课程介绍、安全保障、课程评价、学习成果、附件等内容及要素）、逻辑清晰、图文并茂、文字简洁、实用性强	
		工作手册内容全面（包含前言、工作执行表、工作信息表等内容和要素）、逻辑清晰、图表规范、文字简洁、实用性强	
		审校严格、排版清晰、样品印刷质量较好	
	小组汇报和展示研学旅行课程手册	小组汇报准备充分	
		小组汇报过程流畅、有序、效果良好	
		成果展示充分	

实施效果及相关作品		

实施评价	评价内容及标准	评价结果
	1. 实施操作符合相关流程及标准要求； 2. 实施难易程度适当； 3. 实施过程顺利、完整； 4. 彰显团队合作能力	学生或小组自查评语： 学生或组长签字： 日期： 年 月 日
		教师或企业专家评语： 教师或企业专家签字： 日期： 年 月 日

表 3-4-5　任务检查单

任务名称	编制研学旅行课程手册		
典型工作过程描述	研学资料整理→确定手册框架→梳理手册内容→编制手册→审校手册→手册排版→手册印刷		
学习小组	组长		成员
	分工		
检查内容及检查标准	检查内容	检查标准描述	
	试用	交由研学旅行指导师、一线教师及部分学生评估、试用，广泛征求意见	
	反馈	整理、分析各方意见，总结经验教训	
	调整	提出研学旅行课程手册的完善和改进措施	
	制作	成果样品制作印刷	
检查记录			
检查评价	评价内容及标准	评价结果	
	1.复盘检查到位； 2.对比分析全面、深刻； 3.完善和改进措施合理、可行	学生或小组自查评语：	
		学生或组长签字：　　　　　　日期：　　年　　月　　日	
		教师或企业专家评语：	
		教师或企业专家签字：　　　　日期：　　年　　月　　日	

表 3-4-6　任务评估单

任务名称	编制研学旅行课程手册		
典型工作过程描述	研学资料整理→确定手册框架→梳理手册内容→编制手册→审校手册→手册排版→手册印刷		
学习小组	组长		成员
	分工		
评估内容与评估标准	评估内容	评估标准描述	
	完成度	准备充分，计划具体，决策正确，实施顺利，检查全面，评价客观	
	规范性	任务实施符合相关操作流程，操作标准规范	
	创新性	任务实施和操作过程具有一定的创新性、美观性等	
	时效性	任务准时完成，具有一定的实用性或现实意义	
	成果质量	研学旅行课程手册文案成果具有一定的质量	
	总结与反思	能够及时进行总结与反思，且反思与总结较为全面、准确	
评估记录			
评估评价	评价内容及标准	评价结果	
	1.评估内容全面、到位；2.评估符合相关操作标准；3.评估准确、客观	学生或小组自查评语：	
		学生或组长签字：	日期：　年　月　日
		教师或企业专家评语：	
		教师或企业专家签字：	日期：　年　月　日

学习评价

对编制研学旅行课程手册的学习表现和学习过程进行评价见表3-4-7、表3-4-8。

表3-4-7　学习表现评价表

序号	评价内容	主要考核指标	评价主体																			
			自评（10%）					互评（20%）					师评（40%）					业评（30%）				
			A	B	C	D	E	A	B	C	D	E	A	B	C	D	E	A	B	C	D	E
1	态度（10分）	自主学习、求知欲、好奇心、积极性、抗压性、挑战困难																				
2	出勤（10分）	出勤次数																				
3	合作（25分）	合作态度、合作能力、合作效果																				
4	贡献（25分）	参与讨论、对小组贡献、帮助成员																				
5	反思（15分）	反思、总结、改进																				
6	增值（15分）	个人进步、提升																				
7	总计（100分）																					
8	评语		学生					小组					教师					企业				
9	签字及日期		学生： 日期：					组长： 日期：					教师： 日期：					企业： 日期：				

注释：

1. 等级A、B、C、D、E赋分标准：10分（A. 9～10，B. 8～8.9，C. 7～7.9，D. 6～6.9，E. 6分以下）；
   15分（A. 14～15，B. 12～13.9，C. 10～11.9，D. 8～9.9，E. 8分以下）；
   25分（A. 24～25，B. 21～23.9，C. 18～20.9，D. 15～17.9，E. 15分以下）。

2. 评价主体可根据具体任务进行选择，但提倡学生、学生之间、教师和企业四位一体进行评价。

3. 建议学习小组组长实行轮换制

表3-4-8 学习过程评价表

序号	评价内容	主要考核指标	评价主体																		
			自评（10%）					互评（20%）					师评（40%）					业评（30%）				
			A	B	C	D	E	A	B	C	D	E	A	B	C	D	E	A	B	C	D	E
1	准备（15分）	分工；调研；研讨；学习深度、广度；资料丰度、准度、效度等																				
2	计划（15分）	计划描述或设计方案符合操作标准																				
3	决策（15分）	研讨、论证合理性、可行性，并改进完善																				
4	实施（35分）	流程与标准、实施难度、安全性、经济性、环保性等																				
5	检查（10分）	复盘检查、分析对比、完善和改进等																				
6	评估（10分）	完成度、规范性、创新性、美观度、实用性、时效性、成果质量等																				
7	总计（100分）																					
8	评语		学生					小组					教师					企业				
9	签字及日期		学生： 日期：					组长： 日期：					教师： 日期：					企业： 日期：				

注释：
1. 等级 A、B、C、D、E 赋分标准：10分（A. 9～10，B. 8～8.9，C. 7～7.9，D. 6～6.9，E. 6分以下）；
15分（A. 14～15，B. 12～13.9，C. 10～11.9，D. 8～9.9，E. 8分以下）；
35分（A. 32～35，B. 28～31.9，C. 24～27.9，D. 21～23.9，E. 21分以下）。
2. 评价主体可根据具体任务进行选择，但提倡学生、学生之间、教师和企业四位一体进行评价

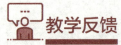

教学反馈

对编制研学旅行课程手册的教学反馈见表3-4-9。

表3-4-9　教学反馈单

任务名称	编制研学旅行课程手册		
典型工作过程描述	研学资料整理→确定手册框架→梳理手册内容→编制手册→审校手册→手册排版→手册印刷		
调研反馈	调研内容	是否满意	理由描述
	学习内容		
	教学方法		
	小组合作		
	任务完成		
	能力培养		
改进建议			
整体评价	A. 90～100（　　）, B. 80～89（　　）, C. 70～79（　　）, D. 60～69（　　）, E. 0～59（　　）		

阅读与思考

乡愁

【作者】余光中

小时候，
乡愁是一枚小小的邮票，
我在这头，
母亲在那头。

长大后，
乡愁是一张窄窄的船票，
我在这头，
新娘在那头。

后来啊，
乡愁是一方矮矮的坟墓，
我在外头，
母亲在里头。

而现在，
乡愁是一湾浅浅的海峡，
我在这头，大陆在那头。

《乡愁》是现代诗人余光中于1972年创作的一首现代诗歌，诗人借邮票、船票、坟墓、海峡（台湾海峡）这些实物，把抽象的乡愁具体化，概括了诗人漫长的生活历程和对祖国的绵绵怀念，一份思乡情，让人们永远记住自己的根在那里。

汉语中有个成语叫"背井离乡"。释义：背，是离开；井，古制井田制，八家为井，四周是私田，中间是公田，各家一起耕种，引申为乡里，家宅。《孟子·滕文公上》："死徙无出乡，乡田同井。出入相友，守望相助，疾病相扶持，则百姓亲睦。方里而井，井九百亩，其中为公田。八家皆私百亩，同养公田。"背井离乡就是指离开家乡到外地。其中的"井"就是一种象征，代表着根和家乡。"宁恋本乡一捻土，莫爱他乡万两金。"故乡是中国人心中不变的坐标，那里有你最在乎的人，"独在异乡为异客，每逢佳节倍思亲。"那里也有你最惦念的味道，"秋风起兮木叶飞，吴江水兮鲈正肥。"哪怕月亮都是"露从今夜白，月是故乡明"。

思考： 如果你是一名研学旅行课程设计人员，将如何通过科学设计研学旅行课程内容及研学旅行课程手册，来培养学生热爱家乡、热爱祖国、热爱中国优秀文化的情感？

岗课赛证

一、判断题

1. 研学旅行手册是研学旅行准备阶段的"预习卡"和"学习单"。（　　　）
2. 研学旅行课程手册可以独立于研学活动之外。（　　　）

二、单选题

研学旅行课程学生手册的内容不包括（　　　）。

A. 课程概况　　　　　　B. 单元课程　　　　　　C. 课程评价　　　　　　D. 研学基地简介

三、多选题

1. 研学旅行课程手册设计原则包括（　　　）。

　A. 针对性　　　　　　B. 趣味性　　　　　　C. 实用性　　　　　　D. 科学性

2. 研学旅行课程手册设计流程包括前期准备、（　　　）等环节。

　A. 模块编写　　　　　　B. 统稿　　　　　　C. 审核定稿　　　　　　D. 排版印刷

3.4.3　参考答案

项目四　研学旅行指导师服务

项目描述

项目主要依据研学旅行活动及研学旅行课程的核心执行者——研学旅行指导师的工作流程，设计出行前课服务、出行服务、住宿服务、餐饮服务和教学服务等典型工作任务，并明确了这些典型工作任务的服务规范和操作标准，以培养出符合岗位任职标准的研学旅行指导师。

学习导图

 **学习目标**

总目标	1. 通过分析和学习研学旅行指导师工作流程、岗位服务规范和服务操作标准，形成研学旅行指导师工作岗位应具备的知识、技能和素质。 2. 能够根据研学旅行指导师工作流程、岗位服务规范和操作标准，完成研学旅行指导师典型工作任务，包括行前课服务、出行服务、住宿服务、餐饮服务和教学服务等。 3. 通过完成研学旅行指导师典型工作任务及职业体验，养成良好的服务意识、职业道德和职业素养
知识目标	1. 能复述研学旅行指导师行前课的工作流程、服务规范、操作标准。 2. 能复述研学旅行指导师出行服务的工作流程、服务规范、操作标准。 3. 能复述研学旅行指导师住宿服务的工作流程、服务规范、操作标准。 4. 能复述研学旅行指导师餐饮服务的工作流程、服务规范、操作标准。 5. 能复述研学旅行指导师教学服务的工作流程、服务规范、操作标准
能力目标	1. 能按照研学旅行指导师行前课的工作流程、服务规范、操作标准，提供行前课服务。 2. 能按照研学旅行指导师出行服务的工作流程、服务规范、操作标准，提供出行服务。 3. 能按照研学旅行指导师住宿服务的工作流程、服务规范、操作标准，提供住宿服务。 4. 能按照研学旅行指导师餐饮服务的工作流程、服务规范、操作标准，提供餐饮服务。 5. 能按照研学旅行指导师教学服务的工作流程、服务规范、操作标准，提供教学服务
素养目标	1. 通过小组学习和自我学习，提升团队合作能力和自主学习能力。 2. 通过完成行前课服务、出行服务、住宿服务、餐饮服务等典型工作任务，养成良好的服务意识、职业道德和职业素养。 3. 通过完成教学服务典型工作任务，深刻理解"教书育人""立德树人"

任务一　研学旅行指导师行前课服务

▌任务描述

　　在熟悉和掌握研学旅行指导师行前课服务工作流程、服务规范和操作标准的基础上，制定行前课服务工作计划和工作方案，完成研学旅行指导师行前课的模拟演示。

4.1.1　任务导学

▌任务要求

任务名称	研学旅行指导师行前课	
学时建议	2～4课时	
任务情境	组织五年级学生前往响沙湾进行研学旅行活动	
实施场地	校内实训室或校外实训基地	
任务目标	知识目标：复述行前课的相关内容及工作流程	
	能力目标：能够组织和实施行前课	
	素质目标：养成团队合作能力、项目执行能力、安全责任意识	
典型工作过程描述	行前课准备（小组编排→通信联络）→行前动员会→行前课	
学习要求	学习内容及过程	
	准备	确定学习方式（学习小组）；课前预习；能力与素质准备；场地和条件准备
	计划	制订行前课实施计划
	决策	论证和修改行前课实施计划
	实施	（1）展示小组编排和通信联络方案。 （2）模拟召开行前动员会、行前课
	检查	（1）检查小组编排和通信联络方案的科学性和合理性。 （2）检查行前动员会、行前课的基本流程、主要内容、模拟效果，对比分析优缺点、难点、不足，并及时进行总结反思
	评价	对行前课的完成度、规范性、创新性、时效性、成果质量、总结与反思情况做出评价

▌情境导入

　　某小学五年级学生（六个班，300人）从内蒙古呼和浩特市乘坐旅游大巴车前往内蒙古鄂尔多斯市达拉特旗响沙湾旅游景区进行为期两天一晚的研学旅行活动。研学旅行活动的主要内容是沙漠徒步探险、沙漠植物辨识、沙漠植物标本制作、夜晚沙漠观星、沙漠篝火晚会等。假设你是一名旅行社研学旅行指导师，应该如何编排学生小组？如何与各方进行沟通联络？如何组织行前动员会？如何召开行前课？具体的行前课应该包括哪些内容？

🖥 理论准备

　　研学旅行指导师是指策划、制定或实施研学旅行课程方案，在研学旅行过程中组织和指导中小学学生开展各类研究学习和体验活动的专业人员。研学旅行指导师服务则多体现在执行层面上。一般来说，研学旅行活动的执行应以旅行社研学旅行指导师为主；研学旅行课程的实施应以研学旅行基地（营地）指导师为主。学校研学旅行指导师一方面应在策划和制定研学旅行活动及研学旅行课程的过程中起到主导作用（应与各研学资源方及服务保障方协作，研发、制定、策划符合学校研学旅行需求的研学旅行活动及研学旅行课程），另一方面应配合各方做好学生的管理，并对研学旅行活动的执行和研学旅行课程的实施进行全程监督。

一、研学旅行指导师行前课

为确保研学旅行活动的有效开展，研学旅行指导师应精心组织和实施行前课。行前课可由学校研学旅行指导师或旅行社研学旅行指导师承担。因为各自的侧重点不尽相同，也可以根据实际需求分别组织召开，但不论哪一方组织召开，基本的流程和主要内容大致相同。此外，不论是学校研学旅行指导师还是旅行社研学旅行指导师，都应该在召开行前课时，与研学旅行基地（营地）充分沟通，尤其要将涉及研学旅行基地（营地）的安全及特殊要求等内容纳入行前课。

行前课可以充分调动学生的兴趣和积极性，让学生做好研学旅行的相关准备。具体包括：端正学生对研学旅行课程的学习态度，理解研学旅行的知识和意义，做好思想准备；让学生对所要接触的旅游资源、相关知识和文化的内容和背景有基本了解或总体印象，做好研学实践课程的知识储备；让学生初步学会课题研究的基本规范，科学研究的常用方法，知道研究报告的基本内容和结构规范，为在研学旅行过程中开展研究性学习、培养科学研究能力做好准备；让学生掌握各类安全旅行和户外活动知识，了解出行应该做好的准备工作，做好课程实施的行动准备。

二、行前课的准备

不管是学校自行开展还是委托服务机构开展研学旅行，行前课程准备都是学校需要重点把控的环节，对于整个研学旅行活动及研学旅行课程的有效实施具有重要意义。研学旅行活动行前课准备应重点做好小组编排和通信联络。

（一）小组编排

为了更好地确保研学旅行活动的实施效果和实施效率，需要对学生进行小组编排。在进行小组编排时应注意以下几点：

（1）分组应该先以年级或班级为单位。一般来说，可以把每个年级的学生按自然班分为一个大组，设1～2名大组长；每个大组再编成几个小组，每个小组设1名小组长。大组长和小组长形成上下级关系，共同负责相关信息的传达和活动人员的组织，并在组织纪律和清点人数上成为研学旅行指导师的助手。

（2）合理确定小组人数。一般情况下，每个班级中应按10人为一小组，以便每一小组在用餐时能够坐同一餐桌。如研学旅行课程有需要亦可分为5人一小组，这样同一餐桌可安排2组学生。目前很多学校的班级人数约为50人，一般每一大组应坐同一辆车。在进行分房时，应尽量将同一组的学生安排在同一楼层或者临近房间。每一房间的人数应视住宿场所房间具体的床位数而定。

（3）考虑小组人员的搭配。合理进行小组的人员搭配，能够更全面地锻炼小组的团队合作能力，也能够使每一位学生在团队合作中有不同程度和不同方面的收获。一般来说，在进行分组时应注意先进与后进的搭配，男生与女生的搭配，班干部和非班干部的搭配。小组长一般也应该由小组内部通过民主的方式选举产生，比如实行竞选制或者小组成员推选制，这样产生的小组长更具有威信力。

（4）应引导学生建立内部管理机制。有时一个研学目的地可以分为多个研学旅行主题，由学生根据兴趣爱好自主选择，各小组学生来自不同的班级，如果组织协调不到位，很多活动都难以顺利开展，因此建立团队互相帮助、互相监督的机制较为重要。这样的帮助与监督不应仅仅来源于学校指导师和其他研学旅行指导师，更重要的应来自学生内部的自我约束与管理，引导学生在内部主动建立管理制度。例如，可以通过设立小组长、小团长、记分员、摄影师等职位组建一个小型团体。这种组织管理方式的创新突出了学生的主体地位，为研学旅行的顺利开展创造了条件。

（二）通信联络

1. 学校研学旅行指导师的通信联络工作

学校研学旅行指导师需要与家长、委托的服务机构一起建立通信联络与信息沟通渠道，包括电话通讯录、QQ 群和微信群，重要信息在群里及时发布。一般来说，应注意以下几种沟通渠道的畅通：

（1）班级内部之间的信息沟通：以班级为单位，借助各种平台建立网上社群，如 QQ 群和微信群。

（2）与委托服务机构的信息沟通：包括加入或新建与旅行社指导师和基地（营地）指导师联络社群，方便对接相关服务事宜及进行行前沟通等。

（3）与家长之间的信息沟通：可以利用之前已有的班级网上社群进行家校联络沟通或组建专门的家长联系群；还可以建立家长志愿者社群，这是在学校指导师带领下形成的相对宽松的组织，家长可在工作之余根据兴趣和特长自愿参与。家长分为专家引领、安全保障、参与评价、摄影摄像等小组，分组可以相对固定，也可以灵活调整，在互助合作中完成家校共育的目标。

（4）学校研学旅行指导师的信息沟通：即要组建学校研学旅行指导师团队沟通社群。团队中应包含一位领队，通常由学校中层及以上领导担任。如果某一条线路人数较多，需要分批出行，则应再配备一名副领队，带领后一批学生出行。每 10 ～ 25 名学生组建一个研学小组，配备一名学校指导师，领队和副领队可以兼任学校指导师，一般每辆车要配备两名或两名以上学校指导师，与旅行社指导师组成研学旅行指导师小组，全程随车随队组织教学、进行管理。学校指导师团队在领队的带领下，分工协作，共同完成研学实践活动和研学旅行课程相关任务。

2. 旅行社研学旅行指导师的通信联络工作

旅行社研学旅行指导师的通信联络工作更复杂一些。一般包括以下三个方面：

（1）需要与校方、家长沟通。在与校方进行沟通时，应提前掌握学校名称、出行班级、研学旅行活动负责人等基本信息，并熟悉学校的校训、办学特色、办学宗旨等内容；在沟通时应就学校对研学旅行课程教学的要求、参加研学旅行活动的学生基本情况、开营活动方案内容与流程等进行充分交流，落实好学生分组、分车、分餐、分房及场地环境布置、学生位序安排、音响设备等具体情况，并确认学校是否准备了家长通知书（含安全要求告知书），如果没有准备应尽快按照日程安排准备家长通知书，并加入所负责的研学班级的网上社群。需要注意的是，与家长的沟通，一般是学校研学旅行指导师负责长期深入的交流，而旅行社研学旅行指导师与家长的交流交往时间并不长，切记在沟通中把握分寸。

4.1.2 家长通知书（含安全要求告知书）

（2）与研学基地（营地）沟通。首先，需要发送确认函，内容包括确认活动时间、活动人数、活动内容、食宿安排、交通安排、活动费用、对接人员或负责人等。其次，要进一步沟通了解基地（营地）的地理位置、交通状况、设施设备、课程安排、课程特色、课程时间、课堂容量（学生人数）等基本信息。再次，向基地（营地）介绍学校特色、学生基本情况、研学目的、研学人数、特殊要求等相关内容，并与基地（营地）研学旅行指导师围绕学生研学手册，商讨研学旅行活动方案，制定教学操作流程。最后，如果需要安排食宿，则需要确定住宿、用餐接待方案；如果餐饮或住宿安排在社会餐厅或合作酒店，也需要提前与其沟通和确认。

（3）与旅行相关环节部门或相关人员沟通。与车队（司机）联系，进一步核对确定车型、车号、数量、驾驶员名单、抵达学校时间等信息，明确落实研学车队负责人或协调人。提前与用餐餐厅负责人员联系，告知确定研学旅行活动用餐日期和初步时间、用餐人数、用餐菜品安排，明确餐厅专门对接人员，以便后期进一步联系。提前与住宿地点联系，告知抵达日期，并预留房间，提出相关住宿安排要求，明确今后专门对接的人员。在联络多方服务接待方后，主动加入相关研学旅行活动服务交流群（如 QQ 群、微信群等），群中相关人员应包括学校研学旅行指导师等，便于后期开展快捷针对性服务。如果尚未有类似服务群，可以自己建立并邀请相关人员加入。

三、行前课实施

（一）动员会

学校研学旅行指导师应在出行前对学生进行行前动员。一般来说需要包括两个内容：一是进行研学旅行课程开设的政策背景解读。目的是让学生理解研学旅行活动对个人学业发展和未来发展的重要作用。从学业角度来看，研学旅行的学习结果将是个人《学生综合素质评价报告》的重要内容，是未来高等院校招生的重要参考依据，尤其在高校自主招生和综合素质评价招生等招生途径中，是高校评价考生是否具备自主招生或综合评价招生资格的重要条件之一。从个人未来发展角度来看，实践学习永远是书本学习无法替代的学习方式，在研学旅行中开阔眼界，增长知识，提高技能，学会分析问题，掌握研究规范是未来学习和工作的重要基础。二是研学旅行活动及课程解读。目的是让学生理解本次研学旅行活动课程的价值和意义，做好课程实施的思想准备；端正学生对研学旅行活动课程的学习态度；让学生了解活动课程的实施计划、安全旅行和户外活动知识以及活动课程的特点和学习方式，从而为参加研学旅行做好充分准备，能更积极、更有效地参与活动课程的全过程。研学旅行活动及课程解读根据不同主题的研学旅行活动专门准备，内容需要与目的相对应。

一般在出发当天还会举行一次动员大会。动员大会仪式感比较强，一般应简短、高效，以不超过半小时为宜。如果研学旅行时间较短、距离较近、活动内容比较简单，可不必举行或视学校具体安排而定。出发当天的动员大会主要内容和流程包括：一是校领导致辞，阐明研学的意义和本次研学旅行主题；二是学生代表发言，感谢学校提供的学习机会、表明遵守研学旅行活动的各项规章制度及纪律要求、预祝研学旅行活动圆满成功；三是学校研学旅行指导师发言，预祝师生顺利出行、平安归来；四是全体学生宣誓，全体学生在研学旅行指导师的带领下宣誓，明确并大声诵出研学旅行活动口号。

（二）行前课

行前课一般选择在学校礼堂或多媒体教室，可以适当邀请家长参加。在行前课程中，学校研学旅行指导师一般负责研学旅行课程相关内容、研学研究方法和安全专题；旅行社指导师一般负责文明旅行和行为规范的相关内容和安全专题，更加侧重介绍研学整个活动过程中组织环节和生活安排相关内容。其中，安全专题需要学校研学旅行指导师和旅行社研学旅行指导师从相同或不同角度分别予以强调和重视。

1. 学校研学旅行指导师负责的行前课

（1）课题研究知识专题。研学旅行是研究性学习与旅行体验相结合的学习方式，是带着研究学习任务的校外教育活动，学生在行前必须掌握关于科学研究的知识。不同学段的学生科学探究的能力有所差异，一般高中要求较高，初中和小学可以适当降低行前课的知识难度，参照研学旅行活动课程学段目标中关于问题解决的相关要求安排行前课内容，为在研学旅行过程中开展研究性学习、科学探究做好课程实施的能力准备。

（2）研学旅行活动课程内容相关专题。研学旅行活动和研学旅行课程专题课的目的是更好地激发学生对研学旅行活动的兴趣，让学生对课程资源、相关文化知识及背景资料等有初步了解和总体印象，做好课程实施的知识储备，并帮助学生分析和明确研学旅行课程中的学习重点和关键内容，引导学生做好研学旅行的行前准备和行程攻略，提高课程实施的效率，取得更好的课程实施效果。这个专题的主要内容包括研学旅行的意义及目标、研学研究的选题、研学研究的常用方法、研学计划的制订、研学任务的实施、研学报告的撰写和研学成果汇报等。

（3）安全专题。安全是研学旅行的第一要务，是确保研学旅行顺利开展的前提。因此，在行前课中必须安排安全专题，目的是系统而全面地普及研学旅行安全知识，提醒学生研学旅行的安全注意事项，帮助学生树立"安全第一"意识，避免安全事故的发生。安全专题的主要内容应包括交通安全知识、餐饮安全知识、住宿安全知识、户外活动安全知识、自然灾害及突发事件的紧急应对措施、个人人身及财务安全知识等。安全专题的内容必须与即将开展的研学旅行活动紧密结合，切忌泛泛而谈、轻描淡写，应该结合研学旅行过程中的重要安全隐患点以及容易被忽略的安全问题，最好能结合实地场景和具体事例，力求事无巨细、面面俱到。

4.1.3 研学旅行安全事件案例

（4）文明旅行和行为规范专题。目的是帮助学生"从小做起"，养成良好的文明旅游习惯和公共场所行为规范，提升学生的德育素养。这个专题的主要内容有：绿色出行和环保低碳行为规范，乘坐飞机与火车的文明行为规范和相关法律规定，景区入口排队入场的秩序规范，分组跟随指导教师参观游览时的注意事项，博物馆、纪念馆等室内场馆中参观的行为规范，就餐时的行为规范，住宿的行为规范，人际交往的行为规范，尊重少数民族地区民族风俗等相关注意事项。

2. 旅行社研学旅行指导师负责的行前课

如果从研学旅行活动的行程安排、出行组织及活动安排的角度讲，旅行社研学旅行指导师有非常重要的作用。为了做好行前课服务，应重点做好以下工作：

（1）解读行前课程教学课件。

①研学行程安排：研学旅行既不是单纯的学习，也不是单项的旅游，它是二者的结合，是带着某种明确的学习目的的旅行活动。旅行社偏重于"旅"，它承担着学生旅行前和旅行中，尤其是途中的行止、起居、餐饮、健康、安全等全部生活问题。这些"游客"又不同于一般游客，他们普遍年龄较小，许多是未成年人，自理、自制能力大多有限，因此，旅行社指导师要在行前课中详细解说研学行程安排，包括每个细小环节的要求，细致认真，不能有丝毫马虎。

②研学目的地介绍：研学目的地介绍包括研学目的地及往返交通情况介绍，以 PPT 或小视频讲解等方式展示研学目的地人文历史概况、地方文化特点、研学基地（营地）特点及研学旅行课程特色、地方特产等，推荐阅读书目或视频节目，帮助学生提前了解研学地相关背景，激发学生出行前对研学课题的选择及研究兴趣。

③行李物品准备：一是证件，包括身份证和学生证原件。为了预防丢失后的麻烦，请学生将个人身份证或户口本复印一份交给学校指导师携带以备不时之需，并将证件用手机拍照；学生证在购票优惠或处理紧急事件时使用。二是其他携带物品，包括笔、笔记本（作文纸）、洗漱用品、换洗衣服（一般要求统一着装，并根据时间、活动要求准备 1～2 套换洗衣服）、平底旅游鞋、拖鞋、水壶、外套（防止天气突变）、手表、雨伞、纸巾、小瓶洗衣液、梳子、防晒物品、手机、充电器、面包和饼干类食品、一本爱看的书、塑料袋等。三是药品，自备自己常用药品（如感冒药、过敏药、创可贴、肠胃药、消炎药等）。四是行李，准备一个双肩背包，若携带行李箱，尺寸不要太大，便于拿取，并标记姓名。五是现金少量。结合研学手册中的行前准备进行配套，除了提醒要准备的行

李物品，最好说明为什么要带，以增加学生生活常识。

④安全文明引导：旅行社指导师应通过研学旅行过程中的出行、交通、旅游、就餐等行为，让学生学习文明交往、文明交通、文明旅游等礼仪知识，并内化为自身的文明素质，培养学生"安全自护、团队合作、健康环保、探究合作、文明公德、自我超越"等意识。如果研学旅行活动中有特殊运动，如骑马、骑骆驼、徒步、游泳、温泉、漂流等，则需要对这些特殊活动进行特别安全指导。

⑤研学旅行食住行注意事项：参加研学旅行的学生，独自外出经验不多，在食、住、行这几个方面，旅行社指导师要把自己丰富的外出经验在行前课中传授给学生，可以先讲具体规定，再解释为什么，并辅以一些案例进行说明，如果是禁止性规定，还要给出其解决方案。在火车上不允许携带或食用泡面，原因是加入开水后在火车上端着行走时容易有烫伤隐患。例如，某次某同学没有遵守本规定，导致烫伤了自己的脚；火车上会集体安排盒饭，可适当自带一些休闲零食，最好是小包装并不会产生太多垃圾的食物。

（2）互动答疑。可以通过发放问卷、递交问题纸条等方式搜集学生的问题，并分类解答。回答学生关于旅行中的各种问题，如天气情况、饮食特色、风土人情等，通过学生提问了解学生需求。

（3）收集有效信息。收集学生信息是研学旅行活动提高效能的重要工作。旅行社指导师要充分了解开展研学旅行活动的班级学情情况，包括参加研学人数、男女生比例情况、家庭背景、学校学习情况、心理素质、身体素质等要素，这些信息需要前期与学校研学旅行指导师多加沟通，尽量提前获取并加以分析解读，以便后期更好地开展各项对应服务和协助工作。在开展行前课时，和学生有面对面的交流，也能和学校指导师有进一步的沟通，趁此机会通过观察、交流等方式，对研学学生的心理素质等未获取信息加以记录评判，找出研学学生在人际交往、生活技能、心理承受力、环境适应性等方面需要提高之处。总之，通过收集学生个人和家庭基本信息、学习成绩信息、学习习惯、学习能力信息、健康信息等，进行更细致的学情分析，更有针对性地开展研学旅行各项活动。

四、行前课常见教学方法

（一）以语言形式获得间接形式的方法

讲授法，包括讲述法、讲解法、讲读法和讲演法，这是经常使用的一种教学方法。谈话法，通过问答的形式引导学生获取或巩固知识的方法。讨论法，在教师的指导下，在学生独立思考后，共同进行讨论、辩论的方法。读书指导法，指导学生通过阅读获取知识或巩固知识的方法。

（二）以直观形式获取直接经验的方法

演示法，把实物或直观教具展示给学生，或做示范性的试验，通过实际观察获得感性知识。参观法，组织学生到一定的校外场所，通过对实际事物和现象的观察研究获得新知识的方法。

（三）以实际训练形成技能技巧的教学方法

练习法，在教师的指导下，依靠自觉的控制和校正，反复完成一定动作和活动的方式。试验法，在教师的指导下使用一定的设备和材料，通过控制条件的操作过程，引起实验对象的某些变化。实习法，在校内外组织学生实际学习操作活动，将书本知识应用于实际的一种教学方法。

任务操作

按照准备、计划、决策、实施、检查和评估六步法的要求，与学习小组共同完成"研学旅行指导师行前课"系列任务操作单（表4-1-1～表4-1-6）。

表4-1-1　任务准备单

任务名称	研学旅行指导师行前课		
典型工作过程描述	小组编排→通信联络→行前动员→行前课		
学习小组	组长		成员
	分工		
准备内容及操作标准	准备内容	操作标准描述（请在相关括号内勾选或填写）	
	组建学习小组	小组组建方式：教师随机分配（　　），自愿组合（　　），其他方式（　　）；是否进行分工合理性论证（　　）；是否建立小组内部合作机制（　　）	
	课前预习	教材知识学习方法：小组学习（　　），自学（　　）； 其他学习资讯（资料）获取方法：网络（　　），图书（　　），采访调研（　　），小组座谈（　　），通信咨询（　　），其他（　　）	
		相关资讯描述（列出主要咨询或资料的名称、内容及类型。其中，类型是指文本资源、音频资源、视频资源、图片资源等）	
	能力与素质	PPT制作技术（　　）；教学能力（　　）；沟通协调能力（　　）；团队合作能力（　　）	
	场地与条件	选择的模拟演示场地为（　　）； 用到的相关设施设备有（　　），是否熟练操作（　　）； 其他相关场地与条件需求（　　）	
准备评价	评价内容及标准	评价结果	
	1. 小组分工合理； 2. 预习具有深度、广度及资料丰度、准度、效度等； 3. 能力与素质准备充分； 4. 场地与条件准备完善	学生或小组自查评语：	
		学生或组长签字：	日期：　　年　　月　　日
		教师或企业专家评语：	
		教师或企业专家签字：	日期：　　年　　月　　日

表 4-1-2　任务计划单

任务名称	研学旅行指导师行前课		
典型工作过程描述	小组编排→通信联络→行前动员→行前课		
学习小组	组长		成员
	分工		
计划步骤或内容及操作标准	计划步骤或内容		操作标准描述
	小组编排		确定学生小组编排原则、小组人数、各组组长
	制定通信联络		梳理各方通信联络人（校方、学生、家长、带队人员以及相关服务机构）、确定各方通信联络方式
	行前动员会		确定时间、地点（具体到场地）、参会人员、会议形式、会议流程、会议内容、用时、主讲人、讲授内容、授课方法等
	行前课		确定时间、地点（具体到场地）、参加人员、上课形式、主讲人、授课流程、课程用时、课程内容、授课方法等
计划描述	（包括但不限于制作小组编排表、通信联络表、行前动员会工作计划、行前课工作计划、行前课 PPT 课件等）		
计划评价	评价内容及标准		评价结果
	1.计划或方案全面、具体，步骤清晰； 2.计划描述或设计方案等符合操作标准		学生或小组自查评语：
			学生或组长签字：　　　　　　　　　日期：　　年　　月　　日
			教师或企业专家评语：
			教师或企业专家签字：　　　　　　　日期：　　年　　月　　日

表4-1-3　任务决策单

任务名称	研学旅行指导师行前课		
典型工作过程描述	小组编排→通信联络→行前动员→行前课		
学习小组	组长		成员
	分工		
决策内容及操作标准	决策内容	操作标准描述	
	小组编排	（1）小组编排是否符合相关分组原则（应以年级或班级为基础，每个年级中按班级分为大组，每一大组坐一辆车；每个班级中约10人为一小组，每一小组在用餐时坐同一餐桌，如研学旅行课程有需要亦可分为5人一小组；每组可确定一位同学作为组长，组长负责相关信息的传达和活动人员的组织，并可以在组织纪律和清点人数上成为研学旅行指导师的助手）？ （2）小组编排时人员搭配是否合理？可操作性是否较强？ （3）小组编排是否利于研学旅行课程实施？	
	通信联络	（1）沟通联络各方是否全面，是否有遗漏？ （2）沟通联络平台是否便捷、畅通、有效？	
	行前动员会	（1）时间、地点、参会人员、会议形式、用时等是否具有合理性？ （2）会议流程是否详细、具体，是否包含研学旅行活动政策背景和研学旅行活动及课程解说？研学旅行活动及课程解说内容是否包括研学旅行活动课程的目的、价值、意义、实施计划、课程特点、学习方式、学习要求（学习态度、思想准备、知识准备、生活准备等）、安全旅行和户外活动知识等内容？ （3）出发当天的动员大会，其流程和内容是否全面、具体？ （4）主讲人是否准备充分？会议所用PPT及相关音视频资料是否准备完成？是否精美、实用、通俗易懂？	
	行前课	（1）时间、地点、参加人员、上课形式、课程用时等是否具有合理性？ （2）授课流程是否正确、合理？是否包含解读行前课程教学课件、互动答疑、收集有效信息等环节？ （3）课程内容是否全面、具体、针对性强？是否覆盖研学旅行课题研究知识、研学旅行活动课程内容专题知识、安全专题及文明旅行和行为规范专题知识等？解读行前课教学课件是否包含研学行程安排、研学目的地介绍、行李物品准备、安全文明引导、研学旅行食住行注意事项等内容？ （4）主讲人是否准备充分？是否精神饱满、具有较强的亲和力？是否能熟练运用讲授法或谈话法、讨论法和读书指导法等授课方法？ （5）讲座所用PPT及音视频资料是否准备完成？是否精美、实用、通俗易懂？	
决策记录			
决策评价	评价内容及标准	评价结果	
	1. 小组编排计划的合理性、可行性及改进和完善； 2. 通信联络合理性、可行性及改进和完善； 3. 行前动员会的合理性、可行性及改进和完善； 4. 行前课的合理性、可行性及改进和完善	学生或小组自查评语：	
		学生或组长签字：　　　　　　　　日期：　年　月　日	
		教师或企业专家评语：	
		教师或企业专家签字：　　　　　　日期：　年　月　日	

表 4-1-4　任务实施单

任务名称	研学旅行指导师行前课				
典型工作过程描述	小组编排→通信联络→行前动员→行前课				
学习小组	组长		成员		
	分工				
实施流程及操作标准	实施流程	实施操作标准描述			
	小组编排	（1）分组原则符合相关标准。 （2）分组合理、可操作性强。 （3）小组编排利于课程实施			
	通信联络	（1）确定校方、旅行社、研学基地（营地）、家长、学生等各方通信联络平台，包括电话通讯录、QQ 群和微信群等。 （2）通信联络平台畅通有效，重要的信息能够及时在群里发布			
	行前动员会	（1）会议时间、地点、参会人员、形式、用时等具有合理性。 （2）会议流程详细、具体，包含研学旅行活动政策背景和研学旅行活动及课程解说、互动答疑等环节；研学旅行活动课程解说内容全面、具体、针对性强，包括研学旅行活动的课程目的、价值、意义、实施计划、课程特点、学习方式、学习要求（学习态度、思想准备、知识准备、生活准备等）、安全旅行和户外活动知识等内容等。 （3）出发当天的动员大会，其流程和内容包括领导致辞、学生代表和教师代表发言、全体宣誓等。 （4）主讲人准备充分、精神饱满、解说流畅。 （5）PPT 及音视频资料精美、实用、通俗易懂			
	行前课	（1）讲座时间、地点、参会人员、会议形式、用时、授课流程等具有合理性。 （2）授课流程包含解读行前课程教学课件、互动答疑、收集有效信息等。 （3）课程内容全面、具体、针对性强，覆盖研学旅行课题研究知识、研学旅行活动课程内容专题知识、安全专题以及文明旅行和行为规范专题知识等；解读行前课教学课件包含研学行程安排、研学目的地介绍、行李物品准备、安全文明引导、研学旅行食住行注意事项等内容。 （4）主讲人准备充分、精神饱满、亲和力较强，能熟练运用讲授法或谈话法、讨论法和读书指导法等授课方法。 （5）讲座所用 PPT 及音视频资料精美、实用、通俗易懂			
实施效果及相关作品	（包括但不限于小组编排情况汇报、通信联络情况汇报、模拟行前动员会、模拟行前课等相关文本、图片、视频等）				
实施评价	评价内容及标准	评价结果			
	1.实施操作符合相关流程和标准要求； 2.实施难易程度适当； 3.实施安全、顺利，具有一定的经济性、环保性等； 4.彰显团队合作能力	学生或小组自查评语：			
		学生或组长签字：		日期：　年　月　日	
		教师或企业专家评语：			
		教师或企业专家签字：		日期：　年　月　日	

表 4-1-5　任务检查单

任务名称	研学旅行指导师行前课		
典型工作过程描述	小组编排→通信联络→行前动员→行前课		
学习小组	组长		成员	
	分工			
检查内容及检查标准	检查内容	检查标准描述	
	操作检查	流程复盘，检查行前课操作流程和操作标准	
	效果分析	横纵向对比分析，检查行前课的优缺点、难点、不足等	
	完善改进	提出行前课的完善和改进措施	
检查记录	（包括但不限于制作检查记录表）		
检查评价	评价内容及标准	评价结果	
	1.复盘检查到位；2.对比分析全面、深刻；3.完善和改进措施具有合理性、可行性、可操作性	学生或小组自查评语：	
		学生或组长签字：	日期：　年　月　日
		教师或企业专家评语：	
		教师或企业专家签字：	日期：　年　月　日

表 4-1-6 任务评估单

任务名称	研学旅行指导师行前课			
典型工作过程描述	小组编排→通信联络→行前动员→行前课			
学习小组	组长		成员	
	分工			
评估内容与评估标准	评估内容	评估标准描述		
	完成度	准备充分，计划具体，决策正确，实施顺利，检查全面，评价客观		
	规范性	任务实施符合相关操作流程，操作标准规范		
	创新性	任务实施和操作过程具有一定的创新性、美观性等		
	时效性	任务准时完成，具有一定的实用性或现实意义		
	成果质量	行前课文案成果或实践成果具有一定的质量		
	总结与反思	能够及时进行总结与反思，且反思与总结较为全面、准确		
评估记录	（包括但不限于制作评估记录表）			
评估评价	评价内容及标准	评价结果		
	1.评估内容全面、到位； 2.评估符合相关操作标准； 3.评估准确、客观	学生或小组自查评语：		
		学生或组长签字：	日期： 年 月 日	
		教师或企业专家评语：		
		教师或企业专家签字：	日期： 年 月 日	

学习评价

对研学旅行指导师行前课的学习表现和学习过程进行评价见表4-1-7、表4-1-8。

表4-1-7　学习表现评价表

序号	评价内容	主要考核指标	评价主体																		
			自评（10%）					互评（20%）					师评（40%）					业评（30%）				
			A	B	C	D	E	A	B	C	D	E	A	B	C	D	E	A	B	C	D	E
1	态度（10分）	自主学习、求知欲、好奇心、积极性、抗压性、挑战困难																				
2	出勤（10分）	出勤次数																				
3	合作（25分）	合作态度、合作能力、合作效果																				
4	贡献（25分）	参与讨论、对小组贡献、帮助成员																				
5	反思（15分）	反思、总结、改进																				
6	增值（15分）	个人进步、提升																				
7		总计（100分）																				
8	评语		学生					小组					教师					企业				
9		签字及日期	学生： 日期：					组长： 日期：					教师： 日期：					企业： 日期：				

注释：
1. 等级A、B、C、D、E赋分标准：10分（A. 9～10，B. 8～8.9，C. 7～7.9，D. 6～6.9，E. 6分以下）；
　　　　　　　　　　　　　　15分（A. 14～15，B. 12～13.9，C. 10～11.9，D. 8～9.9，E. 8分以下）；
　　　　　　　　　　　　　　25分（A. 24～25，B. 21～23.9，C. 18～20.9，D. 15～17.9，E. 15分以下）。
2. 评价主体可根据具体任务进行选择，但提倡学生、学生之间、教师和企业四位一体进行评价。
3. 建议学习小组组长实行轮换制

表 4-1-8　学习过程评价表

序号	评价内容	主要考核指标	评价主体																				
			自评（10%）					互评（20%）					师评（40%）					业评（30%）				
			A	B	C	D	E	A	B	C	D	E	A	B	C	D	E	A	B	C	D	E
1	准备（15分）	分工；调研；研讨；学习深度、广度；资料丰度、准度、效度等																				
2	计划（15分）	计划描述或设计方案符合操作标准																				
3	决策（15分）	研讨、论证合理性、可行性，并改进完善																				
4	实施（35分）	流程与标准、实施难度、安全性、经济性、环保性等																				
5	检查（10分）	复盘检查、分析对比、完善和改进等																				
6	评估（10分）	完成度、规范性、创新性、美观度、实用性、时效性、成果质量等																				
7	总计（100分）																					
8	评语		学生					小组					教师					企业				
9	签字及日期		学生： 日期：					组长： 日期：					教师： 日期：					企业： 日期：				

注释：

1. 等级 A、B、C、D、E 赋分标准：10 分（A.9～10，B.8～8.9，C.7～7.9，D.6～6.9，E.6 分以下）；

　　　　　　　　　　　　　15 分（A.14～15，B.12～13.9，C.10～11.9，D.8～9.9，E.8 分以下）；

　　　　　　　　　　　　　35 分（A.32～35，B.28～31.9，C.24～27.9，D.21～23.9，E.21 分以下）。

2. 评价主体可根据具体任务进行选择，但提倡学生、学生之间、教师和企业四位一体进行评价

教学反馈

对研学旅行指导师行前课的教学反馈见表4-1-9。

表4-1-9　教学反馈单

任务名称	研学旅行指导师行前课		
典型工作过程描述	小组编排→通信联络→学生动员→专题讲座		
调研反馈	调研内容	是否满意	理由描述
	学习内容		
	教学方法		
	小组合作		
	任务完成		
	能力培养		
改进建议			
整体评价	A. 90～100（　　　），B. 80～89（　　　），C. 70～79（　　　），D. 60～69（　　　），E. 0～59（　　　）		

阅读与思考

人民教育家——高铭暄

"到今年，我已经从教70年整了。这70年里，我始终将'教育乃我之事业，科学乃我之生命'作为人生信条。"回顾过往，已经鲐背之年的高铭暄感慨地说，自己的初心从未改变。

高铭暄是我国著名法学家和法学教育家，"人民教育家"和"最美奋斗者"国家荣誉称号获得者，中国人民大学荣誉一级教授。身处三尺讲台，他毫无保留地将毕生所学奉献给每一位学生；伏于桌案之上，他倾尽所能地投入立法起草和刑法学研究之中。在高铭暄治学从教的过程中，他亲身参与了中国刑法立法的孕育诞生、发展与日臻完善，他将自己的一切投入我国刑法制度的建设和法学教育事业上，不负理想、不负家国。

1954年，中华人民共和国第一部宪法颁行后，全国人大常委会办公厅法律室组建班子，负责起草《中华人民共和国刑法》。从那时起，高铭暄开始参加新中国第一部刑法典的起草工作。从草案第1稿到第38稿，他倾注了自己的全部学识、热情、心血和汗水，是唯一自始至终亲历刑法典创制的学者。

作为中华人民共和国第一代法学家的杰出代表，高铭暄不仅为我国法治建设做出了杰出贡献，也为我国法学界培育了一大批优秀人才。

"无论社会活动如何繁忙，我都坚持在教学第一线，我认为教学是教师的神圣职责。"自1953年在中国人民大学法律系（现为法学院）任教以来，研究立法、教书育人即是高铭暄生活的全部，直至年近九旬才光荣退休。作为我国刑法学专业的第一位博士研究生导师，高铭暄结束了中华人民共和国不能自己培养刑法学博士的历史。

"在身体允许的情况下，我还要做一些力所能及的工作，争取老有所为。我愿与广大教师一道，弘扬践行教育家精神，传承红色基因，忠诚于党和国家的教育事业，不断为强国建设、民族复兴伟业培育新人、输送力量。"高铭暄说。

一方黑板，教师的背影书写出灿烂文化的光辉；三尺讲台，教师的教诲造就栋梁之材的筋骨，在中华传统文化中，通常将德高望重、学识渊博、教书育人的长者尊称为"大先生"。习近平总书记在中国人民大学考察时指出："老师应该有言为士则、行为世范的自觉，不断提高自身道德修养，以模范行为影响和带动学生，做学生为学、为事、为人的大先生，成为被社会尊重的楷模，成为世人效法的榜样。"高铭暄，用一生诠释师者风范，是当之无愧的大先生，亦是后世之楷模。

作为一名研学旅行指导师，身兼"教书育人"的重要使命，应学习这些德高望重、学识渊博、教书育人的楷模，为祖国的教育事业做出自己应有的贡献。

思考： 如果你是一名研学旅行指导师，将如何肩负起"教书育人"的使命？

 岗课赛证

一、判断题

1. 研学旅行行前课方法固定，最好使用讲授法、讨论法或读书指导法。（　　）

2. 学校研学旅行指导师应在出行前对学生进行行前动员，一般只需要全面解读研学课程开设的政策背景即可。（　　）

3. 为确保效果，研学旅行行前课只能由学校研学指导师组织召开。（　　）

4. 行前课中可不必列入安全内容，因为研学旅行指导师会在研学旅行全过程对学生进行安全教育。（　　）

二、多选题

行前课一般要明确哪些具体内容（　　）。

A. 课题研究知识专题　　　　　　　　B. 研学旅行活动课程内容相关专题

C. 安全专题　　　　　　　　　　　　D. 文明旅行和行为规范专题

三、阅读分析

小张是一名刚从某高校研学旅行管理与服务专业毕业的大学生。毕业后在一家旅行社工作。他接受旅行社委派，承担某小学五年级前往内蒙古鄂尔多斯市达拉特旗响沙湾旅游景区的研学旅行行前课任务。由于他工作经验不足，旅行社专门为他安排了岗前培训。但是他认为自己的能力很强，以前在教科书上学的东西也足够发挥，便没有认真接受培训。在给学生做行前课时，因为不符合相关的流程，遗漏了很多关键环节，导致研学旅行后续工作无法顺利开展。

请分析：你认为是否应该重视研学旅行行前课？好的研学旅行行前课应该包括哪些要素？在实际的操作中，如何避免行前课流于形式？

4.1.4　参考答案

任务二　研学旅行指导师出行服务

▌任务描述

在熟悉和掌握研学旅行指导师出行服务工作流程、服务操作规范和相关服务标准的基础上，制定出行服务工作计划和工作方案，完成研学旅行指导师出行服务的模拟演示。

4.2.1　任务导学

▌任务要求

任务名称	研学旅行指导师出行服务		
学时建议	2～4学时		
任务情境	组织五年级学生前往响沙湾进行研学旅行活动		
实施场地	校内实训室或校外实训基地		
任务目标	知识目标：能够复述出行服务的相关内容及工作流程		
	能力目标：能够按照工作流程做好出行服务，确保研学旅行师生顺利出行		
	素质目标：养成团队合作能力、项目执行能力、安全责任意识		
典型工作过程描述	出行准备→组织出行→途中服务→返程服务		
学习要求	学习内容及过程		
	准备	确定学习方式（学习小组）；课前预习；能力与素质准备；场地和条件准备	
	计划	制定出行服务实施方案	
	决策	论证和修改出行服务实施方案	
	实施	按照出行服务方案，模拟出行服务流程	
	检查	复盘检查出行服务流程和服务效果，对比分析优缺点、难点、不足，并及时总结、反思	
	评价	对出行服务的完成度、规范性、创新性、时效性、成果质量、总结与反思情况做出评价	

4

▌情境导入

某小学五年级学生（六个班，300人）从内蒙古呼和浩特市乘坐旅游大巴车前往内蒙古鄂尔多斯市达拉特旗响沙湾旅游景区进行为期两天一晚的研学旅行活动。研学旅行活动的主要内容是沙漠徒步探险、沙漠植物辨识、沙漠植物标本制作、夜晚沙漠观星、沙漠篝火晚会等。假设你是一名旅行社派出的研学旅行指导师，如何做好研学旅行出行的准备工作？应该注意哪些服务环节和安全要素？

理论准备

出行服务主要是指在进行研学旅行活动时，从出发地到目的地的往返过程中研学旅行指导师所提供的相关服务，包括出行准备、组织出行、途中服务、返程服务等主要环节。出行服务主要由校内研学旅行指导师和旅行社研学旅行指导师相互配合、协同提供。

一、出行准备

（一）校内研学旅行指导师

1. 熟悉掌握基本情况

校内研学旅行指导师应在出行前，熟悉和掌握研学旅行活动方案、课程方案和研学手册、课程标准和出行学生情况，做好出行准备和进行全程监督管理准备。

（1）研学旅行活动方案。研学旅行活动方案是科学指导研学旅行相关工作顺利开展的指南和书面计划。一般包括研学旅行主题、研学目的与意义、研学时间、研学对象、研学地点、研学内容、组织分工、安全措施等内容。校内研学旅行指导师熟悉研学旅行活动方案，尤其是研学旅行活动目标、主题、活动流程、活动内容、活动人员、人员分工等，为全程监督做准备。

（2）研学旅行课程方案。研学旅行课程方案是研学旅行实施环节中的灵魂和关键，决定着研学旅行课程的整体品质。研学旅行课程方案主要包括课程主题、课程目标、课程对象、课程时间、师资配置、课程内容、课程评价、课后任务等方面。校内研学旅行指导师掌握研学旅行课程方案，一方面能够熟悉研学旅行目的地和研学旅行课程，提炼总结相关内容用于行前动员；另一方面还要梳理出学生应该做的知识准备、掌握的学习方法、注意的安全隐患点，及有利于落实和监督研学旅行课程的教学条件、教学环境、教学用具等相关情况。

（3）研学旅行手册。研学旅行手册是学生进行研学旅行活动的行动指南，也是研学旅行指导师的教学脚本，有助于研学旅行课程在实践操作中的顺利开展。学生研学旅行手册一般包括封面、前言、目录、课程目标、安全事项、行前准备、课程内容、课程实施、课程评价、成果展示、附录等。研学旅行指导师研学旅行工作手册一般包括封面、前言、目录、课程目标、行前准备、课程内容、课程实施、课程评价、附录等。学校研学旅行指导师应对这两个手册进行研究，模拟研学手册中的相关活动，以搜集更多的课程资料，明确研学旅行活动的课程内容、课程用时、课程活动的步骤与流程、学习方法、评价记录等，细化研学手册的相关环节，确保研学旅行课程的实施效果。

（4）课程标准。课程标准规定了教学内容的深度、广度、体系，提出了教学的基本要求，指明了教学的目标和方向。因此，课程标准是教学的依据。校内研学旅行指导师应熟悉相关课程标准，以便及时督导研学旅行活动在课程标准的框架下有效实施。

（5）学情分析。学生是研学旅行活动的主体，也是校内研学旅行指导师主要的服务对象。校内研学旅行指导师应尽量熟悉学生的基本情况，包括学生的年龄情况、个性特点、认知能力以及对研学旅行活动的兴趣程度和理解能力，同时还应清楚不同年龄和不同个性特点的学生所占的比率，以便能够面向全体学生，从学生的实际情况出发，使不同能力的学生都能学得会、学得好、学得有效果、学得有兴趣。

2. 核实确认活动方案

与旅行社研学旅行指导师、基地（营地）研学旅行指导师沟通协调，核对研学旅行活动方案、研学旅行课程实施方案与具体安排，如发现与合同或协议不一致的情况，应在确保学校和学生权益的前提下与相关方面协调沟通。在协调沟通过程中可以提出自己的意见和建议，如果确实认为对方工作有问题，需要向校方负责人汇报，并做出相关记录。

3. 核实确认服务团队

与旅行社、研学基地（营地）等服务机构核实派出的研学旅行活动服务团队成员是否符合国家关于研学旅行从业人员要求的相关标准、是否符合招标公告或双方合作协议的相关约定。一般来说，应重点核实项目组长（总控）、旅行社研学旅行指导师、基地（营地）研学旅行指导师、安全员、随队医生等服务人员。如果不符合，需及时汇报给学校相关负责人，学校应根据汇报情况协调替换人员。

4.2.2　研学旅行活动的人员配置要求

4. 与旅行社、研学基地（营地）等服务机构沟通

确定学生分车名单和座位号名单、分房名单、就餐分桌名单，共同制定学生分车表、分房表、就餐分桌表等相关表单，并于出行前再次沟通确认。如果出现问题，应及时沟通解决，必要时汇报给学校、旅行社、研学基地（营地）等相关负责人。

（二）旅行社研学旅行指导师

1. 服务准备

这主要是指要与有关服务部门或人员联系，落实交通、住宿、用餐、接站等服务事宜，做好各环节的服务准备工作。

（1）行程确认准备：应充分掌握研学旅行活动方案及课程方案，梳理好研学旅行活动的具体行程和相关活动流程，预算好每个环节所需要的时间，确保研学旅行的日程安排和活动节奏，如果有不明确事宜，及时与校方进行沟通确认。

（2）交通服务准备：提前与车辆单位联系，核对接待车辆的车型、车牌号及车内设备的完好程度，对以上情况做书面记录；最好按照班级人数确定车辆大小，尽量一个班一辆车；与司机约定接头地点、出发时间（准确估计时间，提前半小时到达学生出发地点）；接待大型研学团时，须在车上贴编号或醒目标记。

（3）住宿服务准备：与住宿场所联络人员及旅行社了解所住饭店位置概况、服务设施和住宿标准，核实研学团所订房型、房间数、是否含早餐等。如有必要，旅行社研学旅行指导师应再次向入住酒店有关人员了解团队排房情况，主动介绍该研学团队的特点，与饭店接待人员配合做好接待工作。

（4）用餐服务准备：与各有关餐厅联系，确认研学团日程所安排的每次用餐情况，在确认时，须讲明研学团名称、团号、人数、餐饮标准、用餐日期和餐次、特殊要求等。最后记录接待人员的姓名和通知时间。

（5）接站服务准备：需要提前半小时抵达接站地点（机场、车站等），在等待抵达的过程中，还可以开个临时会议，再次强调工作任务。飞机或火车抵达后，应在出站口醒目位置展开接站横幅，手举分组号牌，准备接站。

2. 讲解准备

在出行前应提前联系基地（营地）指导师，了解学生在基地（营地）的课程时间、课程方式及需要自己提前配合的讲解内容，做好抵达基地（营地）的沿途讲解设计和相关知识准备，以便在前往基地（营地）的沿途中完成研学旅行目的地的历史文化背景教学和安全及注意事项教育。

（1）应重点研读研学旅行手册，将相关的教学内容、相关问题的答案、相关的安全事项、行前准备、课程评价和成果展示等要素巧妙地融入沿途讲解中，以便在旅途中对学生进行教育引导、学习指导，同时也能对研学旅行活动的上述环节起到查漏补缺的作用。

（2）应重点对研学旅行活动所涉及的旅游景点做完善的知识储备。即应结合学生的特点、研学旅行活动主题和研学旅行课程目标，对旅游景点进行研究和深入挖掘，有针对性地进行讲解方式、讲解方法和讲解内容的设计，以达到最佳的讲解服务效果。

（3）应重点掌握和熟知安全知识和文明礼仪要求，以便在讲解服务时随时提醒、引导学生安全旅游、文明旅游；还应结合教育服务要求，选取讲解内容、设计讲解方法，提供有针对性、互动性、趣味性、启发性和引导性的讲解服务。

3. 物料准备

一般应统一配备帽子、旅行包；研学旅行指导师联系卡或防丢手环；在研学旅行过程中需要分组配备的不同颜色的服装或标志；研学车队号码牌、牌照或研学场地所需的横幅、手拉旗等；研学旅行活动所需小奖品；旅途中常用药物（如创可贴、风油精等）；有的学校主办方还要求旅行社负责打印学生手册、准备研学旅行课程相关教具等。

二、出行服务

（一）校内研学旅行指导师

1. 确认、通知时间

提前与旅行社等相关部门沟通，按合同或协议规定，沟通、确定出发时间，并通知学生，做好集合时间、地点、必备行李物品和相关注意事项的提醒与强调。

2. 清点人数

提前半小时以上到达集合地点，根据学生名单，快速清点人数，确保人数齐全。如学生人数过多，应划分已核对区和未核对区，并将已核对好的学生安排到已核对区等候。如果路途较远，提醒学生出发前去卫生间。同时与旅行社研学旅行指导师确认车辆、分车等相关事宜。

3. 检查督导车辆、司机

提前到达集合地点，确认研学旅行活动出行车辆，并对出行车辆进行检查。车辆检查内容一般包括是否有运营资质、车辆座位数是否符合需求、车况是否良好、话筒和车载视频等设施设备是否能够正常使用。行车过程中，督导车辆按照正确路程行使，杜绝部分司机节约高速公路费而绕道的情况，或为了节约停车费，将车辆停在较远的地方。此外，还应督导车辆驾驶人员正常餐饮，不允许司机喝酒。

4. 登车（机、船）出发

按照事前制定的学生名单、分车表和座位表等，协助旅行社研学旅行指导师组织学生登车（机、船）、放置行李物品、确认座位、确认安全带等相关事宜。如发生学生临时请假、突发受伤、突发疾病、忘带必要行李物品或携带限制性行李物品等特殊情况，应做好登记，与相关负责人沟通确认情况。

4.2.3　研学旅行交通服务要求

5. 检查督导接待方

检查督导旅行社指导师是否严格按招标协议或合同安排行程及提供约定服务；检查接待方是否有相应资质，相关服务团队成员［如项目组长或总控、旅行社研学旅行指导师、基地（营地）研学旅行指导师、安全员、随队医生等］是否符合国家关于研学旅行从业人员要求的相关标准，对不符合者应要求替换；检查督导研学旅行课程内容是否符合研学工作方案和研学手册，研学旅行课程质量是否达标，基地（营地）研学旅行指导师是否严格按照课程方案进行研学指导等。

6. 沿途服务

在行程中，应配合旅行社研学旅行指导师维持纪律，关照特殊学生，处理途中遇到的问题。

（1）维持纪律：维持纪律时应多考虑学生的自尊心和情感，多采用鼓励性语言、委婉劝说或用态势语旁敲侧击地传递信息等方式方法；应及时制止类似喧闹、过分放肆、接话茬捣乱、不服从纪律、破坏公共财物、破坏生态环境等违规违纪行为。

（2）关照特殊学生：对于特殊学生（在品德、学习态度、行为习惯、心理、身体等方面存在问题的学生），应在旅途中重点辅导和关注，尤其是对那些经济上比较贫困、身体上有残疾或者患病的学生，更应在生活上优先照顾，在活动上优先安排；对后进学生应多关注，帮助学生消除自卑心理，重新认识自我，增强学习自信和人生自信；对那些品德、态度、行为习惯有问题的学生，应耐心辅导，帮助他们消除不良习惯，树立正确的学习态度以及正确的人生观和价值观，促进学生的健康成长。

（3）处理途中问题：如果旅途中出现费用变更、行程变更、课程变更、学生安全等问题时，应及时报告给学校研学旅行指导师团队的领队（一般由学校中层干部或领导担任），领队需上报给学校领导。如果问题严重，学校研学旅行指导师应写出书面报告材料。如果出现迟到、不文明旅游、私自外出等违规违纪问题，应与学生进行谈话，了解清楚情况，再给出问题的解决办法；如遇到学生身体不适、贵重物品丢失、损坏公共财物、学生走失、学生人身意外伤害、学生之间发生激烈冲突、发生交通事故和重大食品安全事故等问题，则需要及时通报给学生家长，必要时需做好心理辅导；如果发生预订车辆临时调整、车辆设施设备故障、研学接待事宜变更、研学旅行课程调整或变化、场所安全、交通安全、食品安全等问题时，应及时与旅行社研学旅行指导师或基地（营地）研学旅行指导师沟通、协调处理。

7. 返程服务

（1）配合和提醒：协助和配合旅行社研学旅行指导师做好集合时间、地点、行李物品收拾等事宜的提醒工作。

（2）清点人数及行李物品：提前到达集合地点，清点人数和行李物品。

（3）协助登车（机、船）：协助旅行社研学旅行指导师组织学生登车（机、船）、放置行李物品、确认座位、确认安全带等相关事宜。

4.2.4 研学旅行出行安全预防与处理

（4）通知家长：在启程返回时，要预估返程时间和研学旅行活动解散时间，并通知家长到指定地点接孩子回家。

需要注意的是，除了上述出行服务外，学校研学旅行指导师还应引导学生做好研学旅行活动准备，完成研学旅行学习任务，组织研学旅行成果汇报交流，收集研学旅行评价材料，完成研学旅行活动评价，总结经验和积累成果，处理研学旅行过程中发生的问题，参与研学旅行活动各环节，包括餐饮、住宿、参观等。如果有些研学旅行活动是学校直接接触研学旅行基地（营地），没有旅行社等参与，那么学校研学旅行指导师应成为研学旅行活动各环节的主要操作者。

（二）旅行社研学旅行指导师

1. 出发及途中服务

在前往研学旅行目的地的途中，旅行社研学旅行指导师应做好如下服务工作：

（1）确认团队。旅行社研学旅行指导师在学校研学旅行指导师的协助下，确认自己所带研学班级或小组，确认团队的人数。向校内研学旅行指导师简单了解团队的基本信息，如成员的性别、学习状态，是否有重点关注的学生等。校内研学旅行指导师应在与旅行社研学旅行指导师确认团队之前，组织或提醒学生上一次卫生间，尤其是在乘坐大巴车的情况下。

（2）清点人数。按照事前约定的集合时间，旅行社研学旅行指导师应及时与学校研学旅行指导师核实人数和名单，如出现与计划不符的情况，要及时与学校研学旅行指导师确认，明确情况。

（3）清点行李物品。在核实实到人数之后，旅行社研学旅行指导师应协助本团研学学生将行李集中放在指定位置，提醒学生检查行李是否完好无损，然后与学校研学旅行指导师、同学共同清点行李。协助同学对行李箱进行编号，贴上姓名班级标签，注明联系方式，以便遗失时用于寻找。

（4）放置行李物品。清点好行李物品后，提醒司机提前打开行李箱，协助学生放置行李物品，并与学生共同确认行李物品的数量和位置，必要时可以登记造册，避免领取行李物品时发生错拿、漏拿、丢失等现象。一般来讲，大件行李放车外部行李舱，小件随身行李可放车内部行李架。提醒学生水杯等容易滚落的物品需固定放好，避免途中因车身晃动滚落造成伤害。

（5）组织登车。放置好行李物品后，组织各个班级或小组带好随身物品按事前拟订的分车计划登上指定车辆。登车前应制定好座位分配原则，如有晕车等情况的同学坐在靠前的位置、按小组顺序分配等，并制定名单和座位编号。登车后按照名单编号和位置，有序安排学生登车入座，防止出现乱抢座位等不文明现象。旅行社研学旅行指导师可以要求学生在全部行程中，如没有特殊情况，不得随意更换座位，方便按座位核实和清点人数。如果同一车辆上存在班级混编的情况，应及时与负责该班的学校研学旅行指导师、旅行社研学旅行指导师沟通，核实人员名单。

（6）确认和清点人数。学生坐定之后，再次按照预定名单，清点和核实人数，若出现与名单不一致的情况，应及时与学校研学旅行指导师沟通，汇报给旅行社领队（总控），调整并协调安排。

（7）检查确认安全带。向每位同学介绍安全带的正确使用方法，并提醒每位同学及时规范使用，然后在车上开展检查工作，对操作不规范的同学予以礼貌纠正。

（8）介绍乘车注意事项。乘车注意事项一般包括：注意人身和财产安全；车内安全、卫生、保洁问题，发放一次性垃圾袋；交通服务环节的安全防范，向学生宣讲车内紧急疏散、逃生知识；如有晕车同学，提醒做好预防准备工作。

（9）确认发车。如果涉及多个班级、多辆旅游大巴，一般需要在贴好车号、登车完毕后一同出发，编队行驶。这时旅行社研学旅行指导师应与学校研学旅行指导师或旅行社领队（总控）确定发车时间，并及时通知司机。

（10）致欢迎词。在迎接学生时，一般会做简单的自我介绍。在学生顺利登车并清点完人数后，应对学生致欢迎词。面对不同学龄段的学生，应针对学生的具体情况和学龄特点，欢迎词应富有个性、风趣幽默、自然轻松，切忌沉闷死板，以便快速拉近与学生之间的距离，彰显自身的亲和力。旅行社研学旅行指导师还负责研学指导教育工作，欢迎词还应注意汲取一些谚语、名言，树立知识丰富的形象。在致欢迎词时，一般应采取面向学生站立的姿势，位置应选在车厢前部靠近司机、全体学生都能看到的地方。欢迎词一般包括五个方面的内容，即表示欢迎、表示态度、介绍人员、预告行程、预祝成功及旅途愉快。其中，在介绍研学旅行活动日程安排时，应包括行程介绍、研学旅行目标介绍、研学旅行课程介绍。注意要与行前课相呼应，如果行前课的研学行程安排和研学目的地介绍中布置了需要学生思考的问题和查阅资料的任务，这时候不妨再次强调，提醒学生关注。

4.2.5 研学旅行欢迎词案例

4.2.6 研学旅行欢迎词的风格

（11）介绍研学旅行活动注意事项。对于研学行程中的食住行注意事项、文明出行提示可以再次强调。这部分可以和介绍研学旅行活动日程安排同时进行，在介绍日程安排时，每介绍一个研学旅行活动，可以同时强调这个活动的安全注意事项。

（12）沿途讲解。沿途讲解是彰显旅行社研学旅行指导师知识水平和工作能力的大好机会，精彩的沿途讲解会使学生产生信任感和满足感，从而对旅行社研学旅行指导师建立良好的第一印象。与一般的导游沿途讲解不同的是，旅行社研学旅行指导师需结合研学旅行活动和研学旅行主题以及学生的年龄特点和认知能力设计沿途讲解内容，以便学生能够理解、产生共鸣。在沿途讲解中，还可以根据研学旅行课程和旅行手册中的学习内容、问题答案等设计讲解内容或就某些问题展开讨论。还需注意的是，沿途讲解应注意学生的兴趣点和关注点。一般来说，学生对研学旅行途中所见的一些事物以及研学旅行目的地充满好奇和新鲜感，因此应把握时机，选择学生最感兴趣、最急于了解的事物进行介绍，满足学生的好奇心和求知欲。

（13）开展相关活动。如果研学旅行目的地较远或是途中需要消耗大量时间，则需要设计并开展一些有意义的车上活动，有的甚至把这部分内容设计为研学旅行活动的重要组成部分，起到增强学生人际交往能力、团队合作能力、灵活应变能力等多种作用。为了提高学生的积极性，在开展活动时，可以全程使用小组积分奖励、盖章等方法，或给予一些小礼物、小奖品。

开展车上活动，一般需充分考虑以下几个因素：

①学生熟悉程度。如果是一个班级的同学，彼此非常熟悉，可以开展些难度大、配合程度高的活动；如果来自不同班级，熟悉程度较低，可能需要先开展相互熟悉的活动（如破冰活动），以达到互相认识了解的效果。

②时机问题。开展活动要充分考虑所选择时间段，如果是刚吃过饭，或是要进行晚会，不妨多让他们休息；如果是要长途前往旅行点，还有很长距离，在初步休息后可以开展。

③路况因素。开展活动，尤其是部分需要适度起身离座的活动，一定以安全为前提。如果在一条平稳的道路上，可以适当考虑；如果在蜿蜒曲折或颠簸不平的道路上，则应坚决禁止，防止学生晕车或出现意外。

④活动设施。开展活动要考虑是否有可以借助的外物设施设备。例如，车上有没有麦克风，是无线还是有线的，有没有活动需要的必需器材，哪些是可以灵活利用的。

（14）旅途生活照顾。旅行途中，应及时关注学生的体验和感受，如出现部分学生晕车（船、机）现象，应按照事前制定的预案处理。为避免司机和学生过于疲劳，需严格执行规定：驾驶员路上行驶连续驾车不得超过两个小时，停车休息时间不少于 20 分钟。也就是说，行车两个小时须安排一次服务区休息，期间应注意督促学生去卫生间。如果遇到交通工具不正常运行时，还应与交通部门和旅行社保持有效沟通，并稳定学生情绪。

（15）讲解基地（营地）注意事项。在临近基地（营地）前，应向学生讲解相关的注意事项，例如，文博展馆参观时不能携带食品、饮料，不能使用闪光灯拍照等；如夏季进入山区、草原前，提醒学生戴好遮阳帽、做好个人防护，涂抹防晒霜、驱蚊液，带上水杯或瓶装水，携带研学手册、记录笔等；介绍即将开始的研学旅行课程学习地点、行进路线、集合地点、集合时间等。

（16）发放研学物料。根据研学旅行课程内容发放相关设备、物品、工具等，如蓝牙耳机接收器、基地（营地）入门凭证、课程学习材料、课程学习用具等。发放物料前向学生明确发放数量、说明使用方法，指导学生检查物料是否无损坏、是否能够正常使用。对有损坏或影响使用的研学物料，应使用备份及时调换。对需要回收的物料，需要列注清单，清单中还应标注每种物品的数量、用途、责任人、保管人、分发人、回收负责人等。此外，还需要告知学生回收的时间、地点。

2. 返程及途中服务

在返程途中，旅行社研学旅行指导师应做好如下服务工作：

（1）返程确认及准备：提前确认或落实联程 / 返程交通票据，确保团队能按时启程。商定并宣布行前集中行李、叫早、早餐以及集合出发的时间。有的研学旅行活动需跨城市流动，需要乘坐火车甚至飞机，还应做好火车票的购买和分发工作。如果是乘坐火车，在购票时候要注意学生身高是否能买到半价票，如果能享受到儿童票优惠政策，要尽量帮学生争取。发放火车票要以班级为单位，一个班级或小组尽量安排在一起。

（2）回收研学物料：对需要回收的相关物料，应按照回收清单进行物料回收。在回收时，应确认物料是否无损坏、是否使用情况良好。如果有损坏，应汇报给研学领队（总控），视情况决定是否需要赔偿。

（3）通知集合时间：在返程前，应与学校研学旅行指导师、旅行社计调等确认返程相关事宜，合理安排时间，并通知司机、学生集合时间。如需送至火车站，需要提前一个小时抵达；如果送至机场，需要提前两个小时抵达。返程前，学生往往存在疲惫、倦怠、松懈等现象，集合时容易迟到，需要多次提醒学生集合时间。

（4）清点人数与行李物品：办理退房手续，结清相关费用后，应根据学生分车表，核对学生名单，清点学生人数，确认所有学生都已到齐；同时提醒学生带好身份证件及贵重物品，检查行李物品，如发生物品、证件遗留问题，在时间充足的情况下，可让其快速找回，若时间不允许，则记录下遗留物品名称、学生及学校研学旅行指导师的联系方式，并与遗失地点工作人员沟通确认，采用邮寄快递的方式找回。若是发生类似身份证等相关证件遗失的问题，应按照相关预案及流程进行处理。如需要集中交运行李，则需有序组织学生交运行李物品。

（5）组织登车：清点好人数与行李物品后，应按照事前准备好的分车表和座位表，有序组织学生登车、就座、放置行李物品、检查和确认安全带，并再次清点人数，提醒学生看管好行李物品及随身物品。相关事宜确认好后，可与司机确认发车，如需编队统一发车，则需告知学生大约等待的时间，等待期间可进行致欢送词与回顾总结环节。

（6）送站（机）：如乘坐火车、飞机、轮船等，应将团队送至机场（车站、码头），并提醒学生保管好自己的物品和证件。如乘坐飞机时，协助学生办理好登机、安检和行李托运等相关手续，并适时引导学生从正确的登机口依次登机；乘坐火车时，应有序组织学生进行安检、铺（座）位分派、行李物品放置等，学生坐好后应再次清点人数和确认行李物品。

（7）致欢送词：返程意味着研学旅行活动接近尾声，一般在离开目的地前需致欢送词。欢送词一般应包含表示惜别、感谢合作、回顾总结、征求意见、期盼重逢等。其中，在进行回顾总结时，无须重复整个研学旅行活动，应该强调研学旅行活动过程中的重点内容、特色与精彩之处、趣事乐事等。回顾与总结研学旅行活动的重点内容、特色与精彩之处，能进一步加深学生对研学旅行活动的整体印象，提升学生对研学旅行活动的认知和感悟，增强学生对研学旅行活动的情感体验。趣事乐事能够再次唤起学生的兴奋点，获得情感共鸣，让学生留下珍贵而难忘的回忆。

4.2.7　研学旅行欢送词案例

（8）研学评价：评价是为了更好地促进学生的全面发展和健康发展。正确评价学生，对学生的成长起着至关重要的作用。返程中可以对学生的表现进行评价。在进行评价时应遵循客观公正、正面引导、培养自信、肯定鼓励为主的原则，让学生在轻松快乐的氛围中获得学习反馈，获得进步与成功的体验，发现自身的优势与潜能，正视自身的缺点与不足。评价的内容有以下几方面：

①学习态度。学习态度主要指学生在研学旅行中的主动性和积极性，可以通过学生参与研学旅行活动的时间、次数、认真程度、行为表现等方面评价。例如，学生是否认真参加每一次研学旅行活动、主动提出设想和建议、认真观察思考问题、积极动手动脑、认真查找相关资料、准时完成学习计划、不怕困难坚持完成任务等。

②合作精神。合作精神主要对学生在参与研学旅行活动中的合作态度和行为表现进行评价。如学生是否能积极参与小组活动，主动帮助别人和寻求别人的帮助，认真倾听同学的意见，乐于和别人一起分享成果，在小组中主动发挥自己的作用等。

③探究精神和学习能力。通过对学生在提出问题、解决问题过程中的表现及其对探究结果的表达来评价。如是否敢于提出问题，以独特和新颖的方式着手解决问题和表达自己的学习结果，是否善于观察记录、能够综合运用相关的资料、积极采用多种多样的方法、生动形象地表达自己的学习过程与结果等。

任务操作

按照准备、计划、决策、实施、检查和评估六步法的要求，与学习小组共同完成"研学旅行指导师出行服务"系列任务操作单（表4-2-1～表4-2-6）。

表4-2-1　任务准备单

任务名称	研学旅行指导师出行服务			
典型工作过程描述	出行准备→组织出行→途中服务→返程服务			
学习小组	组长		成员	
	分工			
准备内容及操作标准	准备内容	操作标准描述（请在相关括号内勾选或填写）		
	组建学习小组	小组组建方式：教师随机分配（　　），自愿组合（　　），其他方式（　　）；是否进行分工合理性论证（　　）；是否建立小组内部合作机制（　　）		
	课前预习	教材知识学习方法：小组学习（　　），自学（　　）； 其他学习资讯（资料）获取方法：网络（　　），图书（　　），采访调研（　　），小组座谈（　　），通信咨询（　　），其他（　　）		
		相关资讯描述（列出主要资讯的名称、内容及类型。其中，类型是指文本资源、音频资源、视频资源、图片资源等）		
	能力与素质	思维导图制作能力（　　）；组织能力（　　）；讲解能力（　　）；团队合作能力（　　）		
	场地与条件	选择的模拟演示场地为（　　）； 用到的相关设施设备有（　　），是否熟练操作（　　）； 其他相关场地与条件需求（　　）		
准备评价	评价内容	评价结果		
	1. 小组分工合理； 2. 预习具有深度、广度及资料丰度、准度、效度等； 3. 能力与素质准备充分； 4. 场地与条件准备完善	学生或小组自查评语：		
		学生或组长签字：　　　　　　　　　日期：　　年　　月　　日		
		教师或企业专家评语：		
		教师或企业专家签字：　　　　　　　日期：　　年　　月　　日		

表 4-2-2　任务计划单

任务名称	研学旅行指导师出行服务	
典型工作过程描述	出行准备→组织出行→途中服务→返程服务	
学习小组	组长　　　　　　成员	
	分工	
计划步骤或内容及操作标准	计划步骤或内容	操作标准描述
	出行准备	（1）校内研学旅行指导师：熟悉和掌握研学旅行活动整体情况、核实确认研学旅行活动方案、核实确认服务团队等服务流程及服务规范。 （2）旅行社研学旅行指导师：熟悉和掌握服务准备、讲解准备、物料准备等服务流程及服务规范
	出行组织	（1）校内研学旅行指导师：熟悉和掌握确认、通知时间，清点人数，检查督导车辆、司机，登车（机、船）出发，检查督导接待方等服务流程及服务规范。 （2）校外研学旅行指导师：熟悉和掌握确认团队、清点人数、清点行李物品、放置行李物品、组织登车、确认和清点人数、检查确认安全带、介绍乘车注意事项、确认发车等服务流程及服务规范
	途中服务	（1）校内研学旅行指导师：熟悉和掌握维持纪律、关照特殊学生、处理途中问题、配合和提醒等服务流程及服务规范。 （2）校外研学旅行指导师：熟悉和掌握致欢迎词、介绍研学旅行活动注意事项、沿途讲解、开展相关活动、旅途生活照顾、讲解基地（营地）注意事项、发放研学物料等服务流程及服务规范
	返程服务	（1）校内研学旅行指导师：熟悉和掌握清点人数及行李物品、协助登车（机、船）、通知家长等服务流程及服务规范。 （2）校外研学旅行指导师：熟悉和掌握返程确认及准备、回收研学物料、通知集合时间、清点人数与行李物品、组织登车、送站（机）、致欢送词、研学评价等服务流程及服务规范
计划描述	包括但不限于制作下列思维导图： 　1.制作校内研学旅行指导师出行服务准备思维导图（包括但不限于熟悉研学旅行活动整体情况、核实确认研学旅行活动方案、核实确认服务团队等环节及具体内容）； 　2.制作旅行社研学旅行指导师出行服务准备思维导图（包括但不限于服务准备、讲解准备、物料准备等环节及具体内容）； 　3.分别制作校内和旅行社研学旅行指导师出行组织思维导图； 　4.分别制作校内和旅行社研学旅行指导师途中服务思维导图； 　5.分别制作校内和旅行社研学旅行指导师返程服务思维导图	
计划评价	评价内容及标准	评价结果
	1.计划或方案（思维导图）全面、具体，步骤清晰； 2.计划描述或设计方案（思维导图）等符合操作标准	学生或小组自查评语： 学生或组长签字：　　　　　　　　　日期：　年　月　日
		教师或企业专家评语： 教师或企业专家签字：　　　　　　　日期：　年　月　日

表4-2-3　任务决策单

任务名称	研学旅行指导师出行服务		
典型工作过程描述	出行准备→组织出行→途中服务→返程服务		
学习小组	组长		成员
	分工		
决策内容及操作标准	决策内容	操作标准描述	
	出行准备	（1）校内研学旅行指导师：是否熟悉和掌握研学旅行整体情况？是否核实和确认研学旅行活动方案和服务团队？有无完善改进措施？ （2）旅行社研学旅行指导师：服务准备、讲解准备和物料准备是否完备？哪些方面需要完善？	
	出行组织	（1）校内研学旅行指导师：出行组织流程是否清晰？是否包含确认、通知时间，清点人数，检查督导车辆及司机和登车出发等内容？ （2）校外研学旅行指导师：出行组织流程是否清晰？是否包含确认团队、清点人数、清点行李物品、放置行李物品、组织登车、再次确认和清点人数、检查确认安全带、介绍乘车注意事项、确认发车等内容？	
	途中服务	（1）校内研学旅行指导师：途中服务流程是否清晰？是否包含检查督导接待方、维持纪律、关照特殊学生、处理途中遇到的问题等内容？ （2）校外研学旅行指导师：途中服务流程是否清晰？是否包含致欢迎词、介绍研学旅行活动注意事项、沿途讲解、开展相关活动、旅途生活照顾、讲解基地（营地）注意事项和发放研学物料等内容？	
	返程服务	（1）校内研学旅行指导师：返程服务流程是否清晰？是否包含相互配合与提醒、清点人数及行李物品、协助组织登车、通知家长等内容？ （2）校外研学旅行指导师：返程服务流程是否清晰？是否包含返程确认及准备、回收研学物料、通知集合时间、清点人数与行李物品、组织登车、送站（机）、致欢送词、研学评价等内容？	
决策记录	（决策流程简要记录及改进和完善意见）		
决策评价	评价内容及标准	评价结果	
	1. 出行服务计划（思维导图）的合理性、可行性及改进和完善； 2. 出行准备、出行组织、途中服务、返程服务流程是否清晰、符合操作规范； 3. 是否进一步改进和完善及改进和完善意见或措施的合理性	学生或小组自查评语：	
		学生或组长签字：　　　　　　日期：　　年　　月　　日	
		教师或企业专家评语：	
		教师或企业专家签字：　　　　日期：　　年　　月　　日	

表 4-2-4　任务实施单

任务名称	研学旅行指导师出行服务		
典型工作过程描述	出行准备→组织出行→途中服务→返程服务		
学习小组	组长		成员
	分工		
实施流程及操作标准	实施流程	实施操作标准描述	
	出行准备	（1）校内研学旅行指导师出行准备汇报包括：研学旅行活动方案情况；研学旅行课程方案情况；研学旅行手册情况；课程标准对应情况；学情分析情况；核实确认研学旅行活动方案情况；核实确认服务团队情况。 （2）旅行社研学旅行指导师出行准备汇报包括：服务准备情况；讲解准备情况；物料准备情况	
	出行组织	（1）模拟演示校内研学旅行指导师出行组织服务，应包括以下环节：确认通知时间；清点人数；检查督导车辆、司机；登车出发。 （2）模拟演示校外研学旅行指导师出行服务，应包括以下环节：确认团队；清点人数；清点行李物品；放置行李物品；组织登车；确认和清点人数；检查确认安全带；介绍乘车注意事项；确认发车	
	途中服务	（1）模拟演示校内研学旅行指导师途中服务，应包括以下环节：检查督导接待方；维持纪律；关照特殊学生；处理途中遇到的问题。 （2）模拟演示校外研学旅行指导师，应包括以下环节：致欢迎词；介绍研学旅行活动注意事项；沿途讲解；开展相关活动；旅途生活照顾；讲解基地（营地）注意事项；发放研学物料	
	返程服务	（1）模拟演示校内研学旅行指导师返程服务，应包括以下环节：配合和提醒返程事项；清点人数及行李物品；协助组织登车；通知家长。 （2）模拟演示校外研学旅行指导师返程服务，应包括以下环节：返程确认及准备；回收研学物料；通知集合时间；清点人数与行李物品；组织登车；送站（机）；致欢送词；研学评价	
实施效果及相关作品	（包括但不限于模拟演示图文资料、视频作品等）		
实施评价	评价内容及标准	评价结果	
	1. 实施操作符合相关流程和标准要求； 2. 实施难易程度适当； 3. 实施安全、顺利，具有一定的经济性、环保性等； 4. 彰显团队合作能力	学生或小组自查评语： 学生或组长签字：　　　　　　　日期：　年　月　日	
		教师或企业专家评语： 教师或企业专家签字：　　　　　日期：　年　月　日	

表 4-2-5　任务检查单

任务名称	研学旅行指导师出行服务						
典型工作过程描述	出行准备→组织出行→途中服务→返程服务						
学习小组	组长		成员				
	分工						
检查内容及检查标准	检查内容	检查标准描述					
	操作检查	流程复盘，检查出行服务工作流程和操作标准					
	效果分析	横、纵向对比分析，检查出行服务的优缺点、难点、不足等					
	完善改进	提出出行服务的完善和改进措施					
检查记录							
检查评价	评价内容及标准	评价结果					
	1. 复盘检查到位； 2. 对比分析全面、深刻； 3. 完善和改进措施具有合理性、可行性、可操作性	学生或小组自查评语：					
		学生或组长签字：			日期：	年	月	日
		教师或企业专家评语：					
		教师或企业专家签字：			日期：	年	月	日

表 4-2-6 任务评估单

任务名称	研学旅行指导师出行服务		
典型工作过程描述	出行准备→组织出行→途中服务→返程服务		
学习小组	组长		成员	
	分工			
评估内容与评估标准	评估内容	评估标准描述		
	完成度	准备充分，计划具体，决策正确，实施顺利，检查全面，评价客观		
	规范性	任务实施符合相关操作流程，操作标准规范		
	创新性	任务实施和操作过程具有一定的创新性、美观性等		
	时效性	任务准时完成，具有一定的实用性或现实意义		
	成果质量	文案成果或实践成果具有一定的质量		
	总结与反思	能够及时进行总结与反思，且反思与总结较为全面、准确		
评估记录				
评估评价	评价内容及标准	评价结果		
		学生或小组自查评语：		
	1.评估内容全面、到位；2.评估符合相关操作标准；3.评估准确、客观	学生或组长签字： 日期： 年 月 日		
		教师或企业专家评语：		
		教师或企业专家签字： 日期： 年 月 日		

学习评价

对研学旅行指导师出行服务的学习表现和学习过程进行评价见表 4-2-7、表 4-2-8。

表 4-2-7　学习表现评价表

序号	评价内容	主要考核指标	评价主体																			
			自评（10%）					互评（20%）					师评（40%）					业评（30%）				
			A	B	C	D	E	A	B	C	D	E	A	B	C	D	E	A	B	C	D	E
1	态度（10分）	自主学习、求知欲、好奇心、积极性、抗压性、挑战困难																				
2	出勤（10分）	出勤次数																				
3	合作（25分）	合作态度、合作能力、合作效果																				
4	贡献（25分）	参与讨论、对小组贡献、帮助成员																				
5	反思（15分）	反思、总结、改进																				
6	增值（15分）	个人进步、提升																				
7	总计（100分）																					
8	评语		学生					小组					教师					企业				
9	签字及日期		学生： 日期：					组长： 日期：					教师： 日期：					企业： 日期：				

注释：

1. 等级 A、B、C、D、E 赋分标准：10分（A. 9～10，B. 8～8.9，C. 7～7.9，D. 6～6.9，E. 6分以下）；

　　　　　　　　　　　　15分（A. 14～15，B. 12～13.9，C. 10～11.9，D. 8～9.9，E. 8分以下）；

　　　　　　　　　　　　25分（A. 24～25，B. 21～23.9，C. 18～20.9，D. 15～17.9，E. 15分以下）。

2. 评价主体可根据具体任务进行选择，但提倡学生、学生之间、教师和企业四位一体进行评价。

3. 建议学习小组组长实行轮换制

表 4-2-8　学习过程评价表

序号	评价内容	主要考核指标	评价主体																		
			自评（10%）					互评（20%）					师评（40%）					业评（30%）				
			A	B	C	D	E	A	B	C	D	E	A	B	C	D	E	A	B	C	D	E
1	准备（15分）	分工；调研；研讨；学习深度、广度；资料丰度、准度、效度等																				
2	计划（15分）	计划描述或设计方案符合操作标准																				
3	决策（15分）	研讨、论证合理性、可行性，并改进完善																				
4	实施（35分）	流程与标准、实施难度、安全性、经济性、环保性等																				
5	检查（10分）	复盘检查、分析对比、完善和改进等																				
6	评估（10分）	完成度、规范性、创新性、美观度、实用性、时效性、成果质量等																				
7	总计（100分）																					
8	评语		学生					小组					教师					企业				
9	签字及日期		学生： 日期：					组长： 日期：					教师： 日期：					企业： 日期：				

注释：

1. 等级 A、B、C、D、E 赋分标准：10 分（A. 9 ~ 10，B. 8 ~ 8.9，C. 7 ~ 7.9，D. 6 ~ 6.9，E. 6 分以下）；

　　　　　　　　　　　15 分（A. 14 ~ 15，B. 12 ~ 13.9，C. 10 ~ 11.9，D. 8 ~ 9.9，E. 8 分以下）；

　　　　　　　　　　　35 分（A. 32 ~ 35，B. 28 ~ 31.9，C. 24 ~ 27.9，D. 21 ~ 23.9，E. 21 分以下）。

2. 评价主体可根据具体任务进行选择，但提倡学生、学生之间、教师和企业四位一体进行评价

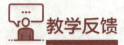教学反馈

对研学旅行指导师出行服务的教学反馈见表4-2-9。

表4-2-9　教学反馈单

任务名称	研学旅行指导师出行服务		
典型工作过程描述	出行准备→组织出行→途中服务→返程服务		
调研反馈	调研内容	是否满意	理由描述
	学习内容		
	教学方法		
	小组合作		
	任务完成		
	能力培养		
改进建议			
整体评价	A.90～100（　　），B.80～89（　　），C.70～79（　　），D.60～69（　　），E.0～59（　　）		

阅读与思考

徐霞客：探寻中华大地，朝碧海而暮苍梧

在历史的长河中，有一些人超越了时代的束缚，用自己的足迹和智慧书写了辉煌的篇章。

徐霞客出生于江阴，从小便有了溯源长江的好奇，立下"丈夫当朝碧海而暮苍梧"的志向。他从小就对地理、历史充满了浓厚的兴趣。十九岁时，他开始踏上了属于自己的旅行之路，手提竹杖，头戴峨冠出游，历其终生。这一走，就是三十余年，直到他去世的前一年才回到家乡，足迹遍及大半个中国。

徐霞客的旅行并非简单的游山玩水，而是充满了探索和发现。他在旅途中，观察地形地貌，研究河流走势，探索山脉分布，记录植被变化。他的旅行笔记，如同一个丰富的百科全书，为后人的地理研究提供了宝贵的资料，这就是人们今天读到的《徐霞客游记》。《徐霞客游记》堪称中国近代地理学的奠基之作，是系统考察中国地貌地质的开山之作，同时也描绘了中国壮美河山的风景资源，被后世奉为典籍。

"读万卷书，行万里路"出自明代董其昌的《画禅室随笔》。这句话原本讲的是绘画技巧，但因其精辟而充满哲理的总结，其启发意义早已超出了绘画本身。古往今来，人们都把"读万卷书，行万里路"作为一种追求，因为其能使人开阔眼界，增长知识和能力。徐霞客超越了时代的束缚，用自己的足迹和智慧书写了辉煌的篇章，他用一生遍访华夏山川，用一支笔订正旧说，成一家之言。"不登高山，不知天之高也；不临深溪，不知地之厚也。""读万卷书，行万里路"，本质上讲的是学用结合、学以致用。钱锺书曾说："如果不读

书，行万里路，也只是个邮差。"只有把读书与游历紧密结合起来，才能够相得益彰、相辅相成。

　　思考：如果你是一名研学旅行指导师，将如何引导学生理解"读万卷书"和"行万里路"的关系？如何让学生在研学旅行过程中体验"知行合一"？

岗课赛证

一、判断题

1.研学旅行指导师出行服务准备包括集合登车（船、机）、途中服务、返程服务。（　　　）

2.研学旅行指导师在核实确认服务团队时，不必核对确认人员配备及其从业资质情况。（　　　）

二、单选题

1.校内研学旅行指导师的出行组织服务，不应包括（　　　）。

　　A.确认、通知时间　　　　B.沿途讲解　　　　　　C.检查督导车辆、司机　　D.登车出发

2.（　　　）是科学指导研学旅行相关工作顺利开展的指南和书面计划。

　　A.研学主题　　　　　　B.学情分析　　　　　　C.研学旅行课程方案　　D.研学旅行手册

三、多选题

1.为了确保学生研学旅行出行安全，需要注意（　　　）的时间节点。

　　A.研学旅行课程设计阶段

　　B.研学旅行出发之前

　　C.研学旅行过程中

　　D.研学旅行后，及时总结安全问题和安全隐患

2.校外研学旅行指导师的返程服务，应包括（　　　）和组织登车及送站（机）等。

　　A.返程确认及准备　　　　　　　　　　　B.回收研学物料

　　C.通知集合时间　　　　　　　　　　　　D.清点人数与行李物品

四、阅读分析

　　研学旅行的顺利开展，离不开家长的配合、学校的保障和执行机构的协作。为确保研学旅行的顺利出行，家长应注意在出行前做好以下几点：

　　（1）生活自理能力的急训：学生都是父母的心头宝，有些学生受到父母的溺爱，自理能力不够强，因此，需要在出行前培训学生的自理能力（如吃饭、睡觉、穿衣、洗漱等）和基本的交际能力等。

　　（2）准备好行囊：包括常备换洗衣物（汗巾），应急物品，常用药（防暑药、退烧药、肠胃药、治疗过敏药品），电话手表，零花钱（定量，与教师沟通决定多少），水杯，洗漱用品（牙刷、洗脸巾、洗脸盆、护肤品）等。

　　（3）核实学生参加研学旅游的项目及地点，并与学校沟通注意事项。与学校、机构建立沟通群，随时注意学生有无需要援助的情况。

学校为了确保学生研学出行安全，也需要注意以下几点：

（1）研学旅行课程设计阶段：对要去的研学基地、餐厅、酒店、大巴车等进行安全检查，都需符合相关标准，有相关资质才能签约并用于研学旅行过程。

（2）研学旅行出发之前：为学生做好安全宣导，强调安全注意事项。例如，上下车过程不要拥挤，行进过程中不要掉队，不要打闹，有危险警示的地方不能去，有危险警示的物品不能触摸，身体不舒服及时告知导师等。

（3）研学旅行过程中：根据学生数量配备安全导师，专门负责学生安全，在每个活动前、后及时点名，有危险性的活动时确保学生的防护措施有效，极端天气中注意防暑、保温，用餐的餐厅注意留取饭菜样本，住宿的酒店提前熟悉安全线路等。根据学生数量配备医生，负责携带医药箱，为学生初步处理突发的受伤或疾病。

（4）研学旅行后，及时总结安全问题和安全隐患，并提出解决问题和消除隐患的措施，尽量避免和减少以后外出活动过程中发生类似的问题。

为确保研学旅行的顺利出行，第三方服务机构应注意以下几点：

（1）与执行团队重点沟通学生的吃住行安全情况，餐饮留样，住宿踩点，活动地点踩点，与活动负责人交接安全注意事项，活动方案彩排，执行人员安排，安全员安全事项急训，医疗箱基础药物检查，咨询活动地点附近的三甲医院联系方式，出具安全责任书，责任到人。

（2）安全员随时巡视学生活动情况，是否存在安全隐患；随队指导师随时注意学生的活动情况和安全情况，与随队教师及时沟通。

根据以上材料，请思考：作为研学旅行指导师，将如何发动各方主体分工合作，确保学生安全和顺利地出行？

4.2.8　参考答案

4.2.9　出行服务
相关图片

4

任务三　研学旅行指导师住宿服务

任务描述

在熟悉和掌握研学旅行指导师住宿服务工作流程、服务操作规范和相关服务标准的基础上，制定住宿服务工作计划和工作方案，完成研学旅行指导师住宿服务的模拟演示。

4.3.1　任务导学

任务要求

学习任务	研学旅行指导师住宿服务		
学时建议	2～4学时		
学习情境	组织五年级学生前往响沙湾进行研学旅行活动		
学习场地	校内实训室或校外实训基地		
学习目标	知识目标：复述住宿服务的工作流程、操作规范		
	能力目标：按照工作流程，提供符合操作规范的住宿服务		
	素质目标：养成团队合作能力、项目执行能力、安全责任意识		
典型工作过程描述	服务准备→办理入住→查房巡房（突发或特殊问题处理）→夜晚研学活动服务→离店服务		
学习要求	学习内容及过程		
	准备	确定学习方式（学习小组）；课前预习；能力与素质准备；场地和条件准备	
	计划	制定住宿服务计划或方案	
	决策	论证和修改住宿服务计划或方案	
	实施	模拟住宿服务，展示工作流程、操作规范	
	检查	检查住宿服务的基本流程、操作规范以及模拟效果，对比分析优缺点、难点、不足，并及时进行总结反思	
	评价	对住宿服务的完成度、规范性、创新性、时效性、成果质量、总结与反思情况做出评价	

情境导入

某小学五年级学生（六个班，300人）从内蒙古呼和浩特市乘坐旅游大巴车前往内蒙古鄂尔多斯市达拉特旗响沙湾旅游景区进行为期两天一晚的研学旅行活动。研学旅行活动的主要内容是沙漠徒步探险、沙漠植物辨识、沙漠植物标本制作、夜晚沙漠观星、沙漠篝火晚会等。请思考如下问题：

1. 如果晚上入住在研学基地，作为旅行社研学旅行指导师将如何做好研学旅行住宿服务准备？应重点做好哪些服务工作？应注意防范哪些安全问题？

2. 作为基地研学旅行指导师，将如何做好研学旅行住宿服务准备？应重点做好哪些服务工作？如何履行安全保障职责？

3. 如果在社会酒店住宿，作为旅行社和学校的研学旅行指导师，将如何团结协作，做好住宿服务管理、服务及安全保障？

理论准备

为了让学生在集体生活中更好地体验性学习，一般研学旅行团队多安排在酒店或研学旅行基地（营地）住宿。尽管酒店和研学旅行基地（营地）的住宿条件、房间设施、房间人数等有一定的区别，但住宿服务的基本流程、服务内容和服务规范基本一致。

一、住宿服务准备

（一）入住前查房

旅行社应安排工作人员前往住宿场所检查，以确认预订标准及特殊要求。在提前检查所有房间时，应重点检查房间的安全性和设施设备情况，收走方便面、计生用品等收费物品，以免产生不必要的费用。旅行社研学旅行指导师在团队入住前，与旅行社工作人员对上述查房情况进行确认，同时还应就房间标准及其他特殊要求进行确认，并重点记录。

（二）预订确认

入住前，旅行社研学旅行指导师应提前与酒店等住宿场所联系，一般至少提前三个小时（如果团队人数过多，应提前一天），确认研学旅行团队入住时间、房间数、特殊要求及团队预计到达时间等相关信息。

（三）预制房卡（钥匙）

旅行社研学旅行指导师或旅行社工作人员应事先拿到并确认分房表，让酒店等住宿场所按照分房表分配房间、预制房卡（钥匙）。研学旅行团队住宿一般应与酒店等住宿场所沟通，提前做好分房和预制房卡工作，尤其是团队人数过多的时候，避免因人数过多而让学生等待时间过长或场面混乱的现象发生。

（四）与司机沟通

告知司机入住酒店等住宿场所的位置、周边环境，尤其是道路状况、停车场情况等。

（五）住宿安全教育

在入住酒店等住宿场所前，旅行社研学旅行指导师应向学生进行住宿安全教育，如用水、用电、防盗、防火、洗澡等安全知识以及贵重物品保管等。同时，还应向学生说明入住流程，提醒学生入住注意事项，提出住宿的纪律要求，介绍宾馆周边环境。

（六）掌握住宿安全急救知识

旅行社研学旅行指导师需掌握相关住宿安全应急预案，熟悉住宿场所附近医院的位置与急救电话、掌握住宿安全应急救护知识，如应对触电、火灾、地震、盗窃等相关知识。如学校或旅行社统一组织师生及全体人员的安全应急演练或安全教育活动，应务必参加。

二、住宿服务实施

（一）入住登记

在抵达入住地点后，旅行社研学旅行指导师应提醒学生拿好行李物品和随身物品，提醒学生准备好身份证，引导学生根据分房表找到同住一间房的学生并到大厅集合，有序办理入住登记、进行身份验证。

在办理入住登记和进行身份验证时，旅行社研学旅行指导师应核对分房名单，确保学生入住房间与分房名单一致，不能出现不同班级错住、混住和私下调换房间等现象。如果研学旅行团队人数众多，一定要注意合理安排，有序进行，尽量减少在大厅逗留时间，以免造成混乱的局面。

（二）领取和分发房卡（钥匙）

在有序进行入住登记时，旅行社研学旅行指导师和校内研学旅行指导师应分工合作，根据事前做好的分房表，领取和分发房卡（钥匙）。基地（营地）研学旅行指导师，协助学校研学旅行指导师和旅行社研学旅行指导师分发房卡（钥匙）。

如果酒店只需证件登记，不需要进行人脸识别（身份验证），那么在领取房卡（钥匙）及分房上，可以进行如下操作：

（1）旅行社研学旅行指导师让各组组长负责收集该小组成员身份证，收齐后按照分房名单排序交给旅行社研学旅行指导师，再由旅行社研学旅行指导师按分房表统一登记，学生可先按照分房名单有序入住，身份证等证件可以在巡查客房时归还学生。

（2）由旅行社随队工作人员组成分房小组，一般至少需要三位成员，一位收取身份证等证件，一位负责领取房间房卡或钥匙，并发给各组组长，一位在各组组长领取房卡（钥匙）时核对和登记每间房入住同学名单和联系方式，并将完整登记表备案一份交给学校研学旅行指导师。

（3）如果团队人数较多，为避免酒店大厅出现拥堵，可让旅行社相关工作人员提前领取房卡（钥匙），当研学车队进入停车场时，由工作人员递交给每辆车的旅行社研学旅行指导师，在车上完成分发房卡（钥匙）工作。

（三）提醒注意事项

注意事项包括安全注意事项、次日时间安排、介绍酒店设施设备。如果相关注意事项较多，需要比较长的时间，可在抵达入住地点前，由旅行社研学旅行指导师在车上进行宣讲，或者学生入住后，在首次巡查房间时再次强调。

1. 提醒安全事项

提醒研学学生相关注意事项，宣讲住宿安全知识，如条件具备可以在酒店工作人员的协助下，带领学生熟悉逃生通道。提醒学生如有陌生人敲门，请不要随意开门；如有外出自由活动需要，尽量结伴出行，并务必上报旅行社研学旅行指导师和学校研学旅行指导师，登记外出时间和地点，并携带酒店前台名片。告知学生旅行社研学旅行指导师、学校研学旅行指导师入住房间及联系方式，方便学生有问题时能及时找到。

2. 提醒次日时间安排

旅行社研学旅行指导师应向研学学生预报晚上和次日的活动日程和时间安排，特别强调第二天的叫早时间、早餐时间和地点、出发时间和集合地点，提醒研学学生第二天开展研学活动需要提前带好的研学物品。这部分可以在入住下车前提醒，如果研学旅行活动方案中晚上还有安排，可以在晚上的研学旅行活动结束后提醒。

3. 介绍酒店设施设备

旅行社研学旅行指导师应重点介绍酒店餐厅位置、客房位置、安全逃生通道及酒店各项公共设施（如商场、娱乐场所、公共洗手间）以及各项服务收费情况。如果是在营地入住，基地（营地）研学旅行指导师在前往营区的路上，应对营房情况进行介绍，包括房型、设施设备、入住相关事宜等。尤其应对学生进行设施设备使用的安全教育，如用水、用电、洗澡、防火等安全知识。

（四）巡房查房

一般在研学团队入住后，基地（营地）研学旅行指导师、旅行社研学旅行指导师和学校研学旅行指导师应分工合作，进行多次查房，一般不少于三次，即首次查房、入睡前查房、入睡后查房。

1. 首次查房

在办理好入住手续后，需要进行首次客房巡视检查工作。如果是入住酒店，这一工作由旅行社研学旅行指导师和学校研学旅行指导师共同承担。如果是入住研学基地（营地），则由基地（营地）研学旅行指导师、旅行社研学旅行指导师和学校研学旅行指导师分工合作、共同进行。一般来说，学校研学旅行指导师主要检查入住人员是否和分房表一致；旅行社研学旅行指导师应关照学生并当面询问学生入住情况，包括行李是否都已提取，是否有遗漏或错拿现象，如发生应及时查找并更换，同时还要交代入住安全事项，并向学生告知接下来的日程或活动安排。基地（营地）研学旅行指导师应重点关注房间内设备设施是否齐全、是否安全、是否能正常使用，并解答或解决学生提出或遇到的相关问题。在进行首次查房时，应向每个房间的学生说明房间物品及消防、防毒面具等的使用方法、注意事项；并对入住的注意事项、发生火灾等安全事故的应急处理办法、逃生路线、安全出口方位等做出说明。如果在课程中设计了内务整理，应为学生做示范，并讲清楚内务要求。

需要注意的是：由于研学旅行费用较低，住宿客房极少有豪华酒店，一般是经济型酒店或研学基地（营地），难免会有设施设备不全或老化的问题。这个可以提前在行前课或首次沿途讲解的注意事项中进行预防性说明。在房间巡视检查中，要细心检查房间是否整洁安全，如室内设施是否不全或有损坏现象、卫生设施是否可以使用、内部电话是否通畅、房门后安全疏散图是否齐全等。

2. 入睡前查房

入睡前，基地（营地）研学旅行指导师、旅行社研学旅行指导师和学校研学旅行指导师分工合作，进行第二次查房。一般来说，学校研学旅行指导师应重点关注对学生的住宿纪律管理（如按时就寝、保持安静、整理内务、就寝动作迅速等）以及当天研学手册的作业情况检查，根据学校的要求，为了防止学生晚间玩手机不睡的情况还需要统一在睡前上缴手机等。旅行社研学旅行指导师主要查看学生睡前洗漱及个人生活情况，督导学生按时入睡。基地（营地）研学旅行指导师应主要查看首次查房时发现的房间设备设施问题是否解决。

3. 入睡后查房

入睡后，基地（营地）研学旅行指导师、旅行社研学旅行指导师和学校研学旅行指导师应分工合作，进行查房巡房工作。一般来说，这时候的查房不需要进入房间，只需要在门口听一听房内是否安静入睡。如果有未按规定入睡或其他情况，要查明原因，视情况进行处理，以确保学生按时入睡。此外，学生入睡后，还应安排研学旅行指导师或工作人员值夜班，以进行安全值守，杜绝安全隐患，防止学生夜间外出及处理突发事件。

（五）晚间研学旅行活动服务

入住地点的相关研学旅行活动方案中，一般晚间也会有相关的活动，有的是统一组织的讨论、文娱活动、总结会等，有的是要求个人进行总结和研学手册的整理。如果是入住研学基地（营地），需要旅行社研学旅行指导师进行辅助指导的，按研学旅行活动方案要求进行指导。

（六）相关活动或事项通知

旅行社研学旅行指导师应做好日程安排、叫早服务、用餐通知等通知或提醒工作。具体包括：应核对好当天或次日的研学旅行活动安排，确定集合时间、集合地点，并通知全体研学旅行师生及相关工作人员；如果需要在酒店内用早餐，应提前做好酒店内就餐形式、地点、时间的通知和提醒工作；需要出行时，还需要与司机确认集合时间和地点；次日出行，应协调酒店安排叫早服务。

（七）解决处理突发问题

旅行社研学旅行指导师及时向研学学生了解相关问题，及时与学校研学旅行指导师共同配合，在酒店、旅行社等人员的协助下解决处理相关问题，如行李遗失、外出迷路、身体不适等。

4.3.2 研学旅行
住宿服务要求

4.3.3 研学旅行
住宿服务注意事项

4.3.4 研学旅行
住宿常见问题预防
与处理

任务操作

按照准备、计划、决策、实施、检查和评估六步法的要求，与学习小组共同完成"研学旅行指导师住宿服务"系列任务操作单（表4-3-1～表4-3-6）。

表4-3-1　任务准备单

任务名称	研学旅行指导师住宿服务		
典型工作过程描述	服务准备→办理入住→查房巡房（突发或特殊问题处理）→夜晚研学活动服务→离店服务		
学习小组	组长		成员	
	分工			
准备内容及操作标准	准备内容	操作标准描述（请在相关括号内勾选或填写）		
	组建学习小组	小组组建方式：教师随机分配（　　），自愿组合（　　），其他方式（　　）；是否进行分工合理性论证（　　）；是否建立小组内部合作机制（　　）		
	课前预习	教材知识学习方法：小组学习（　　），自学（　　）； 其他学习资讯（资料）获取方法：网络（　　），图书（　　），采访调研（　　），小组座谈（　　），通信咨询（　　），其他（　　）		
		相关资讯描述（列出主要咨询的名称、内容及类型。其中，类型是指文本资源、音频资源、视频资源、图片资源等）：		
	能力与素质	思维导图制作能力（　　）；服务意识（　　）；掌握住宿服务流程或操作规范（　　）； 突发问题处理能力（　　）		
	场地与条件	选择的模拟演示场地为（　　）； 用到的相关设施设备有（　　），是否熟练操作（　　）； 其他相关场地与条件需求（　　）		
准备评价	评价内容及标准	评价结果		
	1. 小组分工合理； 2. 预习具有深度、广度及资料丰度、准度、效度等； 3. 能力与素质准备充分； 4. 场地与条件准备完善	学生或小组自查评语：		
		学生或组长签字：　　　　　　　　日期：　　年　　月　　日		
		教师或企业专家评语：		
		教师或企业专家签字：　　　　　　日期：　　年　　月　　日		

表 4-3-2　任务计划单

任务名称	研学旅行指导师住宿服务		
典型工作 过程描述	服务准备→办理入住→查房巡房→夜晚研学活动服务→突发或特殊问题处理→离店服务		
学习小组	组长		成员
	分工		
计划步骤或 内容及操作 标准	计划步骤或内容		操作标准描述
	服务准备		制作服务准备思维导图，包括入住前查房、预订确认、预制房卡、与司机沟通、住宿安全教育、住宿安全急救知识等工作流程及操作规范
	办理入住		制作办理入住服务思维导图，包括入住登记办理、领取和分发房卡（钥匙）、提醒注意事项等工作流程及操作规范
	查房巡房		制作查房巡房服务思维导图，包括首次查房、入睡前查房、入睡后查房、安全值守及夜班安排、突发问题处理等工作流程及操作规范
	研学活动及日程 安排		制作研学活动及日程安排服务表单，包括但不限于晚间研学旅行活动服务、日程安排、叫早服务、活动时间、用餐通知等内容
	离店		制作结账离店、集合出发服务流程及服务规范表单
计划描述	包括但不限于下列内容：住宿服务准备思维导图；办理入住服务思维导图；查房巡房服务思维导图（包括列举出常见住宿突发问题）；研学活动及日程安排服务表单；离店服务流程及服务规范表单		
计划评价	评价内容及标准		评价结果
	1.计划或方案（思维导图）全面、具体，步骤清晰； 2.计划描述或设计方案（思维导图）等符合操作标准		学生或小组自查评语：
			学生或组长签字：　　　　　　　　　　日期：　　年　　月　　日
			教师或企业专家评语：
			教师或企业专家签字：　　　　　　　　日期：　　年　　月　　日

表 4-3-3　任务决策单

任务名称	研学旅行指导师住宿服务		
典型工作过程描述	服务准备→办理入住→查房巡房→夜晚研学活动服务→突发或特殊问题处理→离店服务		
学习小组	组长		成员
	分工		
决策内容及操作标准	决策内容	操作标准描述	
	服务准备	检查入住前查房、预订确认、预制房卡、与司机沟通、住宿安全教育、住宿安全急救知识等各环节的准备工作是否存在遗漏或不完善之处	
	办理入住	检查在入住登记、领取和分发房卡、提醒注意事项等服务环节是否存在遗漏或不完善之处	
	查房巡房	首次查房、入睡前查房、入睡后查房、安全值守及夜班安排、突发问题处理等环节是否需要完善和改进	
	研学活动及日程安排	在晚间研学旅行活动服务、日程安排、叫早服务、用餐通知等环节，是否需要完善和改进	
	离店	在结账离店、集合出发环节是否需要完善和改进	
决策记录			
决策评价	评价内容及标准	评价结果	
	1. 住宿服务工作流程清晰、完整； 2. 住宿服务操作符合相关规范； 3. 住宿服务计划、方案（思维导图）等具有合理性、可行性； 4. 住宿服务方案（思维导图）的改进和完善措施具有合理性、可行性	学生或小组自查评语：	
		学生或组长签字：　　　　　　　　日期：　年　月　日	
		教师或企业专家评语：	
		教师或企业专家签字：　　　　　　日期：　年　月　日	

表 4-3-4　任务实施单

任务名称	研学旅行指导师住宿服务		
典型工作过程描述	服务准备→办理入住→查房巡房→夜晚研学活动服务→突发或特殊问题处理→离店服务		
学习小组	组长		成员	
	分工			

实施流程及操作标准	实施流程	实施操作标准描述
	服务准备	小组汇报住宿服务准备工作流程及操作规范,重点突出住宿安全教育和所掌握的住宿安全急救知识
	办理入住	模拟演示入住办理服务
	查房巡房	模拟研学查房巡房服务(包括模拟突发问题的处理)
	研学活动及日程安排	小组汇报晚间研学活动及日程安排服务
	离店	模拟演示离店服务

实施效果及相关作品	(包括但不限于小组汇报及模拟演示文本、视频等)

实施评价	评价内容及标准	评价结果			
	1.实施操作符合相关流程和标准要求; 2.实施难易程度适当; 3.实施安全、顺利,具有一定的经济性、环保性等; 4.彰显团队合作能力	学生或小组自查评语:			
		学生或组长签字:	日期:　年　月　日		
		教师或企业专家评语:			
		教师或企业专家签字:	日期:　年　月　日		

表 4-3-5 任务检查单

任务名称	研学旅行指导师住宿服务		
典型工作过程描述	服务准备→办理入住→查房巡房→夜晚研学活动服务→突发或特殊问题处理→离店服务		
学习小组	组长	成员	
	分工		
检查内容及检查标准	检查内容	检查标准描述	
	操作检查	流程复盘，检查住宿服务操作流程和操作标准	
	效果分析	横、纵向对比分析住宿服务任务实施过程中存在的优缺点、难点、不足等	
	完善改进	提出住宿服务的完善和改进措施	
检查记录			
检查评价	评价内容及标准	评价结果	
	1. 复盘检查到位； 2. 对比分析全面、深刻； 3. 完善和改进措施具有合理性、可行性、可操作性	学生或小组自查评语：	
		学生或组长签字：	日期： 年 月 日
		教师或企业专家评语：	
		教师或企业专家签字：	日期： 年 月 日

表 4-3-6　任务评估单

任务名称	研学旅行指导师住宿服务		
典型工作 过程描述	服务准备→办理入住→查房巡房→夜晚研学活动服务→突发或特殊问题处理→离店服务		
学习小组	组长		成员
	分工		
评估内容与 评估标准	评估内容	评估标准描述	
	完成度	准备充分，计划具体，决策正确，实施顺利，检查全面，评价客观	
	规范性	任务实施符合相关操作流程，操作标准规范	
	创新性	任务实施和操作过程具有一定的创新性、美观性等	
	时效性	任务准时完成，具有一定的实用性或现实意义	
	成果质量	文案成果或实践成果具有一定的质量	
	总结与反思	能够及时进行总结与反思，且反思与总结较为全面、准确	
评估记录			
评估评价	评价内容及标准	评价结果	
	1. 评估内容全面、到位； 2. 评估符合相关操作标准； 3. 评估准确、客观	学生或小组自查评语：	
		学生或组长签字：　　　　　　　　　　日期：　年　月　日	
		教师或企业专家评语：	
		教师或企业专家签字：　　　　　　　　日期：　年　月　日	

学习评价

对研学旅行指导师住宿服务的学习表现和学习过程进行评价见表 4-3-7、表 4-3-8。

表 4-3-7 学习表现评价表

序号	评价内容	主要考核指标	评价主体																		
			自评（10%）					互评（20%）					师评（40%）					业评（30%）				
			A	B	C	D	E	A	B	C	D	E	A	B	C	D	E	A	B	C	D	E
1	态度（10分）	自主学习、求知欲、好奇心、积极性、抗压性、挑战困难																				
2	出勤（10分）	出勤次数																				
3	合作（25分）	合作态度、合作能力、合作效果																				
4	贡献（25分）	参与讨论、对小组贡献、帮助成员																				
5	反思（15分）	反思、总结、改进																				
6	增值（15分）	个人进步、提升																				
7	总计（100分）																					
8	评语		学生					小组					教师					企业				
9	签字及日期		学生： 日期：					组长： 日期：					教师： 日期：					企业： 日期：				

注释：
1. 等级 A、B、C、D、E 赋分标准：10 分（A. 9～10，B. 8～8.9，C. 7～7.9，D. 6～6.9，E. 6 分以下）；
　　　　　　　　　　　　　15 分（A. 14～15，B. 12～13.9，C. 10～11.9，D. 8～9.9，E. 8 分以下）；
　　　　　　　　　　　　　25 分（A. 24～25，B. 21～23.9，C. 18～20.9，D. 15～17.9，E. 15 分以下）。
2. 评价主体可根据具体任务进行选择，但提倡学生、学生之间、教师和企业四位一体进行评价。
3. 建议学习小组组长实行轮换制

表 4-3-8　学习过程评价表

序号	评价内容	主要考核指标	评价主体																				
			自评（10%）					互评（20%）					师评（40%）					业评（30%）				
			A	B	C	D	E	A	B	C	D	E	A	B	C	D	E	A	B	C	D	E
1	准备（15分）	分工；调研；研讨；学习深度、广度；资料丰度、准度、效度等																					
2	计划（15分）	计划描述或设计方案符合操作标准																					
3	决策（15分）	研讨、论证合理性、可行性，并改进完善																					
4	实施（35分）	流程与标准、实施难度、安全性、经济性、环保性等																					
5	检查（10分）	复盘检查、分析对比、完善和改进等																					
6	评估（10分）	完成度、规范性、创新性、美观度、实用性、时效性、成果质量等																					
7	总计（100分）																						
8	评语		学生					小组					教师					企业					
9	签字及日期		学生：日期：					组长：日期：					教师：日期：					企业：日期：					

注释：

1. 等级 A、B、C、D、E 赋分标准：10 分（A. 9～10，B. 8～8.9，C. 7～7.9，D. 6～6.9，E. 6分以下）；

　　　　　　　　　　　　15 分（A. 14～15，B. 12～13.9，C. 10～11.9，D. 8～9.9，E. 8分以下）；

　　　　　　　　　　　　35 分（A. 32～35，B. 28～31.9，C. 24～27.9，D. 21～23.9，E. 21分以下）。

2. 评价主体可根据具体任务进行选择，但提倡学生、学生之间、教师和企业四位一体进行评价

对研学旅行指导师住宿服务的教学反馈见表4-3-9。

表4-3-9 教学反馈单

任务名称	研学旅行指导师住宿服务		
典型工作过程描述	服务准备→办理入住→查房巡房→夜晚研学活动服务→突发或特殊问题处理→离店服务		
调研反馈	调研内容	是否满意	理由描述
	学习内容		
	教学方法		
	小组合作		
	任务完成		
	能力培养		
改进建议			
整体评价	A.90～100（　　　）, B.80～89（　　　）, C.70～79（　　　）, D.60～69（　　　）, E.0～59（　　　）		

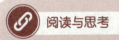

刘宝山：做旅行中的最美游客

刘宝山出生于1937年，年过八旬的他，游览了祖国大好河山，走遍了中国各个城市的旅游景区。他在退休之后，带着老伴，先后去过了国外近100个国家，旅游让他永远保持一颗年轻的心。无论是在国内旅游，还是出境旅游，他都严格遵守目的地国家、地区的法律法规以及旅行团的纪律要求，积极与国际友人交流中外文化，宣扬中华五千年文明历史。他认为：旅行不仅仅是看风景、吃美食，更是心灵的净化、视野的拓宽，从而反思自己的生活和观念，让自己获得进步。多年来他一直笔耕不辍地记录着自己的旅游行程，也用相机记录美景。他将所有照片精选成册出书，记录他走过的近100个国家的游记、图片。出游之前，他一定会提前了解当地的文化历史，做好充足准备。旅行后均写旅游纪实文章记录旅途生活的点点滴滴。

在旅途中，他注重展示文明素养，理解并尊重旅游目的地国家和地区的宗教信仰、风俗禁忌，还经常提醒团友注意文明旅游，因此入选了"文明旅游，为中国加分——2019文明游客"。

旅游是一项发现美、欣赏美的活动，更是一项创造美的活动。一座城市的美景，就像它的文明一样需要人们去守护。在研学旅行过程中，研学旅行指导师应对学生做文明旅游教育，引导学生懂得："在我们旅行的背包里，除了行囊，还应装着文明，只有文明一路做伴，路上风景才会更加美好。"就像刘宝山一样，以目观山海，以行践文明。

思考：如果你是一名研学旅行指导师，将如何引导学生践行文明旅游？

岗课赛证

一、判断题

1. 一般在研学团队入住后，基地（营地）研学指导师、旅行社研学指导师和学校研学指导师应分工合作，进行一次详细而彻底的查房即可。（　　）

2. 如果遇到突发问题，旅行社研学指导师应及时向校内研学指导师报告，但是处理突发问题则由学校研学指导师负责。（　　）

二、单选题

1. 前往酒店过程中，研学旅行指导师应联系酒店，告知酒店提前将学生房卡准备好，并且在组织学生入住及安排办理入住时要（　　）。

A. 有安全意识，避免将所有学生集中在酒店大堂

B. 节省时间，按照下车顺序发放

C. 避免拥挤在大堂，将学生集中在停车场发放房卡

D. 将学生集中在大堂，逐个登记完名字后按顺序发放房卡

2. 学生入住后，研学旅行指导师及时查房是非常重要的内容，也是非常谨慎的环节。下列做法正确的是（　　）。

A. 在查房时，由校方教师独自检查即可，尤其是女生楼层

B. 在查房时，研学旅行指导师独自检查，不必采取与校方教师沟通的形式，但如果涉及是否需要负责检查女生楼层时，需要尊重校方教师的安排

C. 在查房时，男性研学旅行指导师可独自检查，但是不能检查女生楼层

D. 在查房前，研学旅行指导师需要采取与校方教师沟通查房的形式，是否需要负责检查女生楼层，尊重校方教师的安排

3. 学生入住后，下列哪种情况是正确的（　　）。

A. 学生因特殊情况需要独自离开，不必与旅行社研学旅行指导师打招呼

B. 研学旅行指导师查房时，必须统一着工装，注意个人形象，必须两人同时检查，与校方教师一起查房最佳

C. 研学旅行指导师负责对接酒店，安排好住宿房间，校方教师则需要配合做好安全提示及相应的工作

D. 研学旅行指导师可以让学生放松一下，允许学生在房间大声喧哗、打牌，不必立即提示和禁止

三、多选题

1. 研学旅行指导师办理入住的流程有（　　　）。

    A. 入住登记　　　　　　　　　　　　　B. 领取和分发房卡（钥匙）

    C. 提醒注意事项　　　　　　　　　　　D. 帮学生和教师搬运行李

2. 入住后，为了预防学生私自外出，做法正确的有（　　　）。

    A. 酒店选址可以考虑周边商业设施较少，与城市中心有一定距离的地点，不选择地处繁华商业地段的酒店

    B. 酒店除保留主要出口通行之外，其他出口应暂时关闭，加强学生入住后的安保监控观察等

    C. 研学旅行的日程安排应充分考虑学生心理，预留适当时间，选择合适地点，满足学生在旅行中品尝小吃、购买纪念品等消费需求

    D. 旅行社指导师在入住酒店时，应再次重申《研学旅行住宿管理规定》，提醒学生入住酒店后的相关注意事项

四、阅读分析

材料一：某研学团队入住某地酒店。按照学校住宿纪律和相关要求，学生晚上十点应熄灯睡觉，且不允许私自窜房。但是，在研学旅行指导师及学校教师进行二次巡查时，发现同性别学生 A 和学生 B 在规定时间之后，悄悄窜到学生 C 和学生 D 的房间。于是，研学旅行指导师和学校教师与 A、B、C、D 学生分别沟通，了解具体原因。原来是因为 C、D 两位学生胆子都比较小，两人不敢单独住。针对此行为，研学旅行指导师及学校教师让 C、D 学生分别在 A、B 学生中选择一位合住，即为几位学生内部调换了房间。之后，学校教师对四位学生进行了批评教育。

阅读上述材料，请分析：你认为研学旅行指导师和学校教师做得对吗？在进行分房时，还应该注意哪些事情？

材料二：如果研学人数较多时，因受酒店体量限制，无法安排在同一酒店入住，因而会产生同一年级、不同班级的学生分别入住同一城市的不同酒店，造成研学旅行下榻酒店的客房差异。入住同一酒店的团队，由于房间使用数量较多，也可能出现因酒店客房内部的装修风格、房间朝向、面积不同等造成酒店客房差异，这些问题如不加以重视或处理不当，可能诱发学生及家长的不满，甚至对研学旅行的顺利开展带来较大的负面影响。

根据以上材料，请思考：为防止此类问题的发生，应做哪些预防措施？

4.3.5　参考答案

4.3.6　研学旅行住宿场所图片

任务四　研学旅行指导师餐饮服务

▋任务描述

在熟悉和掌握研学旅行指导师餐饮服务工作流程、服务操作规范和相关服务标准的基础上，制定餐饮服务工作计划和工作方案，完成研学旅行指导师餐饮服务的模拟演示。

4.4.1　任务导学

▋任务要求

任务名称	研学旅行指导师餐饮服务	
学时建议	2～4学时	
任务情境	组织五年级学生前往内蒙古响沙湾旅游景区进行研学旅行活动	
实施场地	校内实训室或校外实训基地	
任务目标	知识目标：复述餐饮服务的相关内容及工作流程	
	能力目标：学会餐饮服务技能，按照服务标准完成用餐服务	
	素质目标：养成团队合作能力、项目执行能力、安全责任意识	
典型工作过程描述	服务准备→组织用餐→巡餐服务（特殊问题处理）→离店服务	
学习要求	学习内容及过程	
	准备	确定学习方式（学习小组）；课前预习；能力与素质准备；场地和条件准备
	计划	制订用餐服务计划
	决策	论证和修改用餐服务计划
	实施	模拟用餐服务，展示用餐服务流程、操作规范
	检查	检查用餐服务的基本流程、操作规范以及模拟效果，对比分析优缺点、难点、不足，并及时进行总结反思
	评价	对用餐服务的完成度、规范性、创新性、时效性、成果质量、总结与反思情况做出评价

▋情境导入

某小学五年级学生（六个班，300人）从内蒙古呼和浩特市乘坐旅游大巴车前往内蒙古鄂尔多斯市达拉特旗响沙湾旅游景区进行为期两天一晚的研学旅行活动。研学旅行活动的主要内容是沙漠徒步探险、沙漠植物辨识、沙漠植物标本制作、夜晚沙漠观星、沙漠篝火晚会等。学生需要在响沙湾旅游景区用当天午餐、晚餐及第二天的早餐，并在达拉特旗的一家社会餐厅用特色午餐。作为一名研学旅行指导师，应如何做好餐饮服务？

📋 理论准备

在研学旅行过程中，餐饮是必不可少的一个体验环节。研学旅行餐饮场所一般分为社会餐饮场所和基地（营地）餐饮场所。不论涉及哪一类餐饮场所，旅行社、学校和基地（营地）的研学旅行指导师都应该互相配合、分工合作，为学生提供良好的餐饮服务，让学生通过整个用餐过程获得难忘的饮食体验和良好的生活教育。

一、餐饮服务准备

（一）预订确认

　　旅行社研学旅行指导师或旅行社工作人员应提前与餐厅联系，就用餐人数、用餐时间、用餐桌数、用餐标准等信息逐一核实确认。餐厅应根据要求安排好餐桌、餐具及桌号牌，如果出现某餐桌人数超过 10 人，应增加足够数量的餐具。一般在团队将要到达餐厅的前十分钟左右，再次与餐厅联系确认，并提醒餐厅准备起餐，避免学生在餐厅等待时间过长。用餐标准一般已事先约定好，旅行社研学旅行指导师或旅行社工作人员只需按照协议内容核对即可。

（二）确认特殊要求

　　特殊要求一般包括菜品、饮食禁忌、特殊情况等。研学旅行团队用餐一般不安排带刺类（如鱼类）、未煮熟有毒类（如四季豆、鲜黄花菜等）、发芽有毒类（长芽的土豆等）等菜品。如团队中有回族等少数民族学生或特殊饮食禁忌者，应提醒餐厅根据饮食禁忌进行备餐。如学生有食物过敏、患病等特殊情况，应详细记录并特殊关注，同时嘱咐餐厅安排备餐。需要特殊安排用餐的：如果人数较多，可以在制作分餐表时进行特殊安排，有同一要求的同坐一桌，并要求餐厅进行特殊安排；如果只有极个别的学生，则可以要求餐厅安排小桌就餐。

4.4.2　研学旅行餐饮场所选择标准及注意事项

（三）食品安全教育

　　在研学旅行手册及研学旅行任务单中一般会详细列举与食品安全有关的注意事项。但为了进一步确保安全，校内研学旅行指导师和旅行社研学旅行指导师还应在出行前、出行途中、用餐前反复对学生进行食品安全教育。首先，教育学生不喝生水、不吃不熟不洁的食物、不吃生冷变质的食物，不在小摊上买零食，以防食物中毒。其次，教育学生养成良好的用餐习惯，饭前洗手，不挑食，少吃零食。食品安全教育万不可流于形式，要让学生深刻认识到食品安全行为的重要性。

（四）掌握饮食安全救护知识

　　研学旅行指导师需掌握相关饮食安全应急预案，熟悉用餐场所附近的医院位置与急救电话，掌握饮食安全应急救护知识。如学校或旅行社统一组织师生及全体人员的安全应急演练或安全教育活动，应务必参加。此外，还应与餐厅确认并督促餐厅按相关规定，做好食品留样工作。

4.4.3　研学旅行餐饮安全考察

（五）沟通用餐准备事宜

　　如果是在基地（营地）用餐，基地（营地）研学旅行指导师应在征求学校研学旅行指导师和旅行社研学旅行指导师意见后，按照用餐座次表安排学生就座。基地（营地）研学旅行指导师应提前按照用餐座位表安排相应餐位，并在餐桌前设置桌号或标识牌，如果是自助餐，则需要根据用餐人数设置好食物取放台的大小和多少。在团队抵达餐厅前，应根据基地（营地）餐厅的上菜速度，提前与餐厅负责人联系，请厨房提前做好开餐准备。为避免上菜发生碰撞或上错等问题，还可以要求餐厅在学生抵达前就把适合提前上菜的部分菜上好。如果是在社会酒店用餐，旅行社研学旅行指导师应及时与其进行沟通，并按照基地（营地）研学旅行指导师的相关操作规范来要求餐厅做好开餐准备。

二、餐饮服务实施

（一）组织学生进入餐厅

研学旅行团队出发前，研学旅行指导师一般都会拿到事前做好的、自己所负责的团队分桌表、就餐位次表等表单，研学旅行总控人员会有全团的分餐表。旅行社研学旅行指导师应组织学生按照分桌表、就餐座次表等有序下车，进入餐厅，并引导学生对号入桌、对号入座。如果出现特殊情况需要调整的，经总控人员批准后，要通知到所有涉及的相关人员。为避免拥挤，研学车队可略有时间差，先后抵达餐厅。如果餐厅较大，则需要在停车场到餐厅的每一个关键位置安排旅行社研学旅行指导师进行引领服务。

（二）介绍功能设施与特色菜品

旅行社研学旅行指导师可站在餐厅明显位置，向学生介绍餐厅洗手间、打水处等功能区的位置及通道。如餐厅设有功能区指示牌，应向学生说明如何根据指示牌的引导往返。研学旅行团队用餐，一般会选择一些特色餐馆、酒店，或是有意设计一些特色菜品、特殊含义的饮食，这也是研学旅行教育的一个重要组成部分，如设计"忆苦思甜饭"等。这就需要旅行社研学旅行指导师根据具体情境或教学设计，合时宜地向学生介绍餐馆、菜肴及其背后的故事等，以达到用餐与受教育同步进行的效果。

（三）环境安全检查提醒

如果餐厅环境有安全隐患，在时间宽裕的情况下，可以提前要求餐厅进行整改。如果时间来不及，旅行社研学旅行指导师应在隐患地点做好安全警示，如在接开水的地方粘贴"小心烫伤"的安全提醒。如果所带的团队是年幼的学生，旅行社研学旅行指导师应代办可能造成安全隐患的事情。

（四）餐前教育

旅行社研学旅行指导师应在开餐前向学生做文明用餐教育引导服务，让学生养成爱惜粮食、尊重劳动、勤俭节约的传统美德。同时，还应引导学生养成的文明就餐礼仪包括：餐前要洗手；应按照规定座位就做，不串座、不在餐厅内跑跳打闹，保持良好的就餐秩序；就餐时不讲话，不大声喧哗，不嬉笑打闹，保持安静的用餐环境；提倡使用公筷公勺，要注意形象，礼让同学，不争抢食物、不挑食、不浪费粮食；要注意保持餐桌卫生和地面卫生，不要乱扔餐巾纸或食物残渣；学会对餐厅工作人员提供的服务道谢或致谢，发现问题或对其服务不满意，应不吵不闹，如实反馈，或向旅行社研学旅行指导师反映，以妥善解决。

如果是在基地（营地）用餐，则应由基地（营地）研学旅行指导师带领学生从上一个活动地点赶往用餐地点，如果路程较长，则可以在前往餐厅的途中进行餐前教育。如果在社会酒店用餐，这部分服务应由旅行社研学旅行指导师进行。无论是在何种场所用餐，均应要求餐厅做好员工的文明教育，搞好餐厅环境卫生，为学生配备消毒洗手液，提供良好的用餐环境和优质服务。此外，基地（营地）研学旅行指导师还可以将用餐礼仪、用餐要求编成顺口溜，在餐前组织学生诵读或背诵，增强用餐的仪式感，同时还可以对用餐纪律提出强调，并重点介绍餐食的内容、特点等。

如果在往返研学旅行目的地的交通工具上用餐，旅行社研学旅行指导师应配合学校研学旅行指导师做好文明用餐教育引导。例如，吃方便面后应将餐盒内的液体倒掉，将食物残渣与餐盒分开处理，做好垃圾分类；吃零食时注意保护车内环境，不在密闭的空间食用带有刺激性味道的零食或水果等；应将食品包装袋、食物残渣等放入座位前方的清洁袋内。

（五）开餐用餐

在相关准备就绪后，旅行社研学旅行指导师可向餐厅下达开餐指令。学生就餐时，旅行社研学旅行指导师、校内研学旅行指导师及基地（营地）研学旅行指导师应等饭菜基本上齐后再自行用餐。根据实际情况，可以单独用餐，也可以融入学生之中用餐。有的研学旅行课程中，会将基地（营地）的餐食作为研学旅行课程的一部分，那么可以在餐食上桌的时候，对相关餐食进行讲解，或者通过播放视频、宣传海报等方式进行教育。如果是通过学生自己的劳动实践获得食材或是在基地（营地）食品加工场所自制加工的餐食，可以适时地加入劳动教育等相关主题，让学生体验劳动带来的获得感和成就感。

（六）巡视用餐情况

在用餐过程中，研学旅行指导师应分工合作，轮流巡视用餐情况，解答学生提出的需求和问题（尤其要注意学生的特殊用餐要求和照顾有晕车、患病等情况的特殊学生），并监督、检查餐厅是否按标准提供服务。无论是学校研学旅行指导师还是旅行社研学旅行指导师，最好与学生同桌用餐，以便对菜品分量、质量进行直观督导和检查，也能随时掌握学生用餐过程中遇到的各种问题，及时反映给研学团队的总控（领队）。在巡餐时，提醒学生用餐时间，尤其是提醒个别用餐速度较慢的同学，确保学生能够在规定的用餐时间内完成就餐。在巡餐过程中，如发现有不文明用餐行为，需要及时进行说服教育，而对文明用餐行为给予表扬和鼓励，以培养学生养成良好的用餐习惯。

（七）及时处理相关问题

在用餐时，有可能会遇到菜品分量、质量不符合要求，学生打闹、抢夺食物、浪费粮食、不尊重服务人员等不文明用餐现象，还有可能遇到学生被烫伤、食物卡噎等突发情况以及个别学生因饭菜不合口味进食较少等问题，甚至会发生食物过敏、食物中毒等食品安全事故。若发生相关问题或事故，旅行社研学旅行指导师、校内研学旅行指导师、基地（营地）研学旅行指导师应分工合作，在第一时间采取正确方法或措施进行处理。

1. 不文明用餐的处理

旅行社研学旅行指导师应在餐前、餐中和餐后均做好文明用餐教育引导。学校研学旅行指导师尽量与学生同桌用餐，做好文明用餐教育引导与监督工作，最好在行前制定《文明用餐公约》。

如果发现大声喧哗、打闹等不文明用餐行为，旅行社研学旅行指导师应及时制止。学校研学旅行指导师应对类似行为加强管理和教育引导，避免同类行为的发生。

若发现剩菜较多，应了解实际情况，如因为偏食而造成浪费，学校研学旅行指导师应加强对学生的教育；如果是因为菜量过大而学生吃不完，则应与研学团队负责人协商下一餐可减少菜量；如果是因为饭菜不合大多数学生的口味，则应根据学生的实际反馈，在用餐标准内进行调整，或改进菜肴加工方式，尽量减少浪费。一般来说，研学旅行承办机构，应根据大多数学生的喜好与膳食营养来合理搭配、安排菜品，在条件允许的情况下，尽可能安排自助餐。

如学生与服务人员发生矛盾，旅行社研学旅行指导师应立即制止，分开矛盾双方，确保团队用餐秩序；学校研学旅行指导师则应向学生本人及其他同学了解事情经过，并将实际情况反馈给旅行社研学旅行指导师；旅行社研学旅行指导师应协调餐厅负责人妥善处理。如因餐厅服务员的责任导致矛盾发生，餐厅负责人应要求服务人员向学生道歉，并求得学生谅解。如果因学生的责任导致的矛盾，学校研学旅行指导师还应做好学生的思想工作，旅行社研学旅行指导师则需要向餐厅负责人及服务人员做好解释和安抚工作。

旅行社研学旅行指导师应及时总结，尤其是针对矛盾事件，要做好相关预案，在后续的工作中及时与餐厅沟通，避免同类事件的发生。学校研学旅行指导师应针对相关事件，加强对学生的教育引导，避免发生类似事件。

2. 食物中毒的处理

若发生食物中毒事件，随队安全员应立即上报研学承办机构及学校领队（总控），并报告随队医护人员，同时需将食物留样及时送到相关部门检查，查明中毒原因。随队医护人员应指导研学旅行指导师做应急处理，并根据病情进行初步诊断，确定是否需送医院紧急治疗。如需送医院治疗则由学校研学旅行指导师护送前往，研学承办机构应立刻通知餐饮提供方安排负责人陪同前往医院，参与学生治疗工作。

学校领队（总控）应立即组织其他班级排查所有学生情况，防止事态扩大，对其他班级出现类似症状者，应快速组织随队医护人员进行现场应急处理，并根据情况确定是否需要送医院治疗；旅行社研学旅行指导师应安排其他学生完成当天研学旅行活动。

学校领队（总控）应根据《食品安全卫生事故信息报告制度》及时向学校领导汇报事故处理的详细情况，事后以书面材料上报学校。

研学承办机构项目组长应整理事故处理记录及医院救治的相关材料，根据有关部门的调查结果，向餐饮提供方提出相应赔偿要求，情节严重的，应追究法律责任。

3. 食物过敏的处理

发现个别学生餐后出现过敏症状，随队安全员应立即报告随队医护人员。

随队医护人员应立刻进行应急处理，并根据病情进行初步诊断，确定是否送医院治疗；如情况较轻，学生可服用自己携带的过敏药；如需送医院治疗则由学校研学旅行指导师护送前往。

学校研学旅行指导师在送医途中，应及时联系学生家长，核实行前家长提交的该学生食物、药物过敏相关信息，以便提高治疗效果；如学生病情较重影响后续行程，学校研学旅行指导师应及时向学校领队（总控）汇报并联系学生家长协商后续治疗问题；如学生病情经治疗后不影响后续行程，应根据学生家长行前提供的信息，分清责任；如因餐饮提供方擅自变更菜品，导致学生过敏，应查明变更原因，并追究其责任；如因学生家长疏漏，信息填报有误，导致学生过敏，学校研学旅行指导师应做好学生家长的思想工作。

学校领队（总控）应根据《食品安全卫生事故信息报告制度》向学校领导及时汇报情况，事后以书面材料上报学校。

（八）结算餐费、离店

旅行社研学旅行指导师应在学生用餐即将结束前，与用餐单位核对和结算费用。在核对和结算费用时，应严格按照实际用餐人数、用餐标准，如实填写"餐费结算单"与餐厅结账，并索要正规发票。在费用结算清楚后，旅行社研学旅行指导师应有序组织学生集合，并有序离开餐厅，确保整个过程安全、快速，并及时清点人数。

4.4.4 研学旅行食品安全事故预防与处理

4.4.5 《研学旅行服务规范》关于餐饮服务的规定

任务操作

按照准备、计划、决策、实施、检查和评估六步法的要求，与学习小组共同完成"研学旅行指导师餐饮服务"系列任务操作单（表4-4-1～表4-4-6）。

表4-4-1　任务准备单

任务名称	研学旅行指导师餐饮服务		
典型工作过程描述	服务准备→组织用餐→巡餐服务（特殊问题处理）→离店服务		
学习小组	组长		成员	
	分工			
	准备内容	**操作标准描述**（请在相关括号内勾选或填写）		
准备内容及操作标准	组建学习小组	小组组建方式：教师随机分配（　　），自愿组合（　　），其他方式（　　）；是否进行分工合理性论证（　　）；是否建立小组内部合作机制（　　）		
	课前预习	教材知识学习方法：小组学习（　　），自学（　　）； 其他学习资讯（资料）获取方法：网络（　　），图书（　　），采访调研（　　），小组座谈（　　），通信咨询（　　），其他（　　）		
		相关资讯描述（列出主要咨询的名称、内容及类型。其中，类型是指文本资源、音频资源、视频资源、图片资源等）：		
	能力与素质	服务意识（　　）；用餐服务标准或操作规范（　　）； 用餐突发问题处理能力（　　）		
	场地与条件	选择的模拟演示场地为（　　）； 用到的相关设施设备有（　　），是否熟练操作（　　）； 其他相关场地与条件需求（　　）		
	评价内容及标准	**评价结果**		
准备评价	1.小组分工合理； 2.预习具有深度、广度及资料丰度、准度、效度等； 3.能力与素质准备充分； 4.场地与条件准备完善	学生或小组自查评语：		
		学生或组长签字：　　　　　　　　　日期：　　年　　月　　日		
		教师或企业专家评语：		
		教师或企业专家签字：　　　　　　　日期：　　年　　月　　日		

表 4-4-2　任务计划单

任务名称	研学旅行指导师餐饮服务		
典型工作过程描述	服务准备→组织用餐→巡餐服务（特殊问题处理）→离店服务		
学习小组	组长		成员	
	分工			
计划步骤或内容及操作标准	计划步骤或内容	操作标准描述		
	服务准备	制作用餐服务准备思维导图（包括但不限于确认预订信息、用餐特殊要求、沟通用餐准备事宜及食品安全教育、饮食安全救护知识等相关流程及操作规范）		
	组织用餐	制作组织用餐服务思维导图（包括但不限于组织学生进入餐厅、介绍功能设施与特色菜品、环境安全检查提醒、文明用餐教育引导等相关流程及操作规范）		
	开餐巡餐	制作开餐巡餐服务思维导图（包括但不限于开餐服务、巡视用餐服务及特殊或突发问题处理等相关流程及操作规范）		
	结账离店	制作结账离店流程及操作规范思维导图		
计划描述	（包括但不限于制作如下服务流程及操作规范思维导图：用餐服务准备思维导图；组织用餐服务思维导图；开餐巡餐服务思维导图；结账离店思维导图）		
计划评价	评价内容及标准	评价结果		
	1. 计划或方案（思维导图）全面、具体，步骤清晰； 2. 计划描述或设计方案（思维导图）等符合操作标准	学生或小组自查评语：		
		学生或组长签字：	日期：　　年　　月　　日	
		教师或企业专家评语：		
		教师或企业专家签字：	日期：　　年　　月　　日	

4

表 4-4-3 任务决策单

任务名称	研学旅行指导师餐饮服务		
典型工作过程描述	服务准备→组织用餐→巡餐服务（特殊问题处理）→离店服务		
学习小组	组长		成员
	分工		
决策内容及操作标准	决策内容	操作标准描述	
	服务准备	预订信息确认细致全面、无遗漏； 用餐特殊要求沟通清楚、无遗漏； 食品安全教育全面细致、深入浅出； 饮食安全救护及相关预案详细具体、落实到位、无遗漏； 用餐准备事宜沟通清楚、无遗漏	
	组织用餐	组织学生进入餐厅的服务流程清晰、准确、符合规范； 功能设施与特色菜品介绍清晰、重点突出； 环境安全检查提醒或检查到位； 文明用餐教育引导全面、有效	
	开餐巡餐	开餐用餐流程清晰全面、操作规范； 巡视用餐流程清晰、操作规范； 突发问题处理措施正确、有效	
	结账离店	餐费结算流程清晰、快速、高效； 组织离店工作快速、安全、有序	
决策记录	（包括但不限于服务准备、组织用餐、开餐巡餐、结账离店等工作流程及操作规范思维导图的不足之处及改进和完善）		
决策评价	评价内容及标准	评价结果	
	1.餐饮服务工作流程清晰、完整； 2.餐饮服务操作符合相关规范； 3.餐饮服务计划、方案（思维导图）具有合理性、可行性； 4.餐饮服务改进和完善措施具有合理性和可行性	学生或小组自查评语：	
		学生或组长签字： 日期： 年 月 日	
		教师或企业专家评语：	
		教师或企业专家签字： 日期： 年 月 日	

表4-4-4　任务实施单

任务名称	研学旅行指导师餐饮服务		
典型工作过程描述	服务准备→组织用餐→巡餐服务（特殊问题处理）→离店服务		
学习小组	组长		成员
	分工		
实施流程及操作标准	实施流程	实施操作标准描述	
	服务准备	小组汇报用餐服务准备（包括但不限于确认预订信息、确认用餐特殊要求、进行食品安全教育、掌握饮食安全救护知识、沟通用餐准备事宜等）	
	组织用餐	模拟组织学生用餐（包括但不限于组织学生进入餐厅、介绍功能设施与特色菜品、环境安全检查提醒、文明用餐教育引导等）	
	开餐巡餐	模拟开餐巡餐服务（包括但不限于开餐、用餐巡视、相关问题处理等）	
	结账离店	模拟结账离店（包括但不限于餐费结算、组织师生离店等）	
实施效果及相关作品	（包括但不限于餐饮服务小组汇报及模拟演示图文、视频等）		
实施评价	评价内容及标准	评价结果	
	1. 实施操作符合相关流程和服务标准要求； 2. 实施难易程度适当； 3. 实施安全、顺利，具有一定的经济性、环保性等； 4. 彰显团队合作能力	学生或小组自查评语： 学生或组长签字：　　　　　　　　日期：　年　月　日	
		教师或企业专家评语： 教师或企业专家签字：　　　　　　　日期：　年　月　日	

表 4-4-5　任务检查单

任务名称	研学旅行指导师餐饮服务		
典型工作过程描述	服务准备→组织用餐→巡餐服务（特殊问题处理）→离店服务		
学习小组	组长		成员	
	分工			
检查内容及检查标准	检查内容	检查标准描述		
	操作检查	流程复盘，检查餐饮服务操作流程和操作标准		
	效果分析	横、纵向对比分析，检查模拟餐饮服务的优缺点、难点、不足等		
	完善改进	提出餐饮服务的完善和改进措施		
检查记录				
检查评价	评价内容及标准	评价结果		
	1. 复盘检查到位；2. 对比分析全面、深刻；3. 完善和改进措施具有合理性、可行性、可操作性	学生或小组自查评语：		
		学生或组长签字：	日期：　年　月　日	
		教师或企业专家评语：		
		教师或企业专家签字：	日期：　年　月　日	

表 4-4-6 任务评估单

任务名称	研学旅行指导师餐饮服务		
典型工作 过程描述	服务准备→组织用餐→巡餐服务（特殊问题处理）→离店服务		
学习小组	组长		成员	
	分工			
评估内容与 评估标准	评估内容	评估标准描述		
	完成度	准备充分，计划具体，决策正确，实施顺利，检查全面，评价客观		
	规范性	任务实施符合相关操作流程，操作标准规范		
	创新性	任务实施和操作过程具有一定的创新性、美观性等		
	时效性	任务准时完成，具有一定的实用性或现实意义		
	成果质量	文案成果或实践成果具有一定的质量		
	总结与反思	能够及时进行总结与反思，且反思与总结较为全面、准确		
评估记录				
评估评价	评价内容及标准	评价结果		
	1.评估内容全面、到位； 2.评估符合相关操作标准； 3.评估准确、客观	学生或小组自查评语：		
		学生或组长签字：	日期： 年 月 日	
		教师或企业专家评语：		
		教师或企业专家签字：	日期： 年 月 日	

学习评价

对研学旅行指导师餐饮服务的学习表现和学习过程进行评价见表4-4-7、表4-4-8。

表4-4-7　学习表现评价表

序号	评价内容	主要考核指标	评价主体																		
			自评（10%）					互评（20%）					师评（40%）					业评（30%）				
			A	B	C	D	E	A	B	C	D	E	A	B	C	D	E	A	B	C	D	E
1	态度（10分）	自主学习、求知欲、好奇心、积极性、抗压性、挑战困难																				
2	出勤（10分）	出勤次数																				
3	合作（25分）	合作态度、合作能力、合作效果																				
4	贡献（25分）	参与讨论、对小组贡献、帮助成员																				
5	反思（15分）	反思、总结、改进																				
6	增值（15分）	个人进步、提升																				
7	总计（100分）																					
8	评语		学生					小组					教师					企业				
9	签字及日期		学生：日期：					组长：日期：					教师：日期：					企业：日期：				

注释：

1. 等级A、B、C、D、E赋分标准：10分（A. 9～10，B. 8～8.9，C. 7～7.9，D. 6～6.9，E. 6分以下）；

　　　　　　　　　　　　　15分（A. 14～15，B. 12～13.9，C. 10～11.9，D. 8～9.9，E. 8分以下）；

　　　　　　　　　　　　　25分（A. 24～25，B. 21～23.9，C. 18～20.9，D. 15～17.9，E. 15分以下）。

2. 评价主体可根据具体任务进行选择，但提倡学生、学生之间、教师和企业四位一体进行评价。

3. 建议学习小组组长实行轮换制

表 4-4-8　学习过程评价表

序号	评价内容	主要考核指标	评价主体																		
			自评（10%）					互评（20%）					师评（40%）					业评（30%）				
			A	B	C	D	E	A	B	C	D	E	A	B	C	D	E	A	B	C	D	E
1	准备（15分）	分工；调研；研讨；学习深度、广度；资料丰度、准度、效度等																				
2	计划（15分）	计划描述或设计方案符合操作标准																				
3	决策（15分）	研讨、论证合理性、可行性，并改进完善																				
4	实施（35分）	流程与标准、实施难度、安全性、经济性、环保性等																				
5	检查（10分）	复盘检查、分析对比、完善和改进等																				
6	评估（10分）	完成度、规范性、创新性、美观度、实用性、时效性、成果质量等																				
7	总计（100分）																					
8	评语		学生					小组					教师					企业				
9	签字及日期		学生： 日期：					组长： 日期：					教师： 日期：					企业： 日期：				

注释：

1. 等级 A、B、C、D、E 赋分标准：10 分（A. 9～10，B. 8～8.9，C. 7～7.9，D. 6～6.9，E. 6 分以下）；

　　　　　　　　　　　 15 分（A. 14～15，B. 12～13.9，C. 10～11.9，D. 8～9.9，E. 8 分以下）；

　　　　　　　　　　　 35 分（A. 32～35，B. 28～31.9，C. 24～27.9，D. 21～23.9，E. 21 分以下）。

2. 评价主体可根据具体任务进行选择，但提倡学生、学生之间、教师和企业四位一体进行评价

 **教学反馈**

对研学旅行指导师餐饮服务的教学反馈见表4-4-9。

表4-4-9　教学反馈单

任务名称	研学旅行指导师餐饮服务		
典型工作过程描述	服务准备→组织用餐→巡餐服务（特殊问题处理）→离店服务		
调研反馈	调研内容	是否满意	理由描述
	学习内容		
	教学方法		
	小组合作		
	任务完成		
	能力培养		
改进建议			
整体评价	A. 90～100（　　）, B. 80～89（　　）, C. 70～79（　　）, D. 60～69（　　）, E. 0～59（　　）		

 阅读与思考

苏东坡：口腹之欲，何穷之有

苏轼，世称苏东坡，苏仙。苏东坡是美食家，著名的"东坡肉"就是由他发明的。但是喜欢美食不一定要铺张浪费，东坡先生好吃，但吃得很节制。他曾在给友人的信中写道："口腹之欲，何穷之有？每加节俭，亦是惜福延寿之道。"（口腹之欲没有穷尽，懂得节制才能惜福延寿。）当他因"乌台诗案"被贬到湖北黄州时，生活十分窘迫。他绞尽脑汁，精打细算：每月初一，取出这个月的生活费，把它们分为30串挂在屋梁上，每天早上挑下一串来使用，如果有剩余就放进一个大竹筒里，用来招待客人。

就是这样节俭度日，苏轼依然把日子过得有滋有味。正是因为习惯了俭朴的生活，苏轼才能坦然面对人生的起落，才能拥有"一蓑烟雨任平生"的旷达胸怀。

风吹麦浪，稻花飘香，所有熟透的粮食落入谷仓，多么浪漫又朴实的美好画面。在生活中应真正珍惜粮食，珍惜劳动来之不易的成果，不能为了满足自己一时的口腹之欲而浪费大地馈赠的珍宝。"锄禾日当午，汗滴禾下土。谁知盘中餐，粒粒皆辛苦。"一粥一饭，当思来之不易，请珍惜每一粒粮食。

思考：如果你是一名研学旅行指导师，如何引导学生珍惜粮食？

岗课赛证

一、判断题

1. 为了让学生能够尝到本地新鲜蔬菜和野味，某研学旅行团队餐中特定了大锅炖鱼、干煸四季豆、清炒鲜黄花菜等菜品。（　　　）

2.某餐馆因两年前发生食品安全事故被责令停业。经过一年的整改又重新开业，餐食物美价廉，可以作为接待研学旅行团队的用餐场所。（　　）

3.用餐过程中，研学旅行指导师应分工合作，轮流巡视用餐情况，解答学生提出的需求和问题，并监督、检查餐厅是否按标准提供服务。（　　）

二、单选题

1.旅行社研学旅行指导师或旅行社工作人员应（　　），与餐厅逐一核实并确认用餐人数、用餐时间、用餐桌数、用餐标准等。

　　A.按照协议内容核对　　　　　　　　　　B.按照校内教师要求

　　C.按照学生要求　　　　　　　　　　　　D.按照自己的意愿

2.研学旅行指导师需掌握相关饮食安全应急预案，熟悉用餐场所附近的医院位置与急救电话，掌握（　　）知识。

　　A.用餐安全　　　　　B.饮食安全应急救护　　　C.文明用餐　　　　D.食物中毒救护

三、多选题

1.为了进一步确保安全，校内研学旅行指导师和旅行社研学旅行指导师还应注意的食品安全事项有（　　）。

　　A.教育学生不喝生水　　　　　　　　　　B.不吃不熟不洁的食物

　　C.不吃生冷变质的食物　　　　　　　　　D.不在小摊上买零食

2.餐饮服务实施过程中，下面做法正确的有（　　）。

　　A.研学旅行团队出发前，研学旅行指导师一般都会拿到事前做好的、自己所负责的团队分桌表、就餐位次表等表单，研学总控人员会有全团的分餐表

　　B.旅行社研学旅行指导师可站在餐厅明显位置，向学生介绍餐厅洗手间、打水处等功能区的位置及通道

　　C.如餐厅环境有安全隐患，在时间宽裕的情况下，可以提前要求餐厅进行整改

　　D.旅行社研学旅行指导师应在开餐前向学生做文明用餐教育引导服务，让学生养成爱惜粮食、尊重劳动、勤俭节约的传统美德

3.下面做法正确的有（　　）。

　　A.旅行社研学旅行指导师应在餐前、餐中和餐后均做好文明用餐教育引导

　　B.如果发现学生大声喧哗、打闹等不文明用餐行为，旅行社研学旅行指导师应及时制止

　　C.如果是因为饭菜不合大多数学生的口味，导致大量剩余，则应根据学生的实际反馈，在用餐标准内进行调整，或者改进菜肴加工方式，尽量减少浪费

　　D.研学旅行承办机构，应根据大多数学生的喜好与膳食营养搭配来合理安排菜品，在条件允许的情况下，尽可能安排自助餐

四、案例分析

在一次体验农田插秧的研学旅行活动中，因研学旅行基地教师未合理安排时间，导致活动延时半小时，但是他并没有及时与用餐餐厅沟通。因此，当学生到达餐厅时，餐食已经准备好。劳动一上午的学生又饿又累，很多学生没有很好地洗手便狼吞虎咽地吃起来。半小时后，有部分学生开始出现胃疼和肚子疼的现象。研学旅行指导师请随队医护人员进行诊治和护理，并将症状较重的同学送往医院。请思考：事件发生的原因及处理措施是否得当？

4.4.6　参考答案

任务五　研学旅行指导师教学服务

任务描述

在熟悉和掌握研学旅行指导师教学服务工作流程、服务操作规范和相关服务标准的基础上，制定教学服务工作计划和工作方案，完成研学旅行指导师教学服务的模拟演示。

4.5.1　任务导学

任务要求

任务名称	研学旅行指导师教学服务		
学时建议	6～8学时		
任务情境	组织五年级学生前往研学基地进行"学习雷锋精神 探索植物奥妙"主题研学活动		
实施场地	校内实训室或校外实训基地		
任务目标	知识目标：复述教学服务的工作流程、操作标准		
	能力目标：能够按照工作流程和操作标准做好教学服务		
	素质目标：养成团队合作能力、项目执行能力、安全责任意识		
典型工作过程描述	学情分析→勘察教学现场→编写课程教案→准备教学用具→选择教学模式与教学方法→确认学生团队→迎接团队→破冰活动→开营仪式→课程导入→教学组织与实施→闭营仪式		
学习要求	学习内容及过程		
	准备	确定学习方式（学习小组）；课前预习；能力与素质准备；场地和条件准备	
	计划	制定教学服务实施计划及方案	
	决策	论证和修改教学服务实施计划及方案	
	实施	按照教学服务流程和操作规范模拟教学服务	
	检查	复盘检查教学服务流程和操作标准，对比分析优缺点、难点、不足，并及时进行总结反思	
	评价	对教学服务的完成度、规范性、创新性、时效性、成果质量、总结与反思情况做出评价	

情境导入

内蒙古研知行旅行社组织某学校五年级学生（4个班级，200人）前往内蒙古呼和浩特市甲兰板研学村进行"学习雷锋精神 探索植物奥妙"的主题研学旅行活动，具体活动安排见表4-5-1。

表4-5-1　研学旅行具体活动安排

时间	主题	活动内容	意义
9：00—9：30 （30分钟）	开营仪式	到达甲兰板研学村"音乐广场"集合，举行开营仪式。主持人介绍研学村、表示欢迎，领队讲话，强调活动意义及注意事项，宣布开营	调动学生热情和积极性
9：30—10：00 （30分钟）	雷锋大课堂	"雷锋大课堂"看雷锋精神图片展，让学生了解雷锋生平事迹与其精神内涵，学习雷锋精神	引导学生以雷锋为榜样，养成乐于助人、热爱集体、服务人民的优秀品质
10：00—12：00 （120分钟）	小小劳动者	"红色记忆"寻找红色记忆，一针一线间做一个小小红军包或编一双红军草鞋，让学生在实际操作中理解劳动的快乐	让学生身临其境感受红军精神，学习红军精神。通过手工制作获得红军包与草鞋等纪念品

续表

时间	主题	活动内容	意义
12：00—13：30 （90分钟）	用餐、 休息调整	用餐地点在"人民公社大食堂"，采用自助形式，餐后稍作休息调整。坐观光车参观研学村	通过集体用餐及用餐期间节目表演，体验特色餐饮、欣赏内蒙古地区优秀文化艺术
13：30—14：00 （30分钟）	植物大讲堂	"农场大课堂"在松软的土地上行走，在讲解教师的带领下认识植物，学习植物的繁育过程	通过认识身边植物，探究植物的繁育过程
14：00—15：00 （60分钟）	为地球种 "亿"棵树	"农场植树日"在农场选一片属于自己的植树场地，挂一个属于自己的心愿牌	通过让学生亲自挖坑、担水、植树体验劳动的快乐。通过写心愿牌，表达美好愿望，期待今日的小树苗长成参天大树
15：00—16：00 （60分钟）	农场欢乐多	"农场小盆栽"在农场进行互动游戏，亲手种下自己的小盆栽，带回家通过自己悉心照料，成为漂亮的花卉	体验培育小盆栽的辛苦，感知收获的意义
16：00—16：30 （30分钟）	闭营仪式	整队集合，由校领导或组织方主持，学生代表发表活动感想，校领导进行活动总结，宣布闭营	总结活动收获，愉快返程
16：30—	回程	乘车返回学校，愉快地结束一天的研学实践课程	

如果你是甲兰板研学村研学基地的一名研学旅行指导师，你将如何根据此研学活动安排做好教学准备？又如何做好教学服务？

理论准备

一般来说，研学旅行课程是由基地（营地）研学旅行指导师负责实施和组织开展的，而旅行社研学旅行指导师和校内研学旅行指导师进行协助和配合，包括安全监督、纪律维持、教具分发、协助指导学生和回答个别问题等。如果是在研学旅行途中或未安排研学旅行指导师的旅游景区（点）等场所开展的研学旅行课程，则由旅行社研学旅行指导师开展教学服务，具体操作流程和操作标准与基地（营地）研学旅行指导师大致相同。

一、教学服务准备

（一）学情分析

学情分析是教学的重要环节，是教和学的目标制定的重要基础，是"以学生为中心""以学定教"教学理念的具体落实。只有做好学情分析，才能取得好的教学效果。

学情分析包含的范围十分广泛，如学生的认知水平、认知基础、认知状态、认识特点、知识结构、能力水平、学习兴趣、生理特点、心理特点、学习动机、学习状态、学习经验、学习能力、学习方法、个性特征、思维发展阶段及思维特点等。

研学旅行指导师一般与学生未接触过或接触时间较短，在进行学情分析时需要多角度、多层次、多渠道进行，一般来说，可以通过以下途径进行学情信息收集：

（1）根据心理学和教育学原理，掌握同年龄段学生的普遍特点和共同心理状态。

（2）课前与学校及班主任、任课教师等了解学生的学情，或可以通过发放问卷收集学情信息。

（3）通过观察法、聊天谈话法等，与学生直接交流，收集和分析学情信息。

学情分析可繁可简，总体原则就是使教学活动"以学生为中心"和"促进全体学生的发展"。在进行学情分析时，既要对学生的整体特点进行分析，也要注重对学生个体差异的分析，以便在研学旅行课程实施中促进全体学生的共同发展和进步。

（二）勘察教学现场

勘察教学现场就是提前到教学场地摸排情况。每次接待的研学团队的学校、年级、人数、年龄、学习内容、侧重点、实践活动设计与要求和旅行社主体等都不尽相同，即使是长期在基地（营地）工作的研学旅行指导师也应该事先对教学现场进行仔细勘察，杜绝经验主义和主观臆断，以做好教学服务的"万全"准备。勘察教学现场一般包括以下几方面：

1. 场地检查与确认

研学旅行活动一般是以年级为单位进行的，人数较多，因此应勘察教学现场的规模大小情况，合理确定可容纳的学生人数，预估教学活动用时，制定学生分流和错时排班方案以及教学安排表。教学活动用时，不仅包含教学活动本身的用时，还应包含学生集合拍照时间、转场时间、分发教学用具和物料时间等。

2. 安全检查与确认

应模拟研学旅行课程教学服务，逐一检查和确认教学现场及周边环境，确保无安全隐患。例如，检查和确认安全防护网、警示标识、安全广播、监控设备、电线电缆等是否完好或正常运转。如果有安全隐患及不妥之处，应立即上报、整改。

3. 教学设施设备检查与确认

应检查和确认教学现场设施设备是否齐全、完好无损和正常运转；教学设施设备及物料数量是否与学生人数相匹配，并留有备用；辅助教学设施（如场地指示标识、文字说明等）是否清晰、完好无损等。

4. 人员对接

应与各项目工作人员对接确认，尤其是对接确认教学活动日程、教学活动用时、设施设备准备等相关情况。各项目工作人员一般包括但不限于教室或教学场地钥匙看管人员、教学用具和物料保管发放人员、现场讲解示范人员、灯光音响技术人员、视频播放录制技术人员、食宿安排和接待人员等。

5. 其他

为确保教学活动顺利进行，还应该重点对卫生间、饮水处、休息区等相关功能区场地安全、设施设备情况进行检查和确认，同时勘察相关引导标识是否醒目、清晰、完好无损，并对这些功能区距离教学场地的距离进行估算和确认，做到心中有数，以合理安排学生去卫生间、打水和休息等时间。

（三）编写课程教案

研学旅行课程教案是研学旅行指导师为顺利而有效地开展研学旅行教学活动，根据研学旅行活动方案及研学旅行课程方案或相关标准、要求等，以课时或课题为单位，对教学目标、教学内容、教学步骤、教学方法等进行具体设计和安排的一种实用性教学文书。

研学旅行课程教案内容一般包括研学旅行课程主题、研学旅行目标、研学课时、教学目标、学情分析、教学准备、教学重点、教学难点、教学步骤、教学过程、教学方法、教学评价、研学成果汇报、教学反思等内容。

研学旅行课程教案编写应遵守科学性、创新性、差异性、艺术性、可操作性、变化性等原则，同时还应注重强调以下几个理念：

（1）注重如何提高学生的积极性和主动性。通过巧妙的教学设计吸引、激励、鼓舞学生，唤醒学生的学习兴趣，让学生愉快地学习，由"被迫学习"到"主动学习"，由"苦学"到"乐学"。

（2）注重如何改进教学方法和教学手段。应"以学生为中心"，不应"满堂灌""填鸭式"，多引导和指导学生自主思考、主动学习、主动探究，多指点学生解决问题的方法和途径，应将学生引导到研究性学习的方向上。

（3）注重如何培养学生具备"合作学习"能力。应注重引导学生树立合作学习和团队合作的意识，培养学生的团队合作能力、人际交往能力、自我管理能力，进而促进学生综合素质的提升。

（四）准备教学用具

教学用具简称教具，是指在学习知识、训练技能和进行体验活动时所用到的教具，如各种工具、材料素材、研学手册、音频、视频资料等。根据教学活动的不同，教具的用料材质、规模尺寸、造型设计、使用方法等虽不尽相同，但是都需要注意以下几点：

（1）教具应严格执行国家有关规范和相关标准，符合科学、安全、优质、适用的原则，体现教育功能，有益学生身心健康，尤其是不能存在安全隐患，不会出现影响研学旅行活动的问题或事件，也不会引起安全事故。

（2）要有详细的使用说明、安全注意事项，最好图文并茂，易于学生理解和掌握。

（3）在使用前要对学生进行操作示范，提醒安全注意事项，使用时要随时注意观察学生教具的使用情况，特别是年龄较小或低年级学生。

目前，我国研学旅行活动常以年级为单位，每次出行人数众多，研学团队的教学用具准备工作比较繁杂，建议实行人员分工和制作相关表单，以确保教具的保管、领取、发放、回收等均安全、有序。基地（营地）研学旅行指导师应提前领取团队教具，在领取教具时，首先应清点好教具的数量，确保与学生人数相符，并留有足够数量的备用教具（一般人数与教具的比例为 1：1.2）；其次要查看教具是否存在破损或安全隐患，如果发现问题应及时更换或排除安全隐患。

（五）选取教学模式与教学方法

研学旅行重在立德树人，提升学生综合素质，帮助学生了解国情、热爱祖国、开阔眼界、增长知识，提升学生的社会责任感、创新精神和实践能力。研究性学习和体验性学习是实现研学旅行课程教学的重要形式，对实现研学旅行课程的教学目标具有重要的作用。除此之外，还有基于问题（Problem-Based Learning，PBL）教学模式、角色扮演教学模式、讲授式教学模式、合作学习教学模式、跨学科式教学模式、自主学习教学模式等。

1. 研究性学习

研究性学习是指在研学旅行指导教师的辅助下，由学生策划、执行及自我评估的一种跨学科的学习方法和学习技巧。学生根据特定主题，运用现有的知识和技巧，通过自主学习重新建构知识与能力，分析问题和解决问题，重在鼓励学生打破传统思维和固定思维模式，善于思考、善于提问、不盲从权威，进而培养学生的创新思维、探索精神、创新能力等。研究性学习的特点是："学什么"要由学生自己选择；"怎么学"由学生自己设计；"学到什么程度"由学生自己做出预测和规定。

研究性学习不同于综合课程的学习，虽然在很多情况下，它涉及的知识是综合的，但它不是几门学科综合而成的课程，也不等同于活动课程。虽然它是学生开展自主活动，但它不是一般的活动，而是以科学研究为主的课题研究活动。它也不等同于问题课程，虽然也以问题为载体，但不是接受性学习，而是以研究性学习为主要学习方式的课程。当然，这种学习和大学、科研机构的"研究"在内涵和要求上有着根本的区别。它仍然是一种学习，只不过是"像科学家一样"的学习。它形式上是"研究"，实质上是学习，一种综合性的学习。

（1）研究性学习是一种实践性较强的教育教学活动。和现有的学科教学不同，研究性学习不再局限于对学生进行纯粹的书本知识的传授，而是让学生参加实践活动，在实践中学会学习和获得各种能力。这里"实践"的含义不仅是指社会调查、收集资料，还包括选题、制订研究计划、请教专家学者、撰写研究报告等一系列过程。

（2）研究性学习存在多种类型、多种方式。就学生从事研究性学习的渠道与途径而言，可以把研究性学习分为"专门性的"与"渗透性的"两种：前者通过设置独立运作的"研究性课程"（有固定的课时保证；有专门的教师负责指导；有完整的课程方案，有课程实施的监控与评价）引导学生从事研究性学习；后者主要是将研究性学习的理念、意向、成分有机地渗透到常规课堂教学中，如在课堂互动、作业布置等环节渗透研究学习。

根据探究题材是否固定答案的不同，可以把研究性学习分为"半开放、半封闭的准探究"和"完全开放的真探究"。前者通常只是让学生通过一定的探究程序发现早已存在于书本或教材中的结论；后者则要求学生对完全开放的题材或问题进行真正意义上的探究，在这种类型的探究中，学生所要寻找的答案或结论在某种程度上是未知的，至少从教材中找不到现成的答案与结论；甚至在某些时候，连问题本身也需要学生自己发现、澄清。显然，后一种研究性学习挑战性更高，更类似于真实意义上的探究。

根据学生探究领域或探究题材的不同，可以把研究性学习分为科学领域的探究学习、人文社会领域的探究学习，及设计与制作领域的探究学习。不同领域的研究性学习方式各不相同：对于情感、态度和价值方面的研究性学习，"换位思考""移情体验"和"行动参与"是必不可少的要素；科学领域的研究性学习的探究过程一般是：发现和界定问题，提出理论假设，搜集资料证据对假设进行检验，得出结论；设计与制作领域的研究性学习，一般来讲涉及"设计""制作"与"评价"三大核心要素。

（3）研究性学习往往是从开放式高阶问题开始的。开放式高阶问题能够帮助学生获取有效的信息，启发学生的好奇心和探究心，引导学生学会换位思考、学会关注和尊重别人、学会自主思考问题等。开放式高阶问题一般具有如下特点：一是非封闭式问题。在研学旅行活动过程中，不提倡用"是""否"或几个词就能回答的问题，问题应具有启发性，能引导学生思考和表达。比如"为什么紫色花放到蚂蚁堆里颜色变了？"二是高阶思维问题。根据布卢姆教育目标分类法，记忆、理解、应用类问题属于低阶思维，分析、评价、创造类问题属于高阶思维。"是什么"属于低阶问题，"为什么、区别是什么、怎么办"属于高阶问题。例如"绥远城将军衙署建于哪一年"属于低阶问题，"绥远城为什么在那一年建造"属于高阶问题；"这件青铜器叫什么名字"属于低阶问题，"为什么这件青铜器被叫作鼎呢"属于高阶问题；死记硬背、灌输"填鸭式"的教学形式都属于低阶方式，而探索、追究事物的本质才是教育本质之所在。三是搜索引擎查不到答案的问题。通过搜索引擎能查到答案的问题通常是低阶问题。目前市场上有很多应用软件，可以用来查找答案。高阶研究性学习主要是通过PBL项目式学习实现。选择一个有挑战性的驱动性问题和合适的方法分组解决，如"人类活动对朱鹮行为的影响"等课题。

（4）研究性学习的操作过程一般可以总结为：一是澄清或识别问题。通过讨论和提问，学生识别问题，找到问题的症结所在，清晰而明确地陈述问题。二是针对问题提出假设，或提出解决问题的想法或思路。三是围绕问题的解决，制订一个初步的研究计划。一般来讲，学生可以根据以下几个问题来制订研究计划："问题是什么？""你对这个问题已经了解多少？""为了解决这个问题你还需要了解什么？""为了得到你所需要的信息，你将要做什么？"当然，这个研究计划还会随着后来新想法、新信息的出现，加以适时调整与修订。四是按计划采取行动，通过诸如问卷、观察、访谈、查阅文献资料、搜集事物作品等形式，获取解决问题所需要的资料信息。五是对搜集到的资料信息进行组织和加工处理，或对原有假设进行检验、得出结论，或提出解决问题的初步方案，或对各种可能的问题解决方案进行比较，选择一个最佳答案。

2. 体验性学习

体验性学习是指在教师的辅助下，学习者亲自参与到信息的整理和知识的建构过程中，亲自经历知识的生成过程。体验式学习是一种以学习者为中心的学习方式，这种学习方式的开展需要通过实践与反思的结合才能获得期望的知识、技能和态度。体验式学习是一种情境化学习，在这里学习过程被置于各种虚拟的或真实的情境之中，这一过程只有通过亲身体验才能最终有效地完成。体验式学习是一种效率很高的学习方式，体现了学生自主学习的重要品质。在体验式学习中，教师要树立"以学生为主体"的新型教学观，要为学生的学习服务。

当前，世界各国教育界已从重教转向重学，教师更多地使用积极的、开放的教学方法。体验式学习的提出顺应了这一趋势。这种先于学识的体验式学习方式，除了在课堂中的应用、与导师互动使课堂生动、活跃及挑战性之外，学习者全程都是全身心主动参与，并对正在发生的学习及过程是察觉的，在省思的体验中，连接当下的学习到过去、现在和未来。同时针对个人及团队在解决问题的行动方面，提供了一个密集、深入且深远的实质学习机会，是一个非常有力量的关于激发个人潜能、获得个人及团队成功的学习工具。

研学旅行中的体验性学习应该具有如下特点：一是学习活动需要在真实环境中完成，只有在真实环境中才能获得真实感受，形成"真实"的经验和体会。二是需要让学生亲自体验获得直接经验，因为直接体验收获的经验才能更加内化于心、外化于行。三是要调动学生"五感"，即充分调动学生的视觉、听觉、嗅觉、味觉、触觉，做到沉浸式学习，形成对事物全方位的认知。四是要通过反思与分享，获得在认知、情感等方面的成长，即体验性学习不是为了动手而动手，不是为了体验而体验，研学过程中的体验性学习最终指向的是学生的成长。让学生通过动手、体验学到知识与技能，掌握方法，获得启发和感悟，提高素养，这是体验性学习的目标。

3. PBL 教学

PBL 教学方法是实施研究性学习最有效和最系统的方法。在研学旅行中使用 PBL 教学法能够激发学生的探究能力，用高阶思维包裹低阶思维，提升体验的品质，最终提高学生的核心素养。PBL 最早起源于 20 世纪 50 年代的医学教育，是一种通过设计学习情境，并以问题为导向的教学方法，即问题式学习或者项目式学习的教学方法。

PBL 教学法强调以学生的主动学习为主，而不是传统教学中的以教师讲授为主。也就是说，PBL 教学法是基于现实世界的以学生为中心的教育方式，在教师的引导和辅助下"以学生为中心，以问题为基础"，采用小组合作学习或自主学习的形式，学生围绕问题独立收集资料，发现问题、解决问题，培养学生自主学习能力和创新能力的教学模式。

PBL 教学法突出了"课堂是灵魂，学生是主体，教师是关键"的教学理念，教师在教学过程中仅在关键时刻起到点拨、脚手架（Scaffolding）与教练（Coach）的作用，不再解答学生的问题，而是知识建构的促进者（Facilitator）、学科专家、信息的咨询者。

PBL 具有五大特征：一是从一个需要解决的问题开始学习，这个问题被称为驱动问题（Driving Question）。二是学生在一个真实的情境中对驱动问题展开探究，解决问题的过程类似学科专家的研究过程，学生在探究过程中学习及应用学科思想。三是教师、学生、社区成员参加协作性的活动，共同寻找问题解决的方法，与专家解决问题时所处的社会情境类似。四是学习技术给学生提供了脚手架，帮助学生在活动的参与过程中提升能力。五是学生要创制出一套能解决问题的可行产品。这些又称制品（Artifacts），是课堂学习的成果，是可以公开分享的。

PBL 教学法有很多优点。首先，它为学生营造了一个轻松、主动的学习氛围，使其能够自主、积极地畅所欲言，充分表达自己的观点，同时也可以轻松地获得来自其他同学和教师的信息；其次，可使有关课程的问题尽可能多地当场暴露，在讨论中加深对正确理论的理解，还可以不断发现新问题，解答新问题，使学习过程缩短；第三，它不仅对理论学习大有益处，还可锻炼学生多方面的能力，如文献检索、查阅资料的能力，归纳总结、综合理解的能力，逻辑推理、口头表达的能力，主导学习、终身学习的能力等，这些为今后开展实际工作打下良好基础。

PBL 作为一种开放式的教学模式，对教师自身的素质和教学技巧都有很高的要求。具体包括：教师对本专业、本课程内容熟练掌握；教师应具有扎实的相关学科知识，要具备提出并解决问题的能力、灵活运用知识的能力、严密的逻辑思维能力和良好的组织管理能力；教师熟悉教学大纲和学生的能力情况，这样才能规划好学习的重点、难点，制定有针对性的讨论提纲或驱动性问题，是 PBL 教学的基本前提；教师应掌握善于调动学生积极性、寓教于乐、控制课堂节奏等技巧。

PBL 教学法下的学习是一种跨学科的学习。其成功开展，需要学生的主动配合，从准备资料开始，就要查阅大量的文献资料，并积极与其他同学交流沟通，同心协力得出最佳结论。这样的学习，花在前期准备工作上的时间精力远多于普通的课堂学习，需要学生有主动学习的自觉性，否则很难达到预期的教学效果和目标。由于中国的学生长期接受"填鸭式"教育，对传统教育模式形成一定依赖性，缺乏主动发现问题、解决问题的积极性和能力；部分学生只满足于获取好的"分数"，对 PBL 教学改革形式觉得太"花费"时间，这也是一种依赖于以往教学理念和学习方法的表现。因此，学生也应从自身出发，完成角色转换，从被动的学习者转变为学习的主人。

PBL 教学的操作流程可以分为以下七步：

（1）设计项目和项目选题。PBL 教学法的关键是设计出好的项目。一般来说，好的项目应该具有这几个特点：一是具有挑战性的问题。项目应基于一个有意义的问题。这个问题对学生有一定的挑战性，是一个开放式的、联系学生实际生活的驱动问题。二是具有持续探究性。项目包含主动深入探究的过程。学生在此过程中发现问题，寻找并利用资源，不断质疑，找到自己的答案。三是具有真实性。项目基于真实生活中的环境，应用现实生活中的步骤，使用真实的工具及质量标准，对社会产生真实影响，与学生所关心的问题、兴趣及身份紧密联系。四是学生具有发言权和选择权。项目应该允许学生在教师的指导下，结合年龄及项目式学习经历，一定程度上完成自己想要创造的作品，自己决定如何试验和分配时间。五是应有反思空间。在项目过程中，学生有机会对他们的学习内容、学习方式及项目设计和实施进行反思。六是评价与修改。项目包括学生自己反思学习成果及获得反馈的过程，以便改进他们的创意或深度探究。七是成果公众展示。项目要求学生运用所学知识创造自己的成果并向其他人展示自己的作品。

在确定项目要探究什么主题时，有的教师从课程标准入手选择合适的项目，也有的教师先找项目灵感再匹配课程标准。无论从哪里开始，在选题阶段都要明确如下几个方面：确定项目的创意和主题；确定项目的范围；明确学习目标；凝练一个驱动问题。一个好的驱动问题，应具有几个特点：一是真实性。考虑学生的年龄、生活背景、生活的社区环境等，激发学生发现深层次的问题，开始探究过程；可以专注于社区问题和需求，或与学生生活相关的主题。二是开放性。问题有很多种答案，而非一种标准答案；答案都是独特的，答案是复杂的；可以引导学生进一步探究。三是复杂、有挑战性。不能轻易解决；要求学生运用高阶认知，进行分析、评价、创造；它不是学生在搜索引擎中就能查到的。四是与课程标准一致且可行。学生为了制作一个可以回答驱动问题的产品，需要学习核心知识和技能，并能运用学科教学中习得的知识和技能分析问题、解决问题；问题不能太广，应能让学生在合理时间内获取需要的知识；项目难度符合学生的认知水平。

PBL 教学法鼓励学生自己发现问题、提出问题，再去解决问题，如果研学旅行目标中包含确定项目选题，可以鼓励学生自己申报课题。如果研学旅行目标和线路已经确定并标准化，不需要学生再提出问题，那么全部学生探究解决同一个问题即可。如果学生目前处在低年级，并且没有实施过 PBL 或具有研究性学习的经验，他们是无法提出高质量课题的，就需要接受训练和指导，学校可以规定课题。但如果学生做过 PBL 或研究性学习经验丰富，学校可以给学生更多的自主权，让他们自行提出选题。

（2）制订计划。当有了项目思路要处理细节问题时，就要完成项目概览规划表（表4-5-2）。

在编写项目概览时重点应考虑如下问题：编写项目流程和活动日历；规划项目作品，包括团队作品和个人作品；规划公众展示，面向对象是谁；制定项目评价方案，即如何评价学生的作品及表现。

表 4-5-2　项目概览规划表

项目名称		项目时长		
项目对象				
学情分析				
研学旅行目标	知识目标（符合课程标准的核心知识以及涉及的相关学科知识）： 能力目标： 情感与素养目标：			
驱动性问题设计	驱动问题： 子问题1： 子问题2： ……			
项目活动设计	步骤		课时（时长）	
	活动1： 活动2： ……			
项目作品	最终作品			
	团队作品			
	个人作品			
	阶段性成果			
	公众展示方案			
评价方案	形成性评价	例如，小测验、测试、演讲练习、日记、学习日志、笔记、清单、初稿、计划、概要、原型等		
	终结性评价	评价主体：教师评价、同学互评、自我评价、其他主体评价； 评价内容：作品质量、过程表现、展示演示、总结反思、拓展延伸等		

（3）项目探究。项目探究阶段就是从项目的前期策划转入项目的实施和执行。项目启动时，教师可以精心设计一个引人入胜的入场事件，作为整个项目的导入环节。入场事件的形式可以丰富多样。比如，实地考察，客座讲师，电影、视频、网站，模拟活动，未解决的问题，一封真实的或模拟的信、歌曲、诗歌、艺术，现场讨论。项目的实施是一系列研学旅行活动的组合，在设计研学旅行活动时应注意以下几点：研学旅行活动的设计必须与研学旅行目标保持一致；研学旅行活动要能引发学生持续地探究，而不是简单地得出结论；研学旅行活动的设计要能够激发学生的高阶思维。

（4）作品制作。在作品制作环节应注意如下几点：一是作品的制作强调学术严谨性，要提前解释质量评价规则、给学生展示优秀范本。二是作品的制作强调真实性，要尽量采用真实世界的工作流程和质量标准，如教师对相关的工作和专业并不熟悉，可以邀请专业人士参与到项目过程中。三是作品的制作不是一步到位的，学生要在过程中不停地接收来自教师或同学的反馈，不断地修正作品。

（5）公众展示。公众展示不仅仅是为了评比，展示本身就是学生重要的学习经历。因此要让学生参与展示的筹备、策划，而不是教师做好所有的后勤工作，学生只需要上台表演。为了保证高质量的呈现效果,有如下建议:一是在正式展示之前安排排练环节,排练需要收到有效的反馈,并进行修改。二是鼓励学生利用展示量规进行互相反馈。三是学生参与成果展示的全过程,制订行动计划,确定职责分工,接待、宣传、讲解、指引团队各司其职。四是观众的构成尽量多元,这样更能激发学生准备的热情。五是如果观众同时承担评价的任务,则要在评价之前通过各种方式让他们明确如何使用评价量规,或如何做出恰当的反馈或提问。

(6)项目评价。评价是项目实施过程中的导航,是项目实施不偏离项目目标的保障。项目评价虽然是第六步,但其实是一种全流程的评价,是形成性评价和总结性评价的结合。在项目进行成果展示以及结束时,应提出以下几个问题:"作品是否达到或超过项目开始设定的标准?""在执行项目所需的技能方面,学生是否有所提高?""学生是否掌握了项目涉及的课程内容?"

传统课堂的主要评价对象是学科知识,采用的方法是标准化测验。PBL 的教学中既包含重要知识的学习,也包含复杂能力的培养,如批判性思维、沟通交流能力、合作协作能力、问题解决能力、创新创造能力等。虽然 PBL 并不排斥标准化的检测,因为学习目标中核心知识和技能更适合通过测验的方式得到检测和评价,但复杂的学习目标需要通过表现性评价的方式得出结论。表现性评价是指教师让学生在真实或模拟的环境中,运用先前获得的知识解决某个新问题或创造某种东西,以考查学生知识与技能的掌握程度,以及实践、问题解决、交流合作和批判性思考等多种复杂能力的发展状况。

(7)总结反思。项目的收尾并不能仅停留在公众展示上,之后要对整个项目进行回顾反思。这一步要实现的目标如下:指导学生反思所学内容;收集学生对项目的反馈意见,用数据改进项目,规划再次教学;保存学生工作和项目素材实例。

4. 角色扮演

角色扮演教学模式是指研学旅行指导师要引导学生在模拟情境或真实情境下,让学生按照某一种角色的身份进行活动或处理问题,达到学习目标。例如,"如果你是动物园的饲养员,那你要如何饲养大熊猫?"角色扮演的步骤一般如下:

(1)准备活动。研学旅行指导师可以根据事前创设的"情境",结合学生的认知水平和实践经验,帮助学生理解和分析"情境",并帮助学生感受要扮演角色的作用、情感、态度、价值观、面临的问题及所需要的知识、能力和素质要求等。

(2)选出扮演者。研学旅行指导师和学生共同分析角色的特点,然后由学生根据自身的特质,主动申请或共同选出符合角色要求的扮演者,最大程度地激发学生的兴趣,调动学生参与活动的积极性、主动性。

(3)准备教具和脚本。研学旅行指导师需要根据教学目标和角色扮演活动的要求准备相关的表演场景、教学材料和教学用具(包括道具、服装等各种能够使角色扮演更加真实的相关用具)。同时还要为学生提供角色的资料,即包括扮演活动及扮演活动的流程等脚本材料,以便学生进行模拟训练或彩排。

(4)分配群演。为了加强情境的真实性并产生真实的情感体验,除了担任主要角色的学生外,研学旅行指导师要给其他同学分配具体的任务,如配合表演、帮助维持秩序、对表演进行分析评价等,要让每一个学生参与到角色扮演活动中。

(5)实施角色扮演。针对计划安排,检验扮演效果,并根据实际情况进行活动调整,控制整个扮演活动的节奏。如果时间允许,还可以让学生不断修正表演,如进行第二次角色表演活动,也可以让学生换演角色、轮演角色,让更多学生能够进行角色体验。

(6)讨论和评价。研学旅行指导师组织学生对如何演好角色进行讨论,提出意见和建议,同时要引导学生随着扮演者的表演思考问题,帮助学生不断加深对角色的理解。

(7)分享经验和总结。研学旅行指导师要引导学生思考扮演情境里面的人物关系及解决问题的办法，把表演情境与生活经验联系起来，鼓励学生将这种方法和规则运用到自己的现实生活中。

5. 讲授式

讲授式就是研学旅行指导师直接向学生讲授知识与技能。但是在讲授过程中，需要做好导入环节，如通过一个问题、一个案例、一个概念、一条定律、一段视频、一曲音乐等，先激发学生的学习兴趣，帮助学生运用原有的认知经验主动联想到新的学习任务。讲授式一般要有以下几个步骤：

（1）导入环节。研学旅行指导师向学生讲解导入，阐明课程目标，从而启发学生的相关知识和经验，帮助学生将先行组织者与新的学习任务建立联系。

（2）提出学习任务或学习材料。研学旅行指导师应将新的学习材料提供给学生，其形式是多种多样的，可以是视频、幻灯片、实验等，还可以通过讲授、讨论和阅读等方式介绍学习材料，引导学生看到学习材料的逻辑顺序及与先行组织者的关系，使学生将注意力集中到学习的中心内容上。

（3）强化学生的认知系统。研学旅行指导师帮助学生将新的学习内容与已有的认知结构融会贯通，激励学生主动接受学习，明确概念并能积极运用概念。

6. 合作学习

合作学习是通过学习小组及小组成员间的互动和交流开展教学活动，小组成员间需要相互合作完成某项任务或解决某个问题，并通过这个过程构建新知识、形成新技能。合作学习一般有以下几个步骤：

（1）划分小组。研学旅行指导师需要根据课程目标的要求，做好学情分析，了解学生的特点、个体差异，在此基础上确定分组原则和分组要求，并引导学生做好自愿组队或指定组员形式的组队。在组队时，尽量让不同特点、兴趣、爱好和能力的学生分在一个小组，尽量缩小各小组之间的差距，以利于开展教学活动。

（2）明确任务分工。研学旅行指导师要向学生介绍合作学习的计划，向每个小组提供适当的学习材料，帮助学生明确小组合作学习要达成的共同目标与任务，同时还应明确小组成员的责任，做好小组成员的分工，并形成互相依存、互相帮助的合作关系。

（3）成果汇报交流。各小组在规定时间内完成合作学习任务以后，需要对学习成果进行汇报与交流，并在汇报和交流过程中提升、完善与改进。

（4）评价反馈。研学旅行指导师应组织学生通过小组自评和小组互评的方式对小组的合作学习进行评价反馈。在评价过程中，应注重小组成员的积极性、主动性、贡献度等评价，并对合作学习中的一些不足进行反思与总结。小组之间的评价，需要客观公正、实事求是，既能体现不同小组间的竞争与差距，又能体现小组之间取长补短、虚心学习的境界。

7. 跨学科学习

跨学科学习是以一个学科为中心，围绕这个中心学科确定课程主题，运用不同学科的知识，对这个中心题目进行教学设计的教学模式。这种教学模式能够引导学生综合运用各学科知识分析和解决问题，实现多学科思维的碰撞，使学科知识在研学旅行活动中得到重构、综合、延伸与提升，进而提升学生的综合素养，非常符合研学旅行课程的教学目标。跨学科学习一般有以下几个步骤：

（1）确定课程内容。研学旅行指导师要立足于各学科课程标准的要求，厘清中心学科与其他学科之间的联系，找到不同学科之间的契合点，依据不同学生的学段特点和发展需求确定课程内容。例如，自然地理方面的研学旅行课程，小学阶段可以观察地质地貌形态、形成原因，搜集相关的神话传说，透过地质地貌探究地球故事；中学阶段则可以晋升到研究人地关系、哲学文化等。

（2）构建逻辑关系。研学旅行指导师应围绕课程内容，研究所跨学科以及涉及学科的知识与技能，并进行逻辑排序，设计出学生学习活动的知识和技能的逻辑关系。例如，如果让学生动手制作一篇关于"植树节"的手抄报，以激发学生爱林、造林的情感，树立保护人类赖以生存的生态环境意识。这个活动涉及信息技术、生物、地理、道德与法治、语文、美术等相关学科，需要学生综合运用学过的相关学科知识和技能完成任务。首先，学生需要运用信息技术搜集和整理"植树节"知识，还需要融合生物、地理、道德与法治中的相关知识进行辅助和补充，再运用语文学科知识与技能，对收集的文献资料进行文字加工和处理，形成文本，最后还要运用美术知识与技能，绘制手抄报。

（3）引导与答疑。研学旅行指导师应引导学生学会运用不同学科的知识与技能，思考和解决课程中遇到的问题。在这个过程中，研学旅行指导师需要对学生进行答疑解惑，帮助学生运用创新思维的方式，提升综合运用知识与技能的能力。

（4）汇报展示成果。学生以小组为单位，推选代表总结汇报研究成果，分析其中的关联，讨论交流。

（5）评价、反思。研学旅行指导师对学生的学习成果进行评价，不仅要从单学科知识掌握运用的角度，更应从学生核心素养培养的角度对学生进行综合评价，同时对教学工作进行总结与反思。

8. 自主学习

自主学习是以学生为主体，学生通过教师的引导理解学习内容，产生学习内驱力，结合课程目标和自身学习特点制订学习计划，通过自我努力或是借助研学旅行指导师、同学的帮助解决问题，完成学习任务并通过测评。运用自主学习需要注意两点：第一是学生参与完整的活动过程；第二是学生独立完成活动任务。研学旅行课程为学生提供了丰富的学习资源，创造了大量的应用和实践机会，研学旅行指导师可以充分利用这些资源和机会，引导学生展开自主学习，激发学生的学习兴趣，从而培养学生的独立思考能力和创新精神。自主学习一般具有以下几个步骤：

（1）设计任务，创设情境。研学旅行指导师应根据课程目标精心设计好任务或问题。任务或问题设计需要有吸引力、层次感和针对性，既能统揽课程内容，又能引发学生的思考，适合不同层次的学生由浅入深地进行探究。另外，研学旅行指导师还应该根据不同的课程内容，创设恰当的情境，激发学生的求知欲。

（2）自主探索，尝试解决。研学旅行指导师要为学生创设自主学习的时间和空间，不讲或少讲学生可以自学完成的内容，鼓励学生大胆尝试解决问题。为此，可以通过方法的选择、资源的利用引导学生思考解决问题的方法和策略，鼓励学生质疑，保护学生的创新意识和独立思考能力，培养学生坚韧的学习意志。

（3）小组合作，互动交流。研学旅行指导师可以在学生个人思考的基础上，组织学生以小组为单位，互动交流自己的思考结果，进一步开拓学生的思维空间，促进学生对知识的全面理解；同时发挥研学旅行指导师的引导作用，在关键之处对学生的学习进行点拨，帮助学生解决问题。

（4）总结提炼，延伸拓展。在学生通过自主学习解决问题后，研学旅行指导师要抓住时机，帮助学生提炼和总结，建构学生的知识与技能体系，引导学生运用所学知识与技能进行拓展。

二、教学服务

（一）迎接团队

基地（营地）研学旅行指导师应提前半个小时到达接团地点，站在明显处等候车辆抵达。当车辆抵达时，举起接团车辆号码牌，以便旅行社研学旅行指导师及司机能够迅速确认。同时，应迅速辨认车牌或车辆编号，迅速热情地上前迎接。一般来说，旅行社研学旅行指导师会第一个下车，因此待车辆停稳后，应礼貌地站在车门旁边，快速与旅行社研学旅行指导师沟通和确认相关情况，包括简要自我介绍、车上人数、学校研学旅行指导师情况、是否有特殊情况或特殊要求等。同时，还应与陆续下车的学生打招呼、问好，并引导学生集合。如果有学生想去卫生间，应明确指示卫生间的方向和地点，让学生本人或由随团学校研学旅行指导师、旅行社研学旅行指导师带领其前往卫生间。

（二）破冰活动

"破冰"原意是指打破严冬中的厚厚冰层。用在研学旅行活动中，可以理解为：通过某些活动打破学生之间陌生、疏远、隔阂、怀疑、猜忌等人际交往状态，帮助学生在短时间内彼此熟悉和了解，使之前不太熟悉甚至关系不太好的同学关系得到"解冻"，进而建立起和谐、融洽、友好、信任的团队关系，使大家变得乐于交往和合作学习。同时，通过破冰活动，可以让学生与基地（营地）研学旅行指导师之间的关系得到改善，即由不认识、不信任、不放心甚至不接受，变为熟悉、认可、信任、接受。此外，通过破冰活动，还可以让学生对研学旅行课程本身的认识发生变化，即由不了解、有偏见、不重视，变为正确认识、认真对待。

破冰活动多种多样，如做游戏、做运动、做活动、交流谈话等，但是要有针对性，即应该根据破冰活动的目的进行有针对性的设计。好的破冰活动能够使学生之间、学生和研学旅行指导师之间以及学生个体本身都发生改变。基地（营地）研学旅行指导师应通过破冰活动，多和学生接触与交流，用真诚和爱心感化学生，使彼此之间建立熟悉感和信任感，为之后的教学活动打下良好的基础。

需要注意的是，"破冰"与热场或热身活动不同。热场或热身活动的目的是让参加者保持专注或是兴奋的程度。虽然在实际操作中往往类似，但二者在本质上有很大的区别。

在进行破冰活动时，基地（营地）总控（领队）等应不停地巡场，查看学生参与情况、是否掉队等，同时还应做好周边环境控制，并与学校或旅行社总控（领队）对接等。

（三）开营仪式

开营仪式的组织者可以是学校也可以是基地（营地）。如果是由学校组织开营仪式，地点一般在学校。如果由基地（营地）组织开营仪式，一般在抵达当天举行。一般基地（营地）都会设有一个较大面积的场地，用于举行开营仪式。有的研学旅行团队也会把开营仪式放在机场、车站附近的广场等地方举行。开营仪式一般包括以下几个环节：

1. 开场动员

由基地（营地）组织的开营仪式，在形式上可以不像学校组织的开营仪式那么严肃，更加体现组织者与学生的交互性，主持人宣布开营仪式开始。开场动员环节重点包含如下内容：对学生进行动员，让学生认识到研学旅行的重要意义；深刻理解即将学习的课程内容的价值；明确研学旅行的活动纪律；让学生体验仪式感，端正研学旅行的态度；明确研学旅行的学习任务等。

2. 升国旗仪式

国旗是一个国家的标志，是国家及其民族精神的象征。人们在举行各种活动时，常常举行升旗仪式，以表示对国家、国旗的热爱和尊重。研学旅行活动中的升国旗仪式看似简单，却内涵丰富，能很好地营造氛围，让参加研学的学生处于一种情境中，体验庄严而神圣的仪式感。仪式感可以让学生获得一种心理暗示，在获得这一心理暗示后，学生会进入一种更为专注的状态。相较复杂的流程延缓了某种情感、欲望的到来，延缓的时间越长，学生投入额外的精力和时间越多，仪式感越强烈，期望值攀升，最终情感、欲望释放时带来的价值感和幸福感就越强烈。举行升旗仪式时，所有人都应站立，目光注视国旗，表情崇敬、严肃，不可随便走动，更不能交头接耳、追逐嬉笑。升旗时也可以随着国歌的乐曲默唱歌词。升旗仪式从开始到结束，需要一些口号引导，升旗仪式中"立正，升国旗，奏国歌，敬礼，礼毕"的口号，不仅指导了人们下一步的动作，也让大家的心态有了从放松到认真严肃再到放松的转变。通过这个过程，可以让学生获得包括仪式感在内的多层次情感体验，唤醒和激发学生的爱国之情和奋发之志，进而向全体学生发出研学旅行活动即将开始的信息。

3. 主题讲话

主题讲话可以包括以下几种：介绍受邀参加开营仪式的负责人及研学旅行指导师团队成员；基地（营地）研学旅行指导师介绍本次研学旅行活动及研学旅行课程的基本情况，激发学生的学习期待；学校领队（总控）讲话，宣布研学旅行纪律，对学生提出希望和要求；学生做自我介绍并交流自己的研学规划。

4. 分组确定

一般来说，在研学旅行出发前，就已经由学校研学旅行指导师对学生分组，在开营仪式上，可以通过授旗、授牌等一些有仪式感的活动，再次确定分组。

5. 自律宣誓

自律，是指自我约束，"律"，即"约束"之意也。研学旅行活动一般人数较多，不能仅靠研学旅行指导师进行他律，还要让学生进行自律。宣誓的过程既是一种教育，又是一种警戒，还是一种约束。自律宣誓对鼓舞团队士气有很大的作用，一般由成绩较好或表现较好的学生带头，带动学生的激情，产生一定的激励作用。还可以采用签名宣誓等形式。

总之，不同学段的开营仪式，教学目的有所不同，小学和初中更侧重于仪式感的营造，让学生通过体验仪式所营造的氛围，感受研学旅行的重要意义；高中则更加侧重通过开营仪式引发学生对研学旅行重要价值的理性思考。

（四）教学组织与实施

1. 课程导入

课程导入是开展研学旅行教学活动的第一步。通过设计符合情境的活动巧妙地导入课程，从而使研学旅行活动达到事半功倍的效果。

（1）导入的目的。

①激发兴趣。在研学旅行活动之始，研学旅行指导师应该千方百计地诱发学生产生浓厚的兴趣和强烈的求知欲，引导学生愉快而主动地参与到研学旅行活动中，使学生有一种力求认识世界、渴望获得知识、不断追求真理的意愿及坚韧的毅力和热烈的探索精神。

②引起动机。在研学旅行活动之始，应该让学生清晰地意识到研学旅行课程的重要性。例如，向学生讲清楚即将要体验和实践的活动或课程等，在工农业生产、国防、科研和生活中的重要意义，进而引发学生学习和参与的动机，让学生产生自觉性和学习热情。

③引起关注。在研学旅行活动之始，研学旅行指导师要给学生较强的、较新颖的刺激，引导学生迅速集中注意力，形成对研学旅行课程的兴奋点和兴趣点，并将注意力引向特定的研学任务中。

④明确目的。在研学旅行课程开始之前研学旅行指导师应向学生明确研学旅行课程的目的，就是让每个学生都了解他们即将要做什么、怎么做等，让学生带着目标和目的进行研究性学习或体验性学习。

（2）导入的方法。研学旅行指导师可以采用以下几种方法进行课程的导入。

①直接导入。直接导入就是直接进入主题，研学旅行指导师应向学生讲清研学旅行课程的目的和要求、研学旅行活动流程以及课程的重要内容等。在使用直接导入方法时，应注意使用简洁、明快的讲述或设问引起学生的注意，诱发学生探索新知识的兴趣。

②经验导入。经验导入就是以学生已有的生活经验、已知的素材为出发点，通过生动而富有感染力的讲解、谈话或提问引起回忆，自然地导入研学旅行课程，激发学生的求知欲。

③课本知识导入。课本知识导入就是引导学生对已学课本知识"温故而知新"，即找到新旧知识的"关联点"，以复习、提问等方式，引导学生将研学旅行课程所涉及的内容纳入原有的认知结构中，降低了学习新知识的难度。使用这种导入方法时，研学旅行指导师应先摸清学生原有的知识水平，还要熟悉相应的课本教材，这样才能恰当而准确地找到"关联点"。

④直观导入。直观导入就是先创设研学旅行活动的情境，引导学生观察实物、样品、标本、模型、图表、幻灯片、电视片等，然后引导学生从直观感知上对接下来的研学旅行课程或研学旅行活动产生强烈兴趣。

⑤设疑导入。设疑导入就是在研学旅行活动之始，事前设计出符合学生认知水平的形式多样的、富有启发性的问题，引导学生逐渐进入特定的学习情境，即带着问题来学习，并在学习过程中去解决问题。

⑥案例导入。案例导入就是用学生生活中熟悉或关心的案例来导入，能使学生产生一种亲切感，起到触类旁通的效果；也可以给学生讲一些热门或新颖的案例，引领学生进入特定的研学旅行学习情境。

⑦故事性导入。故事性导入就是抓住学生喜欢听故事的心理，根据研学旅行课程内容的特点和实际需要，通过讲故事的方式，将学生引入学习情境中，以达到寓教于乐、寓教于趣的目的。

（3）导入的原则。不论采用何种导入方法，研学旅行指导师都应该遵循以下原则。

①目的性：导入时，应针对研学旅行课程内容和学生实际，让学生明白将要学什么、为什么学、怎么学。

②关联性：导入时，应注意导入的内容要与研学旅行课程的重点内容紧密相关，即能够将相关内容关联起来，以达到以旧拓新、岗课赛证的作用。

③启发性：导入时，应尽量通过生动、具体的事例或实践体验，引发学生思考，激发学生情感，引导学生主动探究。

④趣味性：导入时，应尽量避免枯燥的说教，应使用生动风趣和富有情感的语言艺术及具有趣味性的活动，引发学生关注，引导学生产生兴趣。

2. 启发探究、答疑解惑

在进行教学实施的过程中，还要注重不断启发学生的好奇心、探究心，要启发学生时刻对学习内容保持敏感性，激发和培养学生的创新思维。此外，还应引导学生理性而客观地看待问题，既不无理质疑或无理反诘，也不盲从，要让学生学会换位思考，学会善于发现问题、提出问题和解决问题。在教学实施过程中，研学旅行指导师还应创造平等交流的氛围，成为学生进行研学旅行活动的引路人；还要善于找到学生的最近发展区，根据其擅长或成功经验、兴趣点，让其得到最大限度的发展。此外，在教学过程中，还应注意启发学生对理想和价值观的思考，引导学生树立远大志向和正确的价值观。在教学实施过程中，研学旅行指导师还应充分尊重和热爱学生，对学生的问题和疑惑耐心解答。

3. 研学手册教学指导

研学手册包括封面、目录、前言、课程目标、安全事项、行前准备、课程内容、课程实施、课程评价、成果展示等方面，其中在教学服务阶段需要重点指导以下几个方面：

（1）明确研学旅行活动及研学旅行课程目标。研学旅行不是旅游也不是传统的"课堂教学"，基地（营地）研学旅行指导师首先要让学生明确研学旅行活动及研学旅行课程的目标，并按照目标导向进行研学旅行活动和研学旅行相关课程的学习，杜绝注重游玩而忽视"学习"或仅重视"学习"而忽略"游中学"等现象的发生。

（2）指导学生掌握适当的学习方法。与传统的学校教学相比，研学旅行课程的教学活动有着不同的"教法"和"学法"。因此，基地（营地）研学旅行指导师除了注重"教法"外，还要注重"学法"。具体来说，需要根据研学旅行手册中教学内容的设计与实施部分，重点在以下几个方面来指导学生：引导学生学会如何自主获取知识和技能的方法；引导学生学会理论和实践相结合，即在进行知识重组和建构的同时形成核心能力；引导学生养成自主学习的良好习惯；引导学生能够具体问题具体分析，形成灵活应变的能力和探索发现的能力。

（3）选取和加工研学旅行课程教学内容。研学旅行课程教学内容不同于研学旅行手册上的课程内容。研学旅行课程教学内容来自师生对课程内容、研学手册内容与教学实际的综合加工。基地（营地）研学旅行指导师一方面合理利用研学手册教学，对研学手册课程内容进行选择、取舍、加工；另一方面可以科学地加工研学手册，合理组织教学过程。例如，利用研学手册的引导作用、动机作用、方法论指示、价值判断、规范概念等作用，结合具体的研学实践活动，合理组织教学。

（4）指导学生选择成果展示形式。学校、基地（营地）研学旅行指导师应指导学生选择采用何种成果展示形式，并以具体的成果形式引导学生有目的地进行探究学习、合作学习和自主学习。研学成果形式很多，大致可分为内化成果和外化成果。

内化成果比较隐性，如知识成果、能力成果、态度成果、行为成果等，这些成果一般发生在研学旅行课程学习的全过程中，更能凸显研学旅行课程的价值和意义。因此，学校、旅行社和基地（营地）的研学旅行指导师均应对学生的这些内化成果给予关注，在研学旅行过程中，细心观察、及时检验、及时总结、及时评价；让学生及时纠正自身的不足、看到自身的进步，并获得自信心和探究学习的动力。

外化成果如文本类成果、媒体类成果、制作类成果等。文本类成果包括研学手册、小论文、调查报告、研究报告、设计方案、旅行手账、随笔、散文、游记及完成的模块作业等。这些成果有的是在研学旅行活动实施的过程中完成的，有的则需要在课程结束后回到学校完成。学校和基地（营地）研学旅行指导师均应指导学生积累文本素材。媒体类成果包括在研学旅行活动过程中采集和拍摄的声音数据（如重要对话、关键陈述、成果性声音等）、图像数据（如第三方拍摄或学生自己拍摄的照片、可以作为资料的图像数据、作为成果的图像等）、影像资料（如研学旅行课程学习影像、研学资源影像、作为成果的影像等）和其他类媒体信息（如学生佩戴的运动手环显示的运动信息、身体信息、智能终端设备收集的录入信息等）。学校和基地（营地）指导师均可以协助和指导学生采集和拍摄媒体类视频，并指导学生对各类媒体成果进行编辑、制作和传播。制作类成果包括通过研究性学习，学生自行制作出的实物，如科技小制作作品、手工活动工艺品、模型作品、绘画、采集的标本等，也可以包括采购、收集的有代表性的纪念品及相关表演展示作品等。这类成果往往具有知行合一的特点，能够巩固学生的理论知识，锻炼学生的实践能力，磨炼学生的意志，增强学生的进取心和战胜困难的信心，正确看待失败和成功，体验成功的喜悦等。

4. 指导和协助学生收集研学素材

研学素材是完成研学任务和研学成果的重要基础。没有丰富、科学、实用、有效的研学素材就无法有效完成研学任务和形成有价值的研学成果。因此，在研学旅行活动前，学校研学旅行指导师就要指导学生收集素材并进行学习；在研学旅行活动中，基地（营地）研学旅行指导师也需要给学生提供高质量的研学素材。

（1）指导学生学会素材收集的方法和途径：在研学旅行活动开始之前，学生收集的研学素材一般通过查阅相关文献、阅读相关图书资料、检索相关的文章等途径获取；在研学旅行活动开始后，一般通过现场考察、观察和体验等方式获取和收集。

（2）指导学生学会分析素材的价值和科学性：有价值的素材必须是科学的、来源可靠的，所以学校或基地（营地）研学旅行指导师应指导学生根据研学所要解决的具体任务、具体问题有针对性地收集素材，搜集到素材后还要学会如何选取素材和评估素材的价值，做到去粗取精、去伪存真，确保素材的质量和价值。避免盲目收集素材、大量堆积素材和无效无用素材的现象。

（3）指导学生学会使用研学素材：指导学生将研学旅行活动和研学素材的使用紧密结合起来，

让学生在活动前看素材、在活动中用素材、在活动后整理素材，同时在使用过程中学会甄别和判定素材的价值，并指导学生学会按标准进行素材分类，按类别进行素材清单或目录的制作。此外，还要指导学生学会如何保管和查阅素材、如何分析和提炼素材、如何对素材进行查漏补缺。

（4）指导学生学会挖掘素材：就是指导学生将那些原始的、零散的、无序的素材进行加工与挖掘，发现其潜在的价值，赋予其崭新的生命，让其得到有效利用，这本身就是一件极具创造性的工作。

5. 观察和记录学生的表现

在研学旅行活动中，学校和基地（营地）研学旅行指导师还应及时、全方位观察和记录学生的学习表现。具体包括：观察记录学生知识掌握情况（如解答问题的情况、学习状态等）；观察学生操作技能掌握情况（能判断操作的正误，独立、准确、有条理地进行操作）；观察学生的注意力（整个研学旅行课程活动中该集中注意时能够集中注意力）；观察学生学习的参与情况（提问回答的主动性，讨论参与的积极性）；观察学生的合作性（听别人意见，积极表达自己的意见）；观察学生的思维状况（能有条有理地表达自己的意见，用不同的方法解决问题，解决问题的过程清楚，独立思考，做事有计划）。也就是说，学生在研学旅行课程活动中讨论、交流、合作的参与程度，在思考、获取知识的过程中提出问题和解决问题的能力，在操作过程中的动手能力、表达能力等都是学校和基地（营地）研学旅行指导师观察和记录的重要内容。学校和基地（营地）研学旅行指导师可根据上述内容设计和制作观察记录表，以便能及时反馈研学旅行活动的质量、水平、成效及学生的学习情况，并从中收集信息、获取反馈、寻找问题、总结经验。

6. 研学成果展示与汇报

学校研学旅行指导师和基地（营地）研学旅行指导师应承担组织学生进行研学成果展示与汇报的工作。研学成果的展示与汇报形式多样，如组织学习成果报告会、汇报会、答辩会、小型展览会、主题演讲、表演展示等，检验学生研学旅行学习成效，提升学生的总结和反思能力，展示学生的综合能力和创新性思维能力，促进学生之间的交流，让学生享受收获感、成就感，进而促进学生的全面发展。成果展示和汇报，可以在基地（营地）进行，也可以在学校进行；可以在研学旅行实践活动过程中进行，也可以在研学旅行活动结束后进行。此外，学校和基地（营地）研学旅行指导师还要对研学成果给予客观、全面的鼓励性评价，评价的重点在评价学习成果的创新性、逻辑性、科学性、合理性，如果是语言表达类的成果，还应包含语言的规范性、流畅性、准确性等。

7. 学习评价

针对学生学习效果的评价，主要由学校研学旅行指导师完成，但部分内容也由旅行社和基地（营地）研学旅行指导师进行评价。

（1）在进行学习评价时应注重学生的实际表现和发展状况，应包括过程性评价、表现性评价和总结性评价。

①过程性评价：体现了研学旅行活动的"过程育人"，过程性评价侧重评价学生及小组研学的整个过程，如时间观念、专注学习、纪律意识、研学目的地学习、往返程及入住后行为、品德修养、文明礼仪、团队意识等。上述内容可制成过程性评价表，学校研学旅行指导师可根据此表对每个学生一天的整体表现进行过程性记录，并在后续学生评价中进行过程性赋分评价。具体来说，还可以分为行前、行中和行后三个阶段。每个阶段的评价因子可以包括以下内容：

a. 行前：主动、及时上报身体情况，按交通工具相关要求携带物品，随身携带相关证件和研学手册、书籍、教具等，着装符合学校统一要求。组建研学小组时，不同成员主动沟通并履行分配后的职责；小组研讨时有效地合作、交流；师生沟通及后期交流咨询；在行前课及研学旅行安全培训时认真听讲、有效记录并及时落实。

b. 行中：按时集合，不迟到，不拖沓；队伍有序，候车、坐车过程中有计划开展读书或预习活动；在研学学习和体验过程中，能及时记录、善于思考、善于提问、善于请教、善于交流、善于在互动中寻求答案；注重与其他学生、导游、教师、指导师甚至路人等进行友好交流和对话。大巴行车过程中，能进行相互交流、分享，传递知识和快乐；在过马路时，按照交通法规和研学旅行指导师要求统一行动。在餐厅用餐时，等待饭菜上桌间隙，或落实研学资料整理或进行课题探讨交流，按时用餐、文明用餐、爱惜粮食。入住和离开宾馆时，遵守研学住宿要求，不私自离开宾馆、不擅自外出；按时就餐，不在指定地点之外的地方购买零食或用餐；按时就寝，保证充足睡眠，不打扰别人休息；在指定房间内活动，不乱窜房间；爱护住宿场所公共设施；入住后及时向家人报平安；养成互救安全意识，学习消防、避灾自救知识。

c.行后：返程到家及时向带队教师报平安，和家人分享自己研学旅行过程的收获和喜悦，合理规划后续成果完善及交流活动，及时与项目指导教师进行沟通，落实研究成果的指导和完善，提交年级研学成果，并开展成果答辩，分享研学成果，扩大研学成果对其他学生学习的促进效应。

②表现性评价：能较准确地评价学生在真实情景中的问题解决能力及相关素质，非常适合研学旅行的学习评价。表现性评价通常要求学生在某种特定的真实或模拟情境中运用先前所获得的知识完成某项任务或解决某个问题，以考查学生知识与技能的掌握程度，或问题解决、交流合作和批判性思考等多种复杂能力的发展状况。表现性评价针对的是客观测验以外的行动、表演、展示、操作和写作等更真实的表现，如学生的口头表达能力、文字表达能力、思维能力、创造能力和实践能力等。

③总结性评价：主要针对学习效果和学习成果两个方面。学习效果：一是学习达成，包括手册完成率和完成质量；二是探究成果，包括任务完成情况、学习资料收集情况、手册中拓展延伸部分的完成情况、能否在研学旅行活动中发现新问题。学习成果：一是学习内容与形式，包括是否参与小组研究课题、形成研究报告，是否积极参与小组分享活动，是否形成活动小报、学习记录；二是学习效果表达，包括分享及汇报是否新颖有创意；语言表达是否清晰，见解独特；三是学习成果，包括原创性（成果是否原创，原创比例多大）、主题（是否明确，是否来源于研学实践）、内容（是否丰富、多样）、形式（有无特色、是否图文并茂、是否最大限度为主题服务）、表达（语言表达是否清晰，是否能体现对问题的独特理解或见解）等。对学习成果的评价强调由学生获得知识和技能的掌握程度而体现出研学作品的质量，该评价不仅能够帮助教师完善教学，还能为学生提供反馈，帮助他们了解自己对研学内容的理解程度，了解自己所取得的进步以及存在的不足。学校和基地（营地）研学旅行指导师可以根据上述内容设计制作学生评价表，并进行赋分。

（2）评价方式要多样化，注重自我评价与他人评价、个别评价与集体评价、形成性评价与总结性评价相结合。

（3）评价过程强调客观公正、实事求是。通过成果展示、研讨答辩、访谈观察和成长记录等，对学生的综合实践能力、态度、情感和价值观进行整体评价。

（五）闭营仪式

（1）回顾总结。闭营仪式一般在基地（营地）研学实践活动结束的当天举行。回顾总结中，基地（营地）研学旅行指导师带领学生对基地（营地）的研学实践活动进行回顾和分析，从中找出经验和教训，引出规律性认识。回顾总结的内容包括在基地（营地）进行研学实践活动的情况概述、学生取得的成绩和经验教训及今后努力的方向。

（2）主题发言。在闭营仪式上，还可以请主办方学校领导、学校研学旅行指导师、学生代表等进行主题发言。

（3）评选颁奖。基地（营地）研学旅行指导师通过记录研学过程的表现发掘表现突出的学生，通过研学旅行课程中组织研学成果的展示发现优秀研学成果，并在闭营仪式上进行评选和颁奖，而这些也将成为学校研学旅行指导师组织研学成果汇报交流的一部分基础材料。

任务操作

按照准备、计划、决策、实施、检查和评估六步法的要求，与学习小组共同完成"研学旅行指导师教学服务"系列任务操作单（表4-5-3～表4-5-8）。

表4-5-3 任务准备单

任务名称	研学旅行指导师教学服务		
典型工作过程描述	学情分析→勘察教学现场→编写课程教案→准备教学用具→选择教学模式与教学方法→确认学生团队→迎接团队→破冰活动→开营仪式→课程导入→教学组织与实施→闭营仪式		
学习小组	组长		成员
	分工		
准备内容及操作标准	准备内容	操作标准描述（请在相关括号内勾选或填写）	
	组建学习小组	小组组建方式：教师随机分配（　　），自愿组合（　　），其他方式（　　）；是否进行分工合理性论证（　　）；是否建立小组内部合作机制（　　）	
	课前预习	教材知识学习方法：小组学习（　　），自学（　　）； 其他学习资讯（资料）获取方法：网络（　　），图书（　　），采访调研（　　），小组座谈（　　），通信咨询（　　），其他（　　）	
		相关资讯描述（列出主要咨询的名称、内容及类型。其中，类型是指文本资源、音频资源、视频资源、图片资源等）：	
	能力与素质	教师素养（包括师德师风、立德树人理念等）（　　）； 专业能力（包括破冰活动组织、开营仪式组织、闭营仪式组织等）（　　）； 教学能力（包括学情分析、教案编写、教学模式、教学方法、课程实施能力等）（　　）	
	场地与条件	选择的模拟演示场地为（　　）； 用到的相关设施设备有（　　），是否熟练操作（　　）； 其他相关场地与条件需求（　　）	
准备评价	评价内容及标准	评价结果	
	1. 小组分工合理； 2. 预习具有深度、广度及资料丰度、准度、效度等； 3. 能力与素质准备充分； 4. 场地与条件准备完善	学生或小组自查评语：	
		学生或组长签字：　　　　　　　日期：　　年　　月　　日	
		教师或企业专家评语：	
		教师或企业专家签字：　　　　　　日期：　　年　　月　　日	

表 4-5-4 任务计划单

任务名称	研学旅行指导师教学服务		
典型工作过程描述	学情分析→勘察教学现场→编写课程教案→准备教学用具→选择教学模式与教学方法→确认学生团队→迎接团队→破冰活动→开营仪式→课程导入→教学组织与实施→闭营仪式		
学习小组	组长		成员
	分工		
计划步骤或内容及操作标准	计划步骤或内容	操作标准描述	
	学情分析	根据"情境导入"案例编制一份研学旅行课程的学情分析（包括但不限于学生的认知情况、知识结构、能力水平、学习特点、个性特征、生理和心理特点、思维发展阶段及思维特点等）	
	勘察教学现场	根据"情境导入"案例制定勘察教学现场的任务单（包括但不限于场地、安全、教学设施设备、人员对接、引导标识、卫生间等相关内容的确认与核实）	
	编写课程教案	根据"情境导入"案例中的某个教学活动内容编写一份课程教案（包括但不限于研学旅行课程主题和目标、课时、教学目标、学情分析、教学准备、教学重点、教学难点、教学步骤、教学过程、教学方法、教学评价、研学成果汇报、教学反思等内容）	
	准备教学用具	根据"情境导入"案例列出一份研学旅行课程教具清单（要结合教具选择的注意事项和教具匹配标准或比例）	
	选择教学模式和教学方法	根据"情境导入"案例设计一份关于选择教学模式和教学方法的文案	
	确认学生团队	编写团队确认的主要内容及注意事项的文案	
	迎接团队	制定迎接团队的流程及注意事项思维导图	
	破冰活动	设计一份破冰活动方案	
	开营仪式	设计一份开营仪式方案	
	教学组织与实施	制定一份教学组织与实施方案（应包括课程导入、教学组织与实施步骤、研学手册教学指导、指导和协助学生收集研学素材、观察和记录学生的表现、研学成果展示与汇报、学习评价等环节）	
	闭营仪式	设计一份闭营仪式方案	
计划描述	（按照相关操作标准，制定关于学情分析、勘察教学现场、编写课程教案、准备教学用具、教学模式或教学方法、确认学生团队、迎接团队、破冰活动、开营仪式、教学组织与实施、闭营仪式等相关内容的方案、清单、思维导图、文案）		
计划评价	评价内容及标准	评价结果	
	1.计划或方案全面、具体，步骤清晰；2.计划描述或设计方案等符合操作标准	学生或小组自查评语：	
		学生或组长签字：	日期： 年 月 日
		教师或企业专家评语：	
		教师或企业专家签字：	日期： 年 月 日

表 4-5-5　任务决策单

任务名称	研学旅行指导师教学服务	
典型工作过程描述	学情分析→勘察教学现场→编写课程教案→准备教学用具→选择教学模式与教学方法→确认学生团队→迎接团队→破冰活动→开营仪式→教学组织与实施→闭营仪式	
学习小组	组长	成员
	分工	

	决策内容	操作标准描述
决策内容及操作标准	学情分析	学情分析符合相关操作标准要求
	勘察教学现场	教学现场勘察要素全面、细致，符合相关操作标准要求（包括场地检查与确认、教学设施设备检查与确认、安全检查与确认、人员对接工作、注意事项等）
	编写课程教案	课程教案符合相关操作标准要求
	准备教学用具	教具选择和匹配科学、合理
	选择教学模式与教学方法	教学模式、教学方法与研学旅行课程相适应
	确认学生团队	学生团队确认信息准确、到位
	迎接团队	迎接团队流程正确，注意事项考虑周全
	破冰活动	破冰活动方案具有合理性、科学性、可执行性
	开营仪式	开营仪式方案设计及流程具有合理性、科学性、可执行性
	教学组织与实施	教学组织和实施方案流程清晰，相关环节考虑周全
	闭营仪式	闭营仪式方案具有合理性、科学性、可执行性

决策记录	（重点记录学情分析、勘察教学现场、编写课程教案、准备教学用具、选择教学模式与教学方法、确认学生团队、迎接团队、破冰活动、开营仪式、教学组织与实施、闭营仪式等相关方案、清单、思维导图、文案等是否符合相关操作规范；是否存在不足之处以及是否制定改进和完善措施）

	评价内容及标准	评价结果			
决策评价	1.教学服务的工作流程清晰、完整 2.教学服务相关操作符合相关规范 3.教学服务的相关计划、方案等具有合理性、可行性 4.教学服务的相关计划、方案改进和完善措施合理、可行	学生或小组自查评语：			
		学生或组长签字：	日期： 年 月 日		
		教师或企业专家评语：			
		教师或企业专家签字：	日期： 年 月 日		

表 4-5-6 任务实施单

任务名称	研学旅行指导师教学服务		
典型工作过程描述	学情分析→勘察教学现场→编写课程教案→准备教学用具→选择教学模式与教学方法→确认学生团队→迎接团队→破冰活动→开营仪式→教学组织与实施→闭营仪式		
学习小组	组长		成员
	分工		

实施流程及操作标准	实施流程	实施操作要求描述
	学情分析	小组汇报学情分析方案
	勘察教学现场	小组汇报勘察教学现场清单情况
	编写课程教案	小组展示研学旅行课程教案
	准备教学用具	小组汇报教学用具清单情况
	选择教学模式与教学方法	小组汇报所选用的教学模式与教学方法
	确认学生团队	小组模拟演示确认学生团队
	迎接团队	小组模拟演示迎接团队
	破冰活动	小组模拟演示破冰活动
	开营仪式	小组模拟演示开营仪式
	教学组织与实施	小组模拟演示教学组织与实施
	闭营仪式	小组模拟演示闭营仪式

实施效果及相关作品	(包括但不限于教学服务相关流程汇报、展示、模拟演示等文本、视频、图片等)

实施评价	评价内容及标准	评价结果			
	1.实施操作符合相关流程和标准要求； 2.实施难易程度适当； 3.实施安全、顺利，具有一定的经济性、环保性等； 4.彰显团队合作能力	学生或小组自查评语：			
		学生或组长签字：	日期： 年 月 日		
		教师或企业专家评语：			
		教师或企业专家签字：	日期： 年 月 日		

表 4-5-7　任务检查单

任务名称	研学旅行指导师教学服务		
典型工作过程描述	学情分析→勘察教学现场→编写课程教案→准备教学用具→选择教学模式与教学方法→确认学生团队→迎接团队→破冰活动→开营仪式→教学组织与实施→闭营仪式		
学习小组	组长		成员
	分工		
检查内容及检查标准	检查内容	检查标准描述	
	操作检查	流程复盘，检查教学服务操作流程和操作标准	
	效果分析	横、纵向对比分析，检查教学服务的优缺点、难点、不足等	
	完善改进	提出教学服务的完善和改进措施	
检查记录			
检查评价	评价内容及标准	评价结果	
		学生或小组自查评语：	
	1.复盘检查到位； 2.对比分析全面、深刻； 3.完善和改进措施具有合理性、可行性、可操作性	学生或组长签字：　　　　　　　日期：　　年　　月　　日	
		教师或企业专家评语：	
		教师或企业专家签字：　　　　　　日期：　　年　　月　　日	

表 4-5-8　任务评估单

任务名称	研学旅行指导师教学服务		
典型工作过程描述	学情分析→勘察教学现场→编写课程教案→准备教学用具→选择教学模式与教学方法→确认学生团队→迎接团队→破冰活动→开营仪式→教学组织与实施→闭营仪式		
学习小组	组长		成员
	分工		
评估内容与评估标准	评估内容	评估标准描述	
	完成度	准备充分，计划具体，决策正确，实施顺利，检查全面，评价客观	
	规范性	任务实施符合相关操作流程，操作标准规范	
	创新性	任务实施和操作过程具有一定的创新性、美观性等	
	时效性	任务准时完成，具有一定的实用性或现实意义	
	成果质量	教学服务成果具有一定的质量	
	总结与反思	能够及时进行总结与反思，且反思与总结较为全面、准确	
评估记录			
评估评价	评价内容及标准	评价结果	
	1.评估内容全面、到位； 2.评估符合相关操作规范； 3.评估准确、客观	学生或小组自查评语：	
		学生或组长签字：	日期：　　年　　月　　日
		教师或企业专家评语：	
		教师或企业专家签字：	日期：　　年　　月　　日

学习评价

对研学旅行指导师教学服务的学习表现和学习过程进行评价见表4-5-9、表4-5-10。

表 4-5-9　学习表现评价表

序号	评价内容	主要考核指标	评价主体																	
			自评（10%）					互评（20%）					师评（40%）					业评（30%）			
			A	B	C	D	E	A	B	C	D	E	A	B	C	D	E	A	B	C	D	E
1	态度（10分）	自主学习、求知欲、好奇心、积极性、抗压性、挑战困难																				
2	出勤（10分）	出勤次数																				
3	合作（25分）	合作态度、合作能力、合作效果																				
4	贡献（25分）	参与讨论、对小组贡献、帮助成员																				
5	反思（15分）	反思、总结、改进																				
6	增值（15分）	个人进步、提升																				
7	总计（100分）																					
8	评语		学生					小组					教师					企业			
9	签字及日期		学生： 日期：					组长： 日期：					教师： 日期：					企业： 日期：			

注释：

1. 等级 A、B、C、D、E 赋分标准：10分（A. 9～10，B. 8～8.9，C. 7～7.9，D. 6～6.9，E. 6分以下）；
　　　　　　　　　　　　　　15分（A. 14～15，B. 12～13.9，C. 10～11.9，D. 8～9.9，E. 8分以下）；
　　　　　　　　　　　　　　25分（A. 24～25，B. 21～23.9，C. 18～20.9，D. 15～17.9，E. 15分以下）。

2. 评价主体可根据具体任务进行选择，但提倡学生、学生之间、教师和企业四位一体进行评价。

3. 建议学习小组组长实行轮换制

表 4-5-10　学习过程评价表

序号	评价内容	主要考核指标	评价主体																		
			自评（10%）					互评（20%）					师评（40%）					业评（30%）				
			A	B	C	D	E	A	B	C	D	E	A	B	C	D	E	A	B	C	D	E
1	准备（15分）	分工；调研；研讨；学习深度、广度；资料丰度、准度、效度等																				
2	计划（15分）	计划描述或设计方案符合操作标准																				
3	决策（15分）	研讨、论证合理性、可行性，并改进完善																				
4	实施（35分）	流程与标准、实施难度、安全性、经济性、环保性等																				
5	检查（10分）	复盘检查、分析对比、完善和改进等																				
6	评估（10分）	完成度、规范性、创新性、美观度、实用性、时效性、成果质量等																				
7	总计（100分）																					
8	评语		学生				小组				教师				企业							
9	签字及日期		学生：日期：				组长：日期：				教师：日期：				企业：日期：							

注释：

1. 等级 A、B、C、D、E 赋分标准：10分（A. 9～10，B. 8～8.9，C. 7～7.9，D. 6～6.9，E. 6分以下）；

15分（A. 14～15，B. 12～13.9，C. 10～11.9，D. 8～9.9，E. 8分以下）；

35分（A. 32～35，B. 28～31.9，C. 24～27.9，D. 21～23.9，E. 21分以下）。

2. 评价主体可根据具体任务进行选择，但提倡学生、学生之间、教师和企业四位一体进行评价

教学反馈

对研学旅行指导师教学服务的教学反馈见表4-5-11。

表 4-5-11　教学反馈单

任务名称	研学旅行指导师教学服务		
典型工作过程描述	学情分析→勘察教学现场→编写课程教案→准备教学用具→选择教学模式与教学方法→确认学生团队→迎接团队→破冰活动→开营仪式→教学组织与实施→闭营仪式		
调研反馈	调研内容	是否满意	理由描述
	学习内容		
	教学方法		
	小组合作		
	任务完成		
	能力培养		
改进建议			
整体评价	A. 90～100（　　）, B. 80～89（　　）, C. 70～79（　　）, D. 60～69（　　）, E. 0～59（　　）		

🔗 阅读与思考

陶行知先生的四块糖果

有一次，陶行知看到一个男孩用泥块砸同学，当场就制止了他，并让他放学之后到校长室。

放学之后，陶行知从外面办事回来，远远看到那个男孩已经在门口等他了。于是，他把男孩叫进了办公室，并从口袋里掏出一块糖，对他说："这是奖励你的，因为你很守时。"男孩惊疑地瞪大了眼睛，随后接过糖。

这时，陶行知微笑地看了看男孩，又掏出第二块糖，对他说："这也是奖励给你的，因为我制止你打人，你就立即停手了，这说明你很听话，很尊重我。"接过糖后，男孩越发感到不安。

接着，陶行知又掏出第三块糖，对男孩说："我调查过了，你用泥块砸同学，是因为他欺负女同学，这说明你有正义感，值得奖励。"

陶行知话音刚落，男孩再也控制不住自己的情绪了，泪水夺眶而出，激动而愧疚地说："校长，我错了，不管怎么说我也不应该砸人。"

陶行知满意地笑了，马上掏出第四块糖，对男孩说："这是奖励给你的最后一块糖，因为你认识到了自己的错误。好了，我们的谈话也该结束了。"

教师是一个神圣的称谓，这个名字里包含着无穷的爱和力量。我们每个人在成长的道路上都曾经得到过教师的教诲和培养，他们就像一道光指引着我们前行。作为一名学生，从一位教师身上感受到的绝不仅仅是一堂课的魅力，那是受益终生的教诲；作为教师让我们对学生多一份爱心和耐心，多一分宽容和信任，"捧着一颗心来，不带半根草去"。在研学旅行教育服务过

程中，要时刻珍惜"教师"这个神圣的职业，做引导学生前行的那道光。

思考：作为一名研学旅行指导师，应该如何在教学过程中做到"爱心与耐心""宽容与信任"？

岗课赛证

一、判断题

1. 研学旅行教学用具简称教具，是指在学习知识时所用到的教具，如教材、黑板、多媒体设备等。（　　）

2. 通过设计符合情境的活动巧妙地导入课程，将会使研学活动达到事半功倍的效果。（　　）

3. 研学旅行成果大致可分为内化成果和外化成果，其形式很多，包括知识成果、能力成果、态度成果等。（　　）

二、单选题

1. 在研学活动中，基地（营地）研学旅行指导师需要给学生提供（　　）的研学素材。

  A. 高档次　　　　　　B. 高质量　　　　　　C. 高难度　　　　　　D. 高水平

2. 在进行学习评价时应注重学生的实际表现和发展状况，即应包括过程性评价、表现性评价和（　　）。

  A. 总结性评价　　　　B. 情感性评价　　　　C. 态度性评价　　　　D. 体验性评价

三、多选题

1. 在研学旅行活动开始之前所收集的研学素材一般通过（　　）途径获取。

  A. 实地体验　　　　　B. 查阅相关文献　　　C. 阅读相关图书资料　　D. 动手操作

2. 勘察教学现场一般包括（　　）。

  A. 场地检查与确认　　　　　　　　　　　B. 安全检查与确认

  C. 教学设施设备检查与确认　　　　　　　D. 人员对接

3. 研学旅行指导师可采用的教学模式有（　　）。

  A. 研究性学习　　　　B. 体验性学习　　　　C. PBL 教学　　　　D. 角色扮演

四、简答题

在进行研学旅行课程教学时，常用的导入方法有哪些？

4.5.2　参考答案

4.5.3　教学场地图片

参考文献

［1］ 魏巴德，邓青．研学旅行实操手册［M］．北京：教育科学出版社，2020.

［2］ 邓德智，景朝霞，刘乃忠．研学旅行课程设计与实施［M］．北京：高等教育出版社，2021.

［3］ 李岑虎．研学旅行课程设计［M］．2 版．北京：旅游教育出版社，2021.

［4］ 邓青．研学旅行活动课程设计与实施［M］．北京：高等教育出版社，2022.

［5］ 邓德智，伍欣．研学旅行指导师实务［M］．2 版．北京：旅游教育出版社，2020.

［6］ 吴国清．旅游线路设计［M］．3 版．北京：旅游教育出版社，2015.

［7］ 曲小毅．研学旅行活动课程开发与实施［M］．北京：清华大学出版社，2020.

［8］ 罗祖兵．研学旅行课程设计［M］．北京：中国人民大学出版社，2022.

［9］ 李岑虎，王平，郭林山．研学旅行课程设计［M］．3 版．北京：旅游教育出版社，2023.

［10］ 田辉．招聘管理实务［M］．上海：复旦大学出版社，2013.

［11］ 王煜琴，赵恩兰．研学旅行执业实务［M］．北京：旅游教育出版社，2020.

［12］ 薛兵旺，杨崇君．研学旅行概论［M］．北京：旅游教育出版社，2020.

［13］ 魏华颖．招聘管理［M］．北京：首都经济贸易大学出版社，2022.

［14］ 叶娅丽，边喜英．研学旅行基（营）地服务与管理［M］．北京：旅游教育出版社，2020.

［15］ 甄鸿启，李凤堂．研学旅行教育理论与实践［M］．北京：旅游教育出版社，2020.

［16］ 石媚山．研学旅行市场营销［M］．北京：旅游教育出版社，2020.

［17］ 刘春玲，刘伟东，姜海涛．景区（点）导游实务［M］．北京：北京师范大学出版社，2021.

［18］ 任鸣．研学旅行安全管理［M］．北京：旅游教育出版社，2020.